汽车维修入门书系

# 汽车传感器检测与维修

## 快速入门 60天

第2版

李能飞 ◎ 主编

机械工业出版社
CHINA MACHINE PRESS

本书从实际角度出发，系统、全面地介绍了现今汽车上比较常用和最新出现的传感器的结构、工作原理和检测方法等。全书共分九章，内容主要包括汽车传感器概述、温度传感器、压力传感器、位置（行程和角度）传感器、空气流量传感器、速度与减速度传感器、爆燃与碰撞传感器、气体浓度传感器及其他传感器的作用、安装位置、结构、原理及检修方法。

本书内容全面、翔实具体、实用性强、图文并茂、浅显易懂，可以作为高职高专院校、高等工科院校汽车类专业教材，也可供汽车维修、汽车检测及相关技术人员作为培训用书或参考资料。

## 图书在版编目（CIP）数据

汽车传感器检测与维修快速入门60天/李能飞主编. —2版. —北京：机械工业出版社，2021.6
ISBN 978-7-111-68358-2

Ⅰ.①汽… Ⅱ.①李… Ⅲ.①汽车-传感器-检测②汽车-传感器-车辆修理 Ⅳ.①U463.607②U472.41

中国版本图书馆CIP数据核字（2021）第101172号

机械工业出版社（北京市百万庄大街22号　邮政编码100037）
策划编辑：连景岩　责任编辑：连景岩　王　婕
责任校对：郑　婕　封面设计：鞠　杨
责任印制：常天培
北京机工印刷厂印刷
2021年9月第2版第1次印刷
184mm×260mm·19.5印张·2插页·484千字
0 001—1 900册
标准书号：ISBN 978-7-111-68358-2
定价：89.90元

| 电话服务 | 网络服务 |
| --- | --- |
| 客服电话：010-88361066 | 机　工　官　网：www.cmpbook.com |
| 　　　　　010-88379833 | 机　工　官　博：weibo.com/cmp1952 |
| 　　　　　010-68326294 | 金　书　网：www.golden-book.com |
| 封底无防伪标均为盗版 | 机工教育服务网：www.cmpedu.com |

# 前 言

随着电子技术的发展以及人们对汽车性能要求的提高,电子控制技术在汽车上的应用越来越广泛,也越来越复杂。汽车电子控制装置在全车成本中所占的比例逐年增加,汽车的电子化程度越来越高。目前,有些汽车电子控制装置已经占到整车造价的1/3。各大汽车厂商纷纷加大在汽车电子控制技术上的投入,通过不断完善汽车的电子系统来提高产品的竞争力。汽车的电子化程度已成为衡量汽车档次的重要标志之一。

汽车传感器作为汽车电子控制系统的关键部件,主要作用是采集汽车运行的信息,并转换为电信号输入电控单元,为汽车实现自动控制提供参考信息。汽车传感器是汽车电子技术领域研究的核心内容之一。传感器在汽车上的应用从最初的发动机控制系统扩展到汽车的各个系统中。目前,一辆普通的家用轿车上安装有几十个传感器,而豪华轿车上的传感器数量多达两百余个。

汽车传感器主要应用在发动机电子控制系统、底盘电子控制系统、车身电子控制系统和汽车电子导航系统中。本书根据传感器的类型分类进行介绍,囊括汽车各个系统所用传感器,详细介绍每种传感器的作用、安装位置、结构、原理及检修。这样可以使读者对每种传感器有一个全面的认识。

作为汽车电子控制系统中至关重要的元件,汽车传感器工作状况的好坏在很大程度上决定了汽车使用性能是否良好,因此传感器的检测及维修也是汽车维修的重要方面。鉴于广大汽车维修人员对掌握汽车传感器检修技术的迫切要求,本书又讲解了传感器的检测方法,这使本书具有更高的实用价值。本书共分九章,内容主要包括汽车传感器概述、温度传感器、压力传感器、位置(行程和角度)传感器、空气流量传感器、速度与减速度传感器、爆燃与碰撞传感器、气体浓度传感器及其他传感器。

本书由李能飞主编,参加编写的人员还有敬华珍、林四妹、姚礼慧、李恩颖、蔡素平、欧美玲、李小珍、李光勇、许连峰、姚义业、姚礼亮、姚科业、邓世好、李秀艳和杨飞杰。在本书的编写过程中,编者参考了国内外许多同行、专家的论文及论著的研究内容,在此谨表衷心感谢!

由于编者水平有限,加上涉及内容广,书中难免有不妥和谬误之处,恳请广大读者批评指正。

编 者

# 目 录

前言
第一章 汽车传感器概述 ····················································································· 1
    第1天 汽车传感器基本知识 ······································································ 1
    第2天 汽车传感器的分类与识别 ······························································· 2
    第3天 汽车传感器工作原理 ······································································ 8
    第4天 汽车传感器的检测 ······································································ 21
    第5天 汽车传感器故障及其后果 ···························································· 28
第二章 温度传感器 ························································································· 31
    第6天 冷却液温度传感器 ······································································ 31
    第7天 进气温度传感器 ········································································ 34
    第8天 车内空气温度传感器 ···································································· 37
    第9天 蒸发器出口温度传感器 ································································ 39
    第10天 排气温度传感器 ······································································· 41
    第11天 EGR 监测温度传感器 ································································· 43
    第12天 HV 蓄电池温度传感器 ································································ 45
    第13天 HV 蓄电池进气温度传感器 ·························································· 47
    第14天 辅助蓄电池温度传感器 ······························································· 48
    第15天 混合动力系统电动机温度传感器 ··················································· 50
    第16天 升压变换器温度传感器 ······························································· 52
    第17天 环境温度传感器 ······································································· 53
    第18天 燃油温度传感器 ······································································· 55
    第19天 尿素溶液温度传感器 ································································· 57
第三章 压力传感器 ························································································· 59
    第20天 液体压力传感器 ······································································· 59
    第21天 进气歧管压力传感器 ································································· 67
    第22天 大气压力传感器 ······································································· 72
    第23天 其他气体压力传感器 ································································· 74
第四章 位置(行程和角度)传感器 ····································································· 78
    第24天 位置(行程和角度)传感器基本知识 ············································· 78
    第25天 节气门位置传感器 ···································································· 80
    第26天 曲轴位置传感器 ······································································· 91
    第27天 凸轮轴位置传感器 ·································································· 103

| 第 28 天 | 液位传感器 | 109 |
| 第 29 天 | 转向盘转角传感器 | 121 |
| 第 30 天 | 加速踏板位置传感器 | 125 |
| 第 31 天 | 光敏式转角传感器 | 131 |
| 第 32 天 | EGR 阀位置传感器 | 134 |
| 第 33 天 | 旋变传感器（电机转子位置传感器） | 137 |
| 第 34 天 | 超声波雷达 | 149 |
| 第 35 天 | 毫米波雷达 | 154 |
| 第 36 天 | 激光雷达 | 165 |
| 第 37 天 | 其他位置传感器 | 177 |

## 第五章　空气流量传感器 196

| 第 38 天 | 空气流量传感器基本知识 | 196 |
| 第 39 天 | 热膜式空气流量传感器 | 197 |
| 第 40 天 | 热线式空气流量传感器 | 202 |
| 第 41 天 | 叶片式空气流量传感器 | 206 |
| 第 42 天 | 量芯式空气流量传感器 | 209 |
| 第 43 天 | 卡曼涡流式空气流量传感器 | 212 |

## 第六章　速度与减速度传感器 217

| 第 44 天 | 发动机转速传感器 | 217 |
| 第 45 天 | 轮速传感器 | 221 |
| 第 46 天 | 车速传感器 | 230 |

## 第七章　爆燃与碰撞传感器 239

| 第 47 天 | 爆燃传感器 | 239 |
| 第 48 天 | 碰撞传感器 | 244 |

## 第八章　气体浓度传感器 255

| 第 49 天 | 氧传感器 | 255 |
| 第 50 天 | $NO_x$ 传感器 | 263 |
| 第 51 天 | 柴油机烟度传感器 | 265 |
| 第 52 天 | 稀薄混合气传感器 | 267 |
| 第 53 天 | 空气品质传感器 | 269 |
| 第 54 天 | 烟雾浓度传感器 | 270 |

## 第九章　其他传感器 275

| 第 55 天 | 光线与雨量传感器 | 275 |
| 第 56 天 | 视觉传感器 | 279 |
| 第 57 天 | 湿度传感器 | 289 |
| 第 58 天 | 电流传感器 | 292 |
| 第 59 天 | 力和转矩传感器 | 296 |
| 第 60 天 | ION 传感器 | 299 |
| 第 61 天 | 侵入传感器 | 301 |
| 第 62 天 | 漏电传感器 | 302 |

参考文献 307

# 第一章

# 汽车传感器概述

## 第1天 汽车传感器基本知识

学习目标

1. 了解传感器和汽车传感器的基本定义。
2. 了解汽车传感器的作用。

### 一、传感器的基本定义

传感器是指能感受规定的被测量件并按照一定的规律转换成可用信号的器件或装置。传感器作为一种检测装置,能感受到被测量的信息,并能将检测感受到的信息按一定规律变换成电信号或其他所需形式的信息输出,以满足信息的传输、处理、存储、显示、记录和控制等要求。传感器是实现自动检测和自动控制不可缺少的装置。

### 二、汽车传感器

汽车传感器作为汽车的"感觉器官",将各种输入参量转换为电信号。这些电信号传输给电控单元,从而实现电子控制。

现代汽车电子控制中,传感器广泛应用在发动机、底盘和车身各个电控系统中。汽车传感器在这些系统中的主要作用是采集和传输信息,由电控单元对信息进行处理后向执行器发出指令,实行电子控制。传感器在电子控制和自我诊断系统中是必不可少的装置,它能及时识别外界的变化和系统本身的变化,再根据变化的信息去控制系统本身的工作。各个系统控制过程正是依靠传感器进行信息的反馈,从而实现自动控制工作的。

传感器输出的信号主要有模拟信号和数字信号两种,其中数字信号可直接输入电控单元,而模拟信号则需通过A/D转换器转换成数字信号后再输入电控单元。电控单元不断地检测各个传感器的信号,一旦检测出某个输入信号不正常,就可将错误的信号存入存储器内。在故障维修时,维修人员可以通过专用诊断仪或采取人工方法读取故障信息,再根据故障码信息内容进行维修。

电子控制单元需要具备完整的条件才能有效地控制系统的工作,而传感器的精度、响应性、可靠性、耐久性及输出的电压信号等,对系统的控制稳定性起着至关重要的作用。

### 三、汽车传感器的作用

在汽车电子控制中,传感器广泛应用在发动机、底盘和车身各个电控系统中。汽车传感器担负着信息的采集和传输,电控单元对信息进行处理后向执行器发出命令,实行电子控制。它能及时识别外界的变化和系统本身的变化,再根据变化的信息去控制系统本身的工作。

传感器按能量关系分,可分为主动型和被动型两大类。汽车上使用的传感器大多是被动型的,这类传感器需要外加电源才能产生电信号。汽车发动机、底盘和车身电控系统使用了很多传感器,其中,某些传感器的功能是多个电控系统共用的,某些则是某个控制系统单用的。

**你学会了吗?**

1. 传感器和汽车传感器的基本定义是什么?
2. 汽车传感器的作用有哪些?

## 第2天 汽车传感器的分类与识别

 **学习目标**

1. 了解汽车传感器的类型。
2. 了解常见汽车传感器的结构、安装位置与用途。

### 一、汽车传感器的分类

汽车传感器的分类见表1-1。

表1-1 汽车传感器的分类

| 分类依据 | 类型 | 描述 |
| --- | --- | --- |
| 根据任务和应用分类 | 功能性传感器 | 主要用于控制和调节 |
| | 安全性传感器 | 安全性用途 |
| | 监控用传感器 | 如在车诊断、使用参数和磨损参数监控并向驾驶人与乘员提供信息 |
| 根据特性线类型分类 | 连续的线性特性线传感器 | 连续的线性特性线传感器特别适用于测量范围宽的调节任务上。此外,线性特性线具有可检验性和可调性(图a)<br><br>a) 连续线性　b) 连续非线性<br>c) 不连续多次阶跃　d) 不连续阶跃 |

(续)

| 分类依据 | 类型 | 描述 | |
|---|---|---|---|
| 根据特性线类型分类 | 连续的非线性特性线传感器 | 连续的非线性特性线传感器常用在测量参数非常窄的调节上,如空燃比 $\lambda = 1$ 的调节(调节跳动水平)。如在整个测量范围要求相对于测量值的允许偏差小时,采用特殊形、陡峭的非线性的特性线传感器就特别有利,如空气流量传感器(图b) | a) 连续线性　b) 连续非线性 |
| | 不连续的阶跃特性线传感器 | 不连续的阶跃,或许带有滞后的特性线用于监控边界值,在达到边界值时,易于排除。如果排除比较困难可采用多次阶跃的特性线提早预报(图c和图d) | c) 不连续多次阶跃　d) 不连续阶跃 |
| 根据输出信号类型分类 | 模拟信号传感器 | 模拟信号是指信息参数在给定范围内表现为连续的信号,见图a。或在一段连续的时间间隔内,其代表信息的特征量可以在任意瞬间呈现为任意数值的信号。模拟信号传感器的信号不能直接输入电控单元,而是在输入电控单元之前通过A/D转换器将模拟信号转换成能够让电控单元识别的数字信号(图b)。常见的模拟信号有电流、电压、频率、周期等信号 | a) 模拟信号　b) 模拟信号转换 |
| | 数字信号传感器 | 数字信号指幅度的取值是离散的,幅值表示被限制在有限个数值之内。二进制码就是一种数字信号(图c)。数字信号一般不需经任何处理就可输入电控单元(图d) | c) 数字信号　d) 数字信号输入 |

(续)

| 分类依据 | 类型 | 描述 |
| --- | --- | --- |
| 根据应用定律分类 | 结构型传感器 | 结构型传感器是按物理学中场的定律定义的，如动力场的运动定律、电磁场的电磁定律等。这些定律一般是以方程式给出的，这些方程式也就是许多传感器工作时的数学模型。其特点是传感器的工作原理是以传感器中元件相对位置变化引起场的变化为基础 |
| | 物性型传感器 | 物性型传感器是按照物质定律定义的，如胡克定律、欧姆定律等。因为物质定律是表示物质某种客观性质的法则，所以物性型传感器的性能随着材料的性质不同而异。例如：光电管就是物性型传感器，它遵循物质法则中的外光电效应，其特性与电极涂层材料的性质密切相关 |
| | 复合型传感器 | 由结构型和物性型组合而成、兼有两者特征的传感器 |
| 根据传感器转换能量情况分类 | 无源传感器 | 在信息变化过程中，其能量需要外部提供工作电源，才可以产生电信号给控制单元的传感器，因此又称为无源传感器（传感器自己不能产生电压信号）。电阻、电感、电容等电路参数传感器、磁阻传感器、热阻传感器、应变电阻传感器、光电效应传感器都属于这一类 |
| | 有源传感器 | 主要由能量变换元件组成，不需要外部提供工作电源或激励源，传感器本身可以将一种能量形式直接转变成另一种能量，产生电压给控制单元的传感器，如氧气传感器、爆燃传感器、霍尔传感器、磁电式传感器等，因此又称为有源传感器 |
| 根据传感器工作原理分类 | 电参量式传感器 | 常见的有：电阻式、电感式、电容式传感器 |
| | 磁电式传感器 | 常见的有：磁电感应式、霍尔式、磁栅式传感器 |
| | 压电式传感器 | 常见的有：压电式传感器，压电式加速度传感器，压电式压力传感器 |
| | 光电式传感器 | 常见的有：红外式、CCD 摄像式、光纤式、激光式传感器 |
| | 气电式传感器 | 常见的有：半导体气体传感器，集成复合型气体传感器 |
| | 热电式传感器 | 常见的有：热电偶传感器 |
| | 波式传感器 | 常见的有：超声波式、微波式传感器 |
| | 射线式传感器 | 常见的有：核辐射物位计，厚度计，密度计 |
| | 半导体式传感器 | 常见的有：半导体温度传感器，半导体湿度传感器 |
| 根据被测量类别分类 | 热工量 | 被测量：温度、热量、比热；压力、压差、真空度；流量、流速、风速 |
| | 机械量 | 被测量：位移（线位移、角位移），尺寸、形状；力、力矩、应力；重量、质量；转速、线速度；振动幅度、频率、加速度、噪声 |
| | 物性和成分量 | 被测量：气体化学成分、液体化学成分、酸碱度（pH 值）、盐度、浓度、黏度、密度、比重 |
| | 状态量 | 被测量：颜色、透明度、磨损量、材料内部裂缝或缺陷、气体泄漏、表面质量 |
| 按制造工艺分类 | 集成传感器 | 用标准的生产硅基半导体集成电路的工艺技术制造的，通常还将用于初步处理被测信号的部分电路也集成在同一芯片上 |
| | 薄膜传感器 | 通过沉积在介质衬底（基板）上的相应敏感材料的薄膜制成的。使用混合工艺时，同样可将部分电路制造在此基板上 |
| | 厚膜传感器 | 利用相应材料的浆料涂覆在陶瓷基片上制成的，基片通常是由 $Al_2O_3$ 制成的，然后进行热处理，使厚膜成形 |
| | 陶瓷传感器 | 采用标准的陶瓷工艺或其某种变种工艺（溶胶-凝胶等）生产 |

## 二、汽车传感器的识别

常见汽车用各种传感器的结构、安装位置与用途见表1-2。

表1-2 汽车传感器的结构、安装位置与用途

| 传感器种类 | 结构 | 安装位置 | 用途 |
|---|---|---|---|
| 冷却液温度传感器 | 负温度系数热敏电阻 | 冷却液道上 | 测量冷却液温度 |
| 水温表热敏电阻式温度传感器 | 负温度系数热敏电阻 | 仪表板上 | 测量水温 |
| 车内外空气温度传感器 | 负温度系数热敏电阻 | 车内:风窗玻璃底下<br>车外:前保险杠内 | 测量车内、车外空气温度 |
| 进气温度传感器 | 热敏电阻 | 空气流量计内或空气滤清器内;进气总管内;进气导管内 | 测量进气温度 |
| 蒸发器出口温度传感器 | 热敏电阻 | 空调蒸发器片上 | 空调蒸发器出口温度 |
| 排气温度传感器 | 热敏电阻;热电偶;熔断器 | 三元催化转化器上 | 测量排气温度 |
| 排气再循环(EGR)监测温度传感器 | 热敏电阻 | EGR进气道上 | 测量EGR循环气体温度 |
| 石蜡式气体温度传感器 | 石蜡 | 化油器式发动机进气道上 | 低温时用作进气温度调节装置;高温时修正怠速 |
| 双金属片式进气温度传感器 | 金属片 | 化油器式发动机进气道上 | 低温时用于进气温度调节;高温时修正怠速 |
| 散热器冷却风扇传感器 | 热敏铁氧体 | 散热器上 | 控制散热器风扇转速 |
| 变速器油液温度传感器 | 热敏电阻 | 液压阀体上 | 测量油液温度,向电子控制单元(ECU)输入温度信息,以便控制换档、锁定离合器接合、控制油压 |
| 真空开关传感器 | 膜片、弹簧 | 空气滤清器上 | 检测空气滤清器是否堵塞 |
| 油压开关传感器 | 膜片、弹簧 | 发动机主油道上 | 检测发动机油压 |
| 制动主缸油压传感器 | 半导体式 | 制动主缸的下部 | 检测制动系统油压 |
| 绝对压力传感器 | 硅膜片式 | 悬架系统 | 检测悬架系统油压 |
| 相对压力传感器 | 半导体式 | 空调高压管上 | 检测制冷剂压力 |
| 半导体压敏电阻式进气压力传感器 | 半导体压敏电阻 | 进气总管上 | 检测进气压力 |
| 真空膜盒式进气压力传感器 | 真空膜盒、变压器 | 进气总管上 | 检测进气压力 |
| 电容式进气压力传感器 | 膜片式 | 进气总管上 | 检测进气压力 |
| 表面弹性波式进气压力传感器 | 压电基片 | 进气总管上 | 检测进气压力 |
| 涡轮增压传感器 | 硅膜片 | 涡轮增压机上 | 检测增压压力 |

(续)

| 传感器种类 | 结构 | 安装位置 | 用途 |
|---|---|---|---|
| 制动主缸压力传感器 | 半导体式 | 主油缸下部 | 检测主油缸输出压力 |
| 叶片式空气流量传感器 | 叶片、电位计 | 进气管上 | 检测进气量 |
| 卡尔曼涡流式空气流量传感器 | 涡流发生器、超声波发生器、光电管 | 进气管上 | 检测进气量 |
| 热线式空气流量传感器 | 铂金热线 | 进气管上 | 检测进气量 |
| 热膜式空气流量传感器 | 铂金属固定在树脂膜上的发热体 | 进气管上 | 检测进气量 |
| 量芯式空气流量传感器 | 量芯、电位计 | 进气管上 | 检测进气量 |
| 二氧化锆式氧传感器 | 锆管、加热元件 | 排气管、三元催化转化器上 | 控制空燃比 |
| 二氧化钛式氧传感器 | 钛管、加热元件 | 排气管、三元催化转化器上 | 控制空燃比 |
| 全范围空燃比传感器 | 二氧化锆元件、陶瓷加热器 | 排气管、三元催化转化器上 | 控制空燃比 |
| 烟雾浓度传感器 | 发光元件、光敏元件、信号电路 | 车箱内 | 检测净化空气洁净度 |
| 磁脉冲式曲轴位置传感器（轮齿） | 信号转子、永磁铁、线圈 | 分电器内或曲轴前端带轮之后 | 检测曲轴转角位置、测量发动机转速 |
| 磁脉冲式曲轴位置传感器（轮子） | 正时转子、G 和 Ne 线圈 | 分电器内 | 检测曲轴转角位置、测量发动机转速 |
| 光电式曲轴位置传感器 | 曲轴转角传感器、信号盘 | 分电器内 | 检测曲轴转角位置、测量发动机转速 |
| 触发叶片式霍尔曲轴位置传感器 | 内、外信号轮 | 曲轴前端 | 检测曲轴转角位置、测量发动机转速 |
| 同步信号传感器（或称凸轮轴位置传感器） | 脉冲环、霍尔信号发生器 | 分电器内 | 判缸信号 |
| 稀薄混合气传感器 | 二氧化锆固体电解质 | 三元催化转化器上 | 检测排气中氧浓度，控制空燃比 |
| 磁致伸缩式爆燃传感器 | 磁心、感应线圈、永磁铁 | 发动机缸体上 | 检测爆燃信号、输入 ECU |
| 共振型压电式爆燃传感器 | 压电元件、振荡片 | 发动机缸体上 | 检测爆燃信号、输入 ECU |
| 非共振型压电式爆燃传感器 | 平衡重、压电元件 | 发动机缸体上 | 检测爆燃信号、输入 ECU |
| 线性输出型节气门位置传感器 | 急速触点、全开触点电阻器、导线 | 节气门体上与节气门连结 | 判断发动机工况，控制喷油脉宽 |
| 开关型节气门位置传感器 | 急速触点、功率触点、凸轮、导线 | 节气门体上与节气门连结 | 判断发动机工况，控制喷油脉宽 |

(续)

| 传感器种类 | 结构 | 安装位置 | 用途 |
|---|---|---|---|
| 滚球式碰撞传感器 | 滚球、永磁铁、导缸、触点 | 两侧翼子板内；两侧前照灯支架下；散热器支架左右两侧；驾驶室仪表板和杂物箱下方或车身前部中央位置 | 检测汽车加速度 |
| 滚轴式碰撞传感器 | 滚轴、触点、片状弹簧 | | |
| 偏心锤式碰撞传感器 | 偏心锤、臂、触点、弹簧、轴 | | |
| 水银开关式碰撞传感器 | 水银、电极 | | |
| 电阻应变计式碰撞传感器 | 电子电路、应变计、振动块、缓冲介质 | | |
| 无触点式转矩传感器 | 线圈、扭力杆 | 转向轴上 | 测量转向盘与转向器之间相对转矩 |
| 滑动可变电阻式转矩传感器 | 电位器、滑环、齿轮、扭杆 | 转向轴上 | |
| 光电式车身高度传感器 | 光电耦合元件、遮光盘、轴 | 悬架系统减振器杆上 | 将车身高度转换成电信号，输入ECU |
| 座椅位置传感器 | 霍尔元件、永磁铁 | 座椅调节装置上 | 调节座椅状态 |
| 方位传感器 | 线圈、铁心 | 全球定位系统（GPS）终端机上 | 车辆导航 |
| 舌簧开关型车速传感器 | 舌簧开关、永磁铁 | 变速器输出轴或组合仪表内 | 测量汽车行驶速度 |
| 光电耦合型车速传感器 | 光电耦合器、转子 | 组合仪表内 | |
| 电磁型车速传感器 | 转子、线圈 | 变速器输出轴上 | 测定变速器输入轴转速 |
| O/D直接档离合器转速传感器 | 与车速传感器相同 | | |
| 电磁式轮速传感器 | 传感头、齿圈 | 变速器输入轴上 | 检测轮速 |
| 霍尔式轮速传感器 | 霍尔元件、触发齿圈、永磁铁 | 车轮上、减速器或变速器上 | |
| 日照传感器 | 光电管、滤光片 | 风窗玻璃下、仪表板上侧 | 把太阳照射情况转变成电流，修正车内温度 |
| 光电式光量传感器 | 硫化镉、陶瓷基片、电极 | 仪表板上方灯光控制器内 | 自动控制车灯的亮、熄 |
| 光电二极管式光亮传感器 | 光电二极管、放大器 | 仪表板上，可接收外来灯光处 | 检测车辆周围亮度，自动控制前照灯的亮度 |
| 雨滴传感器 | 振动板、压电元件、放大电路 | 发动机室盖板上 | 检测降雨、控制刮水器转速 |
| 蓄压器压力传感器 | 半导体压敏电阻元件 | 油压控制组件上方 | 检测油压控制组件的压力 |
| 空调压力开关传感器 | 膜片、活动触点、固定触点、感温包 | 高压压力开关安装在高压管路上 | 高压压力开关：高压回路压力高于规定值时使压缩机停机 |
| | | 低压压力开关安装在低压管路上 | 低压压力开关：高压回路压力低于规定值时使压缩机停机 |

**你学会了吗?**

1. 汽车传感器的类型有哪些?
2. 常见汽车传感器的结构、安装位置与用途有哪些?

# 第 3 天　汽车传感器工作原理

**学习目标**

1. 说出传感器的类型。
2. 描述电磁传感器的基本结构原理及应用。
3. 描述霍尔传感器的基本结构原理及应用。
4. 描述电导率传感器的基本结构原理及应用。
5. 描述热电传感器的基本结构原理及应用。
6. 描述光电传感器的基本结构原理及应用。
7. 描述压电传感器的基本结构原理及应用。
8. 描述超声波传感器的基本结构原理及应用。
9. 描述高频传感器的基本结构原理及应用。
10. 描述断路器和切换开关传感器的基本结构原理及应用。

汽车传感器是汽车电子控制系统的关键部件,是汽车电子控制系统信息的主要来源。它的主要功能是利用安装在汽车各部位的信号转换装置,测量或检测汽车在各种运行状态下相关机件的工作参数,并将它们转换成计算机能接受的电信号后送给控制模块,控制模块根据这些信息进行运算处理,进而发出指令对执行元件进行适时地控制,如图 1-1 所示。

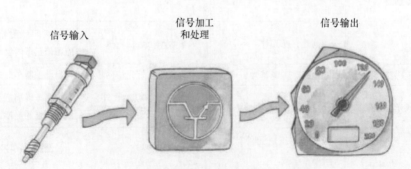

图 1-1　传感器信号处理

为了分析研究传感器,按照功能原理将它们分为以下几类:

- 电磁传感器。
- 霍尔传感器。
- 电导率传感器。

- 热电传感器。
- 光电传感器。
- 压电传感器。
- 超声波传感器。
- 高频传感器。
- 断路器和切换开关传感器。
- 开关式传感器。

## 一、电磁传感器

**1. 基本原理**

电磁现象说明了磁性与电的关系。当齿轮旋转时，形成扭曲的磁通量并在线圈中产生正弦交流感应电流，如图1-2所示。导线绕着金属片形成线圈绕组，有电流流过时便成为磁体；在线圈绕组周围形成与永磁铁磁场类似的磁场。这个过程也可以颠倒过来，当线圈绕组处在一个不断变化的磁场中时，会在线圈中产生感应电流（信号），这样形成的电流就是交流电。

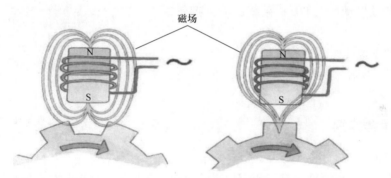

图1-2 电磁传感器基本原理

**2. 应用**

电磁传感器涵盖的应用范围从转速测量到卫星导航系统中的地球磁场识别。

（1）转速传感器

电磁传感器最常见的应用是作为转速传感器，如图1-3所示。传感器元件感知由电磁感应产生的信号，这个元件由绕着永磁铁心的线圈组成，由齿轮（永磁铁材料制成）形成的自变磁场产生信号。齿轮转动时经过电磁线圈，形成在线圈内产生感应交流电的磁通量。

齿轮转动时，形成扭曲的磁通量并在线圈中产生正弦交流电。

当齿轮转动时，齿接近永磁铁，线圈和永磁铁之间的磁通量经过的距离会发生变化。这种变化在线圈中产生感应电压。

线圈的输出电流频率与齿轮的速度成正比。

（2）安全开关

安全开关，也称为簧片触点，作为电磁开关应用于安全气囊

图1-3 转速传感器

系统中。安全开关由一个在内部有两个独立金属触点的玻璃安瓿构成，如图1-4所示。当玻璃安瓿暴露在由可移动磁化缸产生的磁场中时，触点接通电路。一个弹簧将磁化缸保持在某一特定位置，避免意外触发。

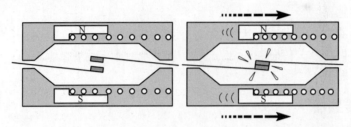

图1-4 簧片安全开关的原理

（3）其他应用

电磁传感器在汽车工业中应用广泛，几乎每天都在增加新功能。主要包括：

- 调节阀的位置传感器。
- 增压柴油发动机（TDI）系统的喷油嘴针阀行程传感器。
- GPS的磁场传感器（指南针）。
- 簧片传感器被用作制动液液位传感器，如图1-5所示。

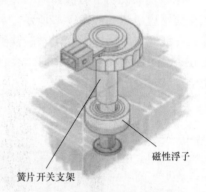

图1-5 制动液液位传感器

## 二、霍尔传感器

### 1. 工作原理

霍尔传感器的工作原理是基于所谓的霍尔效应。如果为一个暴露在磁场中的半导体施加一个电压，那么在它的两端会形成一个电压差，如图1-6所示。

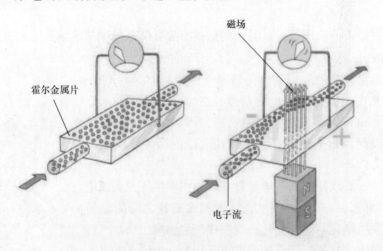

图1-6 霍尔传感器内部的工作原理

图 1-6 中展示了一个霍尔传感器的功能原理。这个小平板中含有半导体材料,当它暴露在磁场中时,磁力线推动材料中的电荷移动,导致电荷分布不均匀,从而在传感器元件两端产生电压,这和电压磁通量的强度成正比。

霍尔金属片位于一个与信号相匹配的集成开关电路中。霍尔传感器的特性使得它可以广泛应用于需要迅速做出反应的情况。它的功能原理决定了它还可以用于测量磁场强度。横向加速度传感器和电流测量钳都基于此原理,电流测量钳可以测量由磁场在导线周围产生的电流。

霍尔发射极的核心是集成电路,它除了磁敏元件或金属片外还有与之相连的用于提供方形信号的电子装置,如图 1-7 所示。霍尔元件与磁场接触时产生很小的电压,这个电压被加载到晶体管的基极上,所以晶体管发射极接地并且集电极不接地。因此,当元件暴露在磁场中时,在检查霍尔传感器控制信号时方波处于低水平(晶体管不接地)。

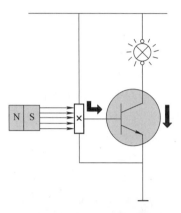

图 1-7 霍尔传感器信号转化

**2. 应用**

(1) 曲轴的转速及角度位置传感器

霍尔传感器常被用作曲轴的转速及角度位置传感器。在某些系统中,传感器位于分配器中。转子转动并因此中断侵入它的磁场,产生了可以被发动机电子系统利用的电脉冲。

(2) 其他应用

霍尔传感器还有多种其他用途,其中包括:

- 电子稳定程序(ESP)中的横向加速度传感器,如图 1-8 所示。

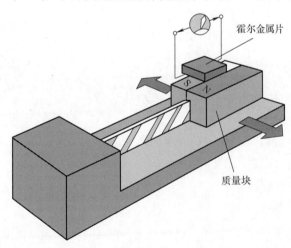

图 1-8 横向加速度传感器

- 识别汽车位置以调整高度。
- 调节氙气前照灯的位置。
- 里程表的转速传感器。

- 节气门操纵（Mono – Motronic）的位置传感器。
- 在 ESP 系统中测量转向盘转角的角度传感器。

### 三、电导率传感器

**1. 工作原理**

导电性是指在特定物理条件下，电流通过某种材料的难易程度。

材料的导电性可以通过改变原子结构实现，改变原子结构使得电子能够自由移动或者离子更容易转变成其他物质（离子是带电原子）。导电性与自由电子的数量有关；金属的导电性与温度不成正比。当温度接近绝对零度时，有些金属的导电性几乎为无穷大（无电阻）。这种现象称为超导。

**2. 应用**

（1）氧传感器

氧传感器（也称为氧探针）用于测量排气管内的氧含量。传感器由一个环绕着电极的陶瓷体构成，电极（铂）可以透气。传感器外部与废气接触，而内部与周围空气接触，超过一定的温度（300℃）后，氧离子可以通过陶瓷。当传感器两侧（外侧和内侧）的氧含量不同（例如，稀薄的混合气有很多氧气）时，会产生一个 100mV 范围内的电压。但是，如果氧含量之间差别很大（例如，浓稠混合气有少量氧气），则陶瓷会产生 900mV 的电压。控制单元通过氧传感器提供的信号修正燃油喷射时间，使混合气的成分在 $\lambda = 1$ 左右。

（2）节气门电位计

节气门电位计是一种能够以机械方式改变导电性（改变电阻）的传感器，如图 1-9 所示。节气门电位计位于中央喷射单元壳体内。它有一条轨道，滑动触点就在该轨道上移动，并根据节气门的位置发出线性信号；这样，控制单元就能随时识别节气门的位置以及随着节气门的位置变化速度。

（3）其他应用

基于改变导电性的传感器还有一些其他应用方式，例如：

- 冷却液液位传感器，如图 1-10 所示。
- 风窗玻璃刮水器位置传感器。
- TDI 加速踏板传感器。
- 燃油位置传感器。

### 四、热电传感器

**1. 工作原理**

金属以及一些其他化合物对温度变化相当敏感。温度升高时，体积膨胀，此时，金属的电阻发生变化。这种特性是热电阻的基础。热电传感器就是电阻变化与电阻所承受温度成正比的传感器。为了获得正或负温度系

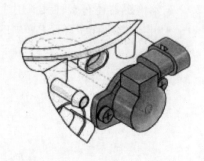

a) 结构

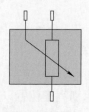

b) 符号

图 1-9 节气门电位计

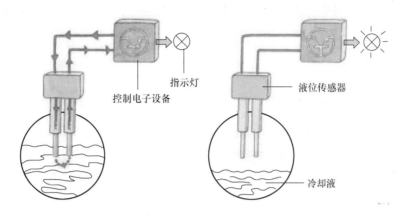

图 1-10 冷却液液位传感器

数,还特别制造了某些化合物。因此出现了正温度系数(PTC)或负温度系数(NTC)电阻。

(1) PTC 电阻的功能原理

当温度升高时,电子通过的阻力增大,电子流减小。简而言之,温度越高,电阻越大。

(2) NTC 电阻的功能原理

当温度升高时,电子通过的阻力减小,电子流增大,工作原理如图 1-11 所示。简而言之,温度越高,电阻越小。

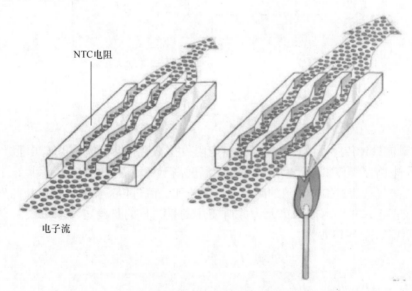

图 1-11 NTC 电阻工作原理

热敏电阻的一个特例是纯铂制造的传感器元件,它非常精确且具有线性反应,在 0℃ 时的电阻为 100Ω。

## 2. 应用

(1) 冷却液温度传感器

冷却液温度传感器是内部安装有 NTC 热敏电阻的空腔,如图 1-12 所示。当所承受的温度升高时，电阻减小，这种变化被转换成电压变化，然后传递给连接的元件，以便说明温度情况。

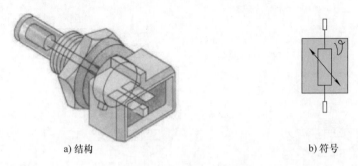

a) 结构　　　　　　　　　b) 符号

图 1-12　冷却液温度传感器

（2）空气质量流量计

空气质量流量计常用于发动机内的电子系统，如图 1-13 所示。它被安装在进气冲程中，目的是测量进入发动机的空气流量并由此确定相应的功能参数。

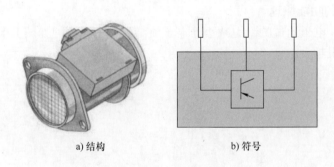

a) 结构　　　　　　　　　b) 符号

图 1-13　空气质量流量计

空气质量流量计传感器由在空气经过时电阻发生变化的热铂丝（PTC 电阻）或铂膜构成。一个电子电路控制传感器元件的电流并使温度高于环境温度 100℃；保持这个温度所需的电流与因为进气流流过铂丝导致的冷却温度成正比。流过传感器元件的电流与发动机吸入的空气质量成正比，并显示控制单元为此所使用的量，目的是确定发动机吸入空气的质量值，其工作原理如图 1-14 所示。

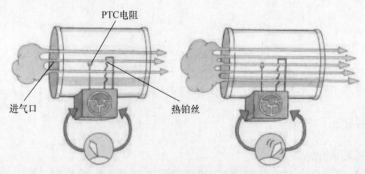

图 1-14　空气质量流量计工作原理

安装在传感器元件前面的 NTC 电阻用于探测吸入空气的温度,并根据相应环境温度计算铂丝电流。因此,测量吸入空气的质量时总是以环境温度为参考。

(3) 其他应用

温度传感器的其他应用也同样是在汽车行业中:
- 发动机机油温度传感器。
- 单点喷射(SPI)发动机管理系统的进气温度传感器。
- 空调系统的外部温度传感器。

## 五、光电传感器

### 1. 工作原理

光电传感器包括能对各种光辐射做出反应的各种不同的元件:可见光、红外线、超声波等。

光电传感器能将捕获的光能转换为电能,例如太阳能电池。它的工作原理是:当光线照射到半导体材料上时,一些电子吸收足够能量,能够脱离原子中的运转轨道,成为可以形成电流的自由电子,如图 1-15 所示。

其他传感器因为电阻降低,所以对光照有不同的反应,光敏电阻就属于这种情况。能对太阳光线产生反应的元件还有光电二极管。这种半导体在没有光照时,只有微弱的电流;一旦阳光辐射增加,电流也随之增大。阳光辐射越强,电流越大。有些光电二极管能对其他光谱做出反应,例如,红外线或超声波光电二极管。

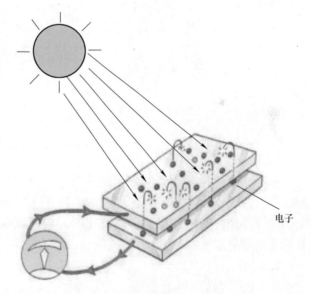

图 1-15 光电传感器的工作原理

### 2. 应用

(1) 太阳能电池

太阳能电池被用作空调系统的发电机。

空调系统具有配备太阳能集电极的滑动天窗。各个电池在滑动天窗上组成一层膜并利用照射到汽车上的阳光辐射,将它转换为电能。将通过这种方法获得的能量用于驱动涡轮,涡轮可以更换车内的空气并因此降低车内温度。控制单元承担着系统功能的操作和调节。

(2) 红外传感器(IR)

某些具有遥控功能的中控锁系统采用了红外传感器。

红外传感器元件由一组能对红外范围内的光线做出反应的光电二极管构成。在运行期间,传感器接收到发射器发出的(肉眼不可见的)信号,信号中含有关闭/打开锁芯机构的代码。

(3) 其他应用

光电二极管作为光电传感器还可以用于测量阳光辐射。在空调系统中，光电二极管安装在仪表板内，流经它的电流强度取决于射入的光照。这样，控制单元就能调节空调运行。

## 六、压电传感器

### 1. 工作原理

当材料受到压力而形变时会产生极化现象，这就是压电效应。根据所使用的材料，这种现象可能会造成微弱电压或改变材料电阻。某些自然晶体（石英）或人工晶体也有类似的原子排列方式，在受到压力时，它们的结构发生变形，电荷（电子和质子）沿逆时针方向移动，从而失去其自然的平衡状态，在两侧形成电压差。压电晶体的内部结构如图1-16所示。

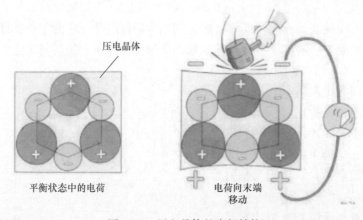

图1-16 压电晶体的内部结构

基于此原理的压电传感器是有源传感器，并且可以开发成能够测量压力、振动和加速力的装置。另一种类型的传感器是压电电阻。它是一种无源传感器，当覆盖在氧化表面的硅化合物（半导体材料）薄膜的电阻变化时，它可以做出反应。当传感器的几何形状变化时，其原子的排列也发生改变，从而改变自由电子的路径并因此导致自身电阻的变化。

### 2. 应用

(1) 进气歧管压力传感器

这种压力传感器是无源传感器，它通过由电阻制成的分压器将进气歧管内的压力差转换为电压差，如图1-17所示。它由一个覆盖着薄膜的空腔构成，薄膜对进气歧管的绝对压力做出反应。在薄膜上是压电材料制成的电阻，这个电阻是测量电路的一部分。当薄膜由于进气歧管内的压力而变形时，传感器输出一个直接与当前压力强度（发动机负荷）成正比的电压值。

电子控制单元可以通过该信息确定发动机的功能参数。

(2) 其他应用

还有许多有源传感器也是基于压电现象的，例如：
- 在电子点火系统中的爆燃传感器，如图1-18所示。
- 柴油发动机的转速和负荷传感器。

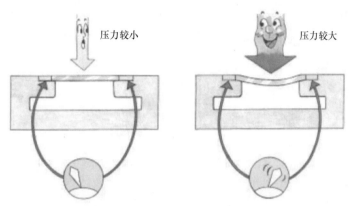

图 1-17  进气歧管压力传感器工作原理

- 电子稳定程序（ESP）弯道半径传感器。
- 测量汽车加速度和减速度的安全气囊加速度传感器。

其他无源传感器还有：
- 为发动机电子系统测量重要气压的海拔传感器。
- 制动压力传感器。

## 七、超声波传感器

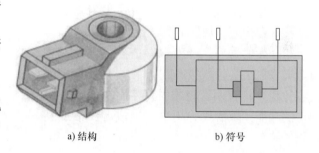

a) 结构　　　　　b) 符号

图 1-18  爆燃传感器

### 1. 工作原理

超声波就是振动频率高于人类听觉感知范围的声波。当它穿过空气运动时，如果遇到物体或被弹回，则频率会发生改变。使用与能发出高频（超过 40kHz）声波的陶瓷扬声器类似的发射器产生超声波，当接收器（与传声器类似）接收到振动时，它便发出能够感知电子的电信号。

### 2. 应用

（1）车内空间监控传感器

超声波车内空间监控传感器在报警系统中被当作探测器使用。

发射器和接收器均位于车内。发射器产生超声波信号，接收器感知回声并将其转换为电信号（就像传声器一样），如图 1-19 所示。汽车内部出现任何运动，记录的回声都会发生变化。控制单元通过该信号确定是否有未经授权的人员侵入汽车内部。

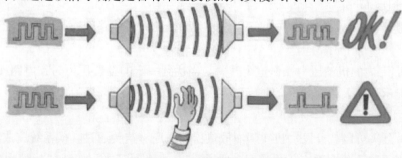

图 1-19  车内空间监控传感器

（2）其他应用

超声波的另一种应用是作为自动泊车系统（APS）的超声波传感器。

## 八、高频传感器

### 1. 工作原理

通过无线电波发送和接收的电信号称为高频信号。这个定义指的是通过车内发出和接收的无线电波进行通信的信号。

在车内发射并含有信息的电波由流经天线的高频交流电产生。接收器接收电波，将其转换为指令，从而进行激活、关闭等。

### 2. 应用

（1）遥控器

高频遥控系统由小型的便携式发射器和车内的接收器构成，如图1-20所示。

操作发射器时，产生含有信息代码的载波向四周发射。接收器接收代码并与其程序中的内容比对，只有两者相同时，才会激活指令中规定的功能：激活或关闭中控锁或者激活或关闭报警装置。

（2）其他应用

另一种高频传感器元件是接收天线。

图1-20 高频遥控系统

电子防盗锁止系统的钥匙的读取单元就是接收天线。另一种天线类型是音频天线，它可以是有源天线的结构。它具有放大信号的电子装置并且因为其尺寸小，可以插在天线内。音频天线也可以是无源天线的结构，与有源天线相比，它不需要自己的电源。因此，某些频段的接收质量取决于天线的位置。

## 九、断路器和切换开关传感器

### 1. 工作原理

许多传感器通过机械操作、热操作或其他物理变化发出信号。一般它们的功能仅限于接通或切断电路，这个过程代表了命令的执行。

### 2. 应用

（1）机油压力开关

这个断路器也被称为压力开关，该压力开关和机油循环回路相连并将其校准为一特定的压力。

通过油底壳内的机油压力操作这个开关。当达到一定的补偿压力时，电路接通或断开，仪表板中的指示灯熄灭，如图1-21所示。

（2）风扇热敏开关

风扇热敏开关可以打开发动机冷却液散热器的风扇。这要通过转换系统完成：转换系统在不同的温度下激活两个触点，风速分为两个不同的速度等级。传感器元件由蜡质胶囊构成。蜡质胶囊受温度影响时膨胀，并在膨胀时被校准为不同力的两个触点相接触。

结果是在符合特定温度的撞击力作用下，触点接合电路。

（3）碰撞传感器

这种传感器用于识别可能的碰撞。传感器单元由4块膜片、2个金属球和2个橡胶分离器组成。中间膜片经过磁化并且作为开关的触点。

碰撞传感器工作原理：正常状态时，金属球在磁场作用下贴在膜片上；出现碰撞时，金属球的重力克服磁场，从原来的位置松开，金属球接触膜片并接通电路，如图1-22所示。

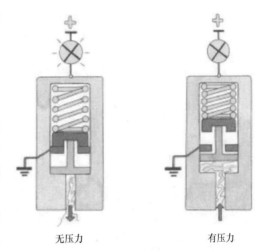

图1-21 机油压力开关工作原理

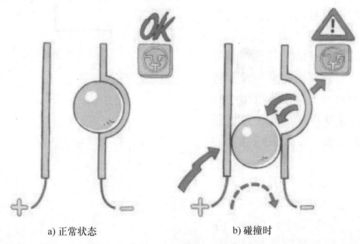

图1-22 碰撞传感器工作原理

（4）玻璃破碎传感器

这种传感器是一条细金属丝，它是电路的一部分并且被嵌入玻璃中。玻璃破碎时，电路断开并且触发警报装置，工作原理如图1-23所示。

（5）其他应用

还有很多基于机械操作的应用，例如：
- 中控锁的车门锁开关。
- 打开车内照明灯的车门断路器。
- 车窗升降机开关。
- 自动变速器的多功能开关。
- 制动灯开关。

图 1-23 玻璃破碎传感器工作原理

### 十、开关式传感器

常规的开关是控制部件,现在汽车采用的开关大多是传递信号的传感器,称为开关式传感器。

开关式传感器一般有两种状态:断开或闭合。当需要知道被监测的部件或装置处于两个状态中的某一个时,可以使用开关式传感器向控制模块提供信息。几乎所有的电控系统都至少有一个开关传感器输入电路。

(1) 开关式传感器输入电路

开关式传感器输入电路仅提供高/低(HI/LO)或开/关(ON/OFF)信号。开关位置电路产生 0V 或外加电压信号。开关电路分为电源侧或接地侧开关,如图 1-24 所示。其中,3/62 为接地侧开关;3/9 为电源侧开关。

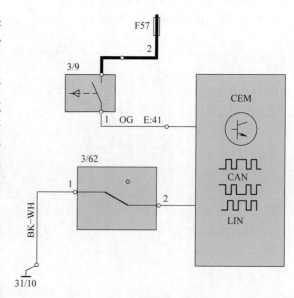

图 1-24 开关式传感器输入电路

(2) 接地侧开关传感器电路

如图 1-25 所示,接地侧开关传感器电路由电压调节器、限流电阻 $R_1$ 和电压表构成完整回路。

(3) 电源侧开关传感器电路

电源侧开关传感器电路如图 1-26 所示,控制模块中除了没有电压调节器外,其他元件均与接地侧开关传感器电路相同。此电路由外部电源如蓄电池或点火开关供电。限流电阻串接在开关与地线之间。

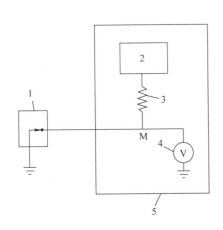
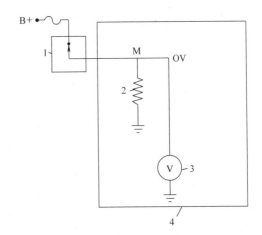

图 1-25 接地侧开关传感器电路
1—接地开关 2—电压调节器 3—$R_1$ 限流电阻
4—电压表 5—控制模块

图 1-26 电源侧开关传感器电路
1—接地开关 2—$R_1$ 限流电阻 3—电压表 4—控制模块

  你学会了吗？

1. 汽车传感器按工作原理分类主要有哪些？
2. 电磁传感器是怎样工作的？车上的具体应用有哪些（至少列举两个）？
3. 霍尔传感器是怎样工作的？车上的具体应用有哪些（至少列举两个）？
4. 电导率传感器是怎样工作的？车上的具体应用有哪些（至少列举两个）？
5. 光电传感器是怎样工作的？车上的具体应用有哪些（至少列举一个）？
6. 压电传感器是怎样工作的？车上的具体应用有哪些（至少列举一个）？

## 第4天　汽车传感器的检测

 学习目标

1. 牢记传感器检测注意事项。
2. 掌握传感器的检测方法。

### 一、传感器检测注意事项

1）除在测试过程中特殊指明外，不能用指针式万用表测试 ECU 及传感器，应使用高阻抗数字式万用表或车用专用万用表进行测试。禁止使用"划火法"检查晶体管电路的通、断状况。不要用普通试灯去测试任何与 ECU 相连接的电气装置，以防止晶体管损坏，脉冲电路应采用 LED 灯或示波器检查。

2）在拆卸或安装电感性传感器时，应将点火开关断开（OFF），以防止其自感电动势损伤 ECU 和产生新的故障。

3）在车身上进行电弧焊时，应先断开 ECU 电源。在靠近 ECU 或传感器的地方进行车身修理作业时，更应特别注意。

4）ECU 和传感器必须防止受潮。不允许将微机或传感器的密封装置损坏，更不允许用水冲洗。ECU 必须防止受到剧烈振动。

5）电控系统中，故障多的不是 ECU、传感器和执行部件，而是插接器。插接器常会因松旷、脱焊、烧蚀、锈蚀和脏污而接触不良或瞬时短路，因此当出现故障时不要轻易地更换电子器件，而应首先检查插接器的状况。

6）当断开蓄电池时需注意以下几点：一是必须关闭点火开关，如果在点火开关接通的状态下断开蓄电池连接，则电路中的自感电动势会对电子元器件有击穿的危险；二是检查自诊断故障码是否存在，若有故障码，则应记下代码后再断开蓄电池；三是断开蓄电池前，应牢记带防盗码的音响设备的编码，否则在下次使用中，音响系统自锁会影响使用。

7）蓄电池搭铁极性切不可接错，必须负极搭铁。严禁在发动机高速转动时将蓄电池从电路中断开，以防产生瞬时过电压将 ECU 和传感器损坏。

8）跨接起动其他车辆或用其他车辆跨接本车时，需先关闭点火开关，才能拆装跨接线。

9）在点火开关接通的情况下，不要进行断开任何电气设备的操作，以免电路中产生的感应电动势损坏电子元件。

10）ECU 有学习功能，但 ECU 的电源电路一旦被切断（如拆下蓄电池），它在发动机运行过程中存储的数据便会消失，因此，蓄电池断开后要装复。如果出现发动机工作状况不如以前时，先不要随便更换零部件，因为这种情况可能是蓄电池断开后 ECU 中的学习修正记忆消除的缘故。

如果是此种原因，待发动机运行一段时间后，ECU 会自动建立修正记忆。如果想让 ECU 完全"恢复记忆"，则需通过在不同工况下的路试让 ECU 重新学习，发动机工作的不良状况会自动消失。

11）注意检查搭铁线的状况，其电阻值一般不应大于 $1.5\Omega$。

12）带有安全气囊系统的汽车，对安全气囊进行检修时，如果操作不当将会使安全气囊意外张开，因此必须严格按操作程序进行。对安全气囊进行检修作业时，先将点火开关置于关闭位置，断开蓄电池负极，等待 90s 再进行操作，以免发生意外。

## 二、传感器的检测方法

在传感器的检修过程中，常用以下几种方法检测传感器。

### 1. 故障征兆判断法

依据故障征兆，运用经验判断是最直观、最简单的解决车辆故障和判断传感器好坏的方法。但其有两个缺点：一是经验积累时间长，短时间内不可能达到很高水平；二是判断结果准确率低，误判的可能性较大。

例如，在维修大众车系发动机时，如果出现发动机油耗和排气污染增加，发动机出现怠速不稳、缺火、喘振等故障现象，则很可能是氧传感器出现故障。这是因为：一是从车型来看，该车型出现氧传感器故障的概率比较高；二是从现象上来看，氧传感器出现故障，将使电子燃油喷射系统的 ECU 不能得到排气管中氧浓度的信息，因而不能对空燃比进行反馈控制，从而出现上述症状。

**2. 解码器检测法**

汽车上的电子控制系统一般都具有自诊断功能。以前的车辆，大部分都能通过手工调码的方法查出故障码，但随着汽车的发展，尤其是进口高档车的电子控制系统只有靠仪器等专用设备才能进行诊断。在众多的仪器设备当中，使用最普遍的是电控系统检测仪，俗称解码器。

解码器通常分为原厂解码器和非原厂解码器。原厂汽车解码器是指由汽车制造厂家提供或指定的解码器，如丰田的 intelligent Tester、通用的 TECH2 等。非原厂（通用）解码器则指不是由汽车制造厂家提供或指定，而由其他仪器设备厂商生产的汽车解码器，如德国博世公司的 KTS300/500、美国的红盒子 ScannerMT2500、瑞典的 AUTODGAGNOS 及国内公司生产的电眼睛、修车王、车博士等。部分原厂解码器和通用解码器如图 1-27 所示。

丰田intelligent Tester　　　通用TECH2　　　博世诊断仪　　车博士诊断仪　　车王1号诊断仪

a) 原厂解码器　　　　　　　　　　　　　b) 通用解码器

图 1-27　解码器

读取与清除故障码是解码器的主要功能，因此很容易判断出故障的大致方向和部位，为传感器的检测和排查提供了方便。但有以下几点需要注意：

1) 并非所有的故障都会出现故障码。如，三菱 V73 的 6 线式步进电动机由于是 ECU 以脉冲方式进行控制，没有监控装置，因此在出现故障后，没有故障码。又如，当冷却液温度传感器的电阻发生漂移而不准确时，如果电阻总值没有超出规定范围，虽然有故障，但不会显示故障码。

2) 故障码的含义说明需弄清楚，是传感器或执行器自身故障还是线路故障。线路故障要分清是短路还是断路，是与电源短路或断路，还是与搭铁短路或断路等。只有清楚、明白故障码的实际含义，才能更好地利用故障码排除故障，维修起来也可以少走弯路。

3) 通过解码器读出的故障码，只是说明某一系统或相关系统有故障，不要看到故障码就断定是该传感器或执行器有故障，就要更换，其他与之相关的系统也会造成同样故障而出现相同的故障码。

如在检查制动防抱死系统（ABS）时出现"轮速传感器信号不良"故障码，不要立即更换轮速传感器，首先要检查电路各连接插头与插座针脚接触是否良好，传感器触发轮是否有脏污、锈蚀、断路或短路等现象，有些安装在车轮上的传感器，其磁心经常会吸附一些制动鼓磨掉的铁屑而导致工作不良，此时只需拆下传感器并清除磁心上的污垢即可排除故障。同时还要观察感应齿圈是否有变形、缺齿等现象，这些都是导致出现"轮速传感器信号不良"故障码的原因，而轮速传感器本身并没有损坏。

4) 要分辨清楚是历史性故障码还是当前的故障码，以及故障码出现的次数。历史性故障码是指某一故障在较早之前出现过，现在不出现了，但在 ECU 里面有一定的存储记忆；

而当前故障码则是指最近出现的故障。

举例说明，如大众公司的解码器上故障码前显示"SP"均表示临时的偶发性故障。故障发生的原因不外乎以下几种情况：发动机运转或点火钥匙打开的过程中拔下了某个电气插头，或者某个传感器或执行器的插头虚接，是软故障，不是硬故障。

5）当读不出故障码但车辆依旧有故障症状时，要利用解码器的数据流对传感器和执行器进行深入的分析和判断。简单来说，数据流就是电控系统中的一些主要传感器和执行器的当前工作参数值（如发动机转速、蓄电池电压、空气流量、喷油时间、节气门开度、点火提前角、冷却液温度等）。维修过程中，可以通过阅读数据流来分析、发现故障所在，特别是当电控系统无故障码可供参考时，数据流分析就更加重要。每个传感器和执行器在一定条件下的工作参数值是有一定标准范围的，可以通过实际值与标准值的比较来判断某传感器和执行器是否存在异常。

6）当参考故障码排除故障后，必须利用解码器来清除故障码，也就是从ECU内部的记忆体中清除其故障码记忆，并在发动机运转一段时间后（有条件的话，可以进行路试），再通过解码器来测试是否还会出现相似的故障现象，或者存储同样的故障码。

7）清除故障码，不提倡用拔掉蓄电池负极的办法来进行。早期的车辆，如三菱和现代，在清除故障码时可以使用去掉蓄电池负极的方法来进行，但随着汽车技术的发展，越来越多的车辆已将故障码存储在ECU的电擦除可编程只读存储器（EEPROM）中，用去掉蓄电池负极的方法不但消除不掉故障码，还会导致许多问题：一是很多车辆的ECU具备了自适应和自学习功能，去掉蓄电池负极后，存储在可保持存储器（KAM）中的自适应信息丢失，导致车辆运行不稳定；二是会触发音响防盗等的防盗功能起作用导致锁死，如果不知道密码，音响便不能正常使用，预先设置在音响中的播放顺序、座椅的预定设置位置也会因此丢失。

### 3. 测试灯检测法

测试灯有自制的测试灯和检测专用的测试灯两种；可以自带电源，也可以不带电源。自制的测试灯可以用发光二极管（LED）灯外接300~500Ω的电阻串联制成，如图1-28所示。

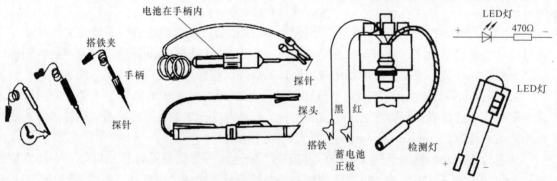

图1-28 测试灯

测试灯主要有以下几个功能：

1）检查传感器、电控元件本体或连接电路的通断。
2）检测传感器参考电压供给是否正常。
3）根据测试灯发光二极管频闪信号，可以检查传感器是否有脉冲输出，或ECU是否有执行信号输出。

4）对具有手工调码自诊断功能的车辆，进行手工调阅故障码。

**4. 万用表检测法**

汽车上使用万用表，除了早期手工调码读取故障码要求使用指针式万用表，一般都不主张使用指针式万用表，甚至在检测某些元件时，特别是半导体元件、有关 ECU 电路时，强调必须使用数字式万用表。这是因为数字式万用表阻抗大，通过元器件的电流小，可以避免在测量时烧毁其他元器件。

（1）电阻检测法　电阻检测法主要用于可变电阻、电位计传感器、磁电式传感器电阻的检测，对于半导体元件，一般要与标准元件的测量值对比才能得出结论。例如，对于磁电式轮速传感器，可以用欧姆表检查其电阻值，一般在室温时，电阻在 600~2300Ω 为正常。电阻太小为线圈短路；电阻过大为连接不良；电阻非常大为断路；线圈与外壳导通为搭铁。万用表检测轮速传感器如图 1-29 所示。

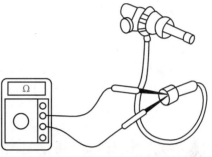

图 1-29　万用表检测轮速传感器

（2）电压检测法　对于有源传感器，由于工作时自身可以产生电压，因此可以使用电压检测法来检测传感器工作是否正常，例如氧传感器、磁电式曲轴位置/凸轮轴位置传感器、爆燃传感器等。仍以 ABS 用磁电式轮速传感器为例，拆开 ABS ECU 接线插座或拔下轮速传感器的接线插头，使被测车轮以 1r/s 的速度转动时，使用万用表交流 mV 档，测量各车轮的轮速传感器对应端子间的电压，万用表指示值应为 70mV 以上。若测量值低于规定值，原因可能是传感器与轮齿的间隙过大或传感器本身有问题，需要更换新件。

（3）电流检测法　电流检测法主要用于产生电流调制信号的新型集成电路传感器，如主动型轮速传感器，通过万用表也可以对传感器进行检测，线路连接如图 1-30 所示。将万用表拨至量程在 200mA 以上的电流档处，将表笔串在其中一根输出线上，另一根输出正常接线（注意指针式万用表的极性），接通汽车电路使 ABS 通电，用手缓慢转动传感器安装侧的车轮，正常情况下，电流指示应在 7~14mA 之间来回波动。如果读数值只固定在 7mA 或 14mA 上，同时调整空气间隙无效时，则说明传感器失效。另外，如果接通电路后电流数值直接显示为 0 或 100mA 以上时，在确认万用表接线无误后，可以判定传感器已经断线或短路。

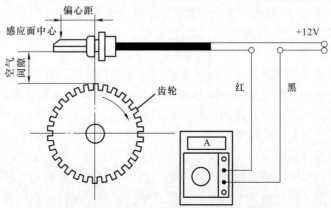

图 1-30　用电流法检测主动型轮速传感器

### 5. 示波器检测法

示波器主要用来显示控制系统中输入、输出信号的电压波形，以供维修人员根据波形分析判断电控系统故障。示波器比一般电子设备的显示速度快，是唯一能显示瞬时波形的检测仪器，是电控系统故障诊断中的重要设备。示波器检测是最准确、最直观的检测方法，可以将传感器的输出电流或电压以波形的形式显示出来，也是传感器等电气元件检测的发展方向。

仍以上述主动型轮速传感器为例，将示波器的信号输入接线分别接在传感器输出端与信号处理电路的搭铁端（注意区分传感器电源端进线及信号输出端），接通汽车电路使系统通电，此时用手缓慢转动传感器安装侧的车轮，正常情况下，示波器应显示出方形脉冲波形，如图1-31所示。如果没有脉冲波形或与波形不一致，则要调整传感器的安装空气间隙，如果调整后仍没有脉冲波形，则说明传感器失效，需要更换传感器。

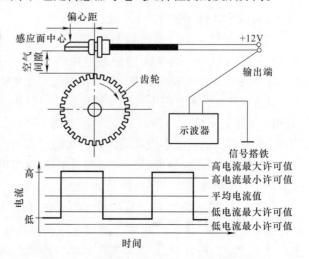

图1-31 用示波器法检测主动型轮速传感器

### 6. 模拟法

模拟法就是在断开传感器连接，其他线路连接正常的情况下，用传感器模拟测试仪模拟汽车ECU的输入信号，代替传感器工作，依据故障现象的消失或存在，来判断传感器好坏的方法。利用此类模拟法对电控系统传感器及其线路故障的诊断，可简化分析过程、缩短诊断时间、减少因盲目更换配件而带来的经济损失。

常用的具有传感器模拟测试功能的仪器有ADD91信号模拟仪、电控系统分析仪SKS3058等。它们都可以模拟发动机控制系统各传感器的各类信号，如电压信号、频率信号、直流信号、占空比信号等。

例如，在判断桑塔纳2000GLi轿车里程表不动的故障时，打开点火开关，先找到车速传感器，拔下插头，检查霍尔式三线制车速里程表传感器供电回路（一线为12V，另一线为搭铁，剩余一线为信号线）。如果供电回路正常，则可以使用模拟器进行车速传感器模拟。因为车速传感器是霍尔式，其信号形式为脉冲频率式，因此可以用红表笔接信号线插脚，人为地输入30Hz脉冲频率信号到信号线，黑表笔搭铁，此时里程表启动；当频率加到100Hz以上时，表针指示满量程。这说明从插头到线路再到表均正常，问题在传感器。

### 7. 替代法

替代法就是对于可疑传感器，通过试换的方法来查找故障，又称试换法。

替代法可确定故障部位或缩小故障范围，但不一定能确定故障原因。在检修传感器时，最好使用相同车型、相同年款、相同型号、相同规格的传感器，暂时替代有疑问的传感器。替代后如果故障现象消失，则说明该故障并不是因为传感器引起，而是在其他部分。

使用替代法检验传感器的好坏，简单又直接，但要求有一定的维修经验和可以用来替换的正常的传感器。替换时需要注意两点：一是不能用不同输出特性的传感器来替代，容易引起错误判断；二是不要绝对地认为新的零件就是好的零件，最终导致误判，因为有的新零件本身就是坏的。

### 三、传感器的检测顺序

在检测传感器时,应该按照以下顺序进行检测:

1) 征兆判断:推断可能发生故障的部位。

2) 解码器检测:确认被怀疑的传感器在解码器中是否有故障码,并在数据流中加以强化判断。

3) 传感器周围的检查:为防止不是因为传感器本身故障而导致传感器的误判,要首先对怀疑的传感器部位进行外部检查,看是否有短路、断路、脏污、脱开、连线、水泡、腐蚀、氧化、接触不良、传感器变形等情况。

4) 外部电压、搭铁及线束导通的检查:为防止无源传感器由于没有供给电源而导致不能正常工作,要首先对外部电源进行检查。例如,霍尔式曲轴位置传感器如果没有12V或5V电压的供给,传感器是不会有信号输出的。如果电源和搭铁不正常,就要溯本求源,检查线路。

5) 本体检查:主要是外观检查和电阻检查,不用连接外部电路。针对能够进行电阻测量的传感器,如可变电阻式传感器、磁电式传感器,可以直接进行电阻的测量。例如,轮速传感器电阻检查可以关闭点火开关,拔下传感器插接器,检查前后轮的轮速传感器端子电阻,应均为 1~13kΩ。同样,节气门位置传感器、磁电式曲轴位置传感器的电阻和电阻变化的平稳性,可以用万用表的电阻档直接测量,从而判断传感器是否正常。

6) 输出信号检查:输出信号检查主要是将传感器连接到外部经检查已经是正常的线路中,或是额外提高传感器工作条件,来对传感器输出信号进行检查的过程。输出信号检查,应该是检测结果比电阻检查更前进了一步。这是因为ECU要接受的就是输出的信号,而不是传感器本身的电阻。传感器本身电阻正常,输出的信号不一定正常。

因此,不论是有源传感器,还是无源传感器,都可以在模拟工作状况下进行输出信号检查。需要说明的是,无源传感器必须在正确供给工作电源的情况下,才可以对传感器输出信号进行检测。输出信号的检查可以使用万用表的电压档或电流档进行,但使用汽车专用万用表对输出信号只是做简单的判断,更精确地判断输出信号可以使用示波器来进行。

① 模拟直流信号:如节气门位置传感器,汽车专用万用表直流电压量程检测即可满足要求。

② 模拟交流信号:ABS轮速传感器、磁电式曲轴位置传感器,用汽车专用万用表交流电压量程检测即可满足要求。

③ 脉冲脉宽调制信号/频率调制信号的电子信号:虽然可以使用万用表,但结果不够准确,要想看清具体的变化过程,必须使用示波器。

例如,三菱汽车用的卡门涡流式空气流量传感器,在怠速时,输出信号为 2.2~3.2V,此电压为频率调制信号的平均电压,但用示波器就可以很方便地看出空气流量传感器信号的频率和幅值是否符合规定。

7) 维修与更换。对传感器进行以上检查后,可以基本确定传感器的好坏。更换传感器时,要严格按照操作规程操作,切忌蛮干。要关闭点火开关,切不可带电操作,否则容易损坏其他电子部件。安装时要轻拿轻放。

1. 检测汽车传感器时应注意什么?

2. 汽车传感器的检测方法有哪些?
3. 按什么顺序检测汽车传感器?

## 第5天 汽车传感器故障及其后果

**学习目标**

了解汽车发动机电控系统、自动变速器电控系统、安全气囊系统、制动防抱死系统、悬架电控系统和电控转向系统的传感器的易发故障及其后果。

### 一、发动机电控系统传感器易发故障及故障后果

发动机电控系统传感器易发故障及故障后果见表1-3。

表1-3 发动机电控系统传感器易发故障及故障后果

| 传感器 | 故障位置 | 故障现象 | 故障后果 |
| --- | --- | --- | --- |
| 叶片式空气流量传感器 | 电位计上滑片电阻值不准确 | 空气流量信号不准确 | 发动机功率下降、运转不稳、油耗增加 |
| | 电位计滑动臂与碳膜电阻接触不良 | 空气流量信号中断或时有时无 | 发动机运转中断或工作不稳 |
| | 回位弹簧弹力不足 | 喷油量过多 | 发动机耗油增加 |
| | 油泵开关点接触不良 | 燃油泵工作不良 | 发动机起动困难或起动后熄火 |
| 卡曼涡旋式空气流量传感器 | 电子元器件电路故障 | 传递频率信号不正确 | 发动机起动困难、急速不稳、油耗增加 |
| 热线式或热膜式空气流量传感器 | 热线或热膜脏污 | 空气流量信号电压下降导致供油量减少 | 发动机运转不稳、功率下降、加速不良 |
| | 热线或热膜损坏 | 无空气流量信号输出 | 发动机不能工作 |
| | 热敏电阻工作不良 | 空气流量信号电压不准确 | 发动机运转不稳、油耗增加 |
| 进气温度传感器 | 热敏电阻性能发生变化、线路接触不良 | 进气温度传感器无信号或信号不准确 | 发动机不能起动或起动后运转不稳、功率下降 |
| 半导体压敏电阻式进气压力传感器 | 压力转换中的硅膜片损坏 | 不能正确检测进气歧管压力,进气量检测不准,影响空燃比 | 发动机工作不良、动力下降、油耗增加 |
| 真空膜盒式进气压力传感器 | 膜盒破损 | 不能正确检测进气歧管压力,进气量检测不正确,影响空燃比 | 发动机工作不良、动力下降、油耗增加 |
| 曲轴位置传感器 | 磁脉冲式信号盘、磁头 | 不能准确判断曲轴上止点位置信号 | 发动机起动困难或运转不良、急速不稳 |
| 霍尔式凸轮轴位置传感器 | 集成电路损坏或永磁铁、导磁片脏污 | 不能准确判断活塞上止点信号(与曲轴位置传感器信号不同步) | 发动机起动困难或运转不良、急速不稳 |
| 线性输出型节气门位置传感器、开关型节气门位置传感器 | 急速触点接触不良 | 无急速信号 | 发动机无急速或急速不稳 |
| | 全负荷触点接触不良 | 无全负荷信号输入 | 发动机无高速、加速困难 |

(续)

| 传感器 | 故障位置 | 故障现象 | 故障后果 |
|---|---|---|---|
| 热敏电阻式冷却液温度传感器 | 热敏电阻性能发生变化或线路接触不良或断路 | 无冷却液温度信号或信号不准，电子扇不转、冷却液温度表不指示 | 发动机不能起动或运转不稳、功率下降 |
| 氧传感器 | 氧化钛式：二氧化钛陶瓷管损坏<br>氧化锆式：陶瓷管（或锆管）损坏、电阻丝烧断 | ECU不能获得氧传感器输入的氧浓度信号 | 发动机油耗增加、排气冒黑烟或发动机不能工作、怠速不稳 |
| 爆燃传感器 | 磁致伸缩式：线圈损坏<br>压电式：振荡片损坏或压电元件损坏 | 不能检测发动机爆燃信号、不能自动推迟点火时间 | 发动机工作产生爆燃、功率下降、伴随敲缸 |

## 二、电控自动变速器中传感器易发故障及故障后果

电控自动变速器中传感器易发故障及故障后果见表1-4。

表1-4　电控自动变速器中传感器易发故障及故障后果

| 传感器 | 故障位置 | 故障现象 | 故障后果 |
|---|---|---|---|
| 车速传感器 | 舌簧开关式：触点脏污，线路断路或短路<br>电磁感应式：线圈断路或短路<br>电式：转子脏污，线路断路或短路 | 变速器输出轴转速检测结果不准 | 换档时刻不准确、产生冲击或不能正确换档 |
| 输入轴转速传感器 | 感应线圈断路或短路、传感器头或齿圈粘有油污、传感器消磁、传感器松动等 | 不能正确检测变速器的输入轴转速 | ECU停止减扭控制、换档冲击大 |
| 液压油温度传感器 | 热敏电阻性能发生变化，线路断路或短路 | 不能正确换档、不能正确控制油压、不能正确控制锁定离合器 | 不能正确进行换档或换档产生冲击 |
| 冷却液温度传感器 | 热敏电阻性能发生变化，线路断路或短路 | 冷却液温度过低时，变矩器不能进入锁定，低于70℃时变速器不能升入4档，当线路断开时，变速器不能升入高档 | 自动变速器换档困难、没有高档或换档产生冲击 |

## 三、安全气囊系统传感器易发故障及故障后果

安全气囊系统（SRS）传感器易发故障及故障后果见表1-5。

表1-5　安全气囊系统传感器易发故障及故障后果

| 传感器 | 故障位置 | 故障现象 | 故障后果 |
|---|---|---|---|
| 碰撞传感器 | 线路断路或短路或传感器本身出现故障 | SRS ECU不能正确检测到碰撞信号 | 发生交通事故时，电爆管不能引爆，气囊不能打开 |

## 四、制动防抱死系统中轮速传感器易发故障及故障后果

轮速传感器易发故障及故障后果见表1-6。

表1-6 轮速传感器易发故障及故障后果

| 传感器 | 故障位置 | 故障现象 | 故障后果 |
| --- | --- | --- | --- |
| 轮速传感器 | 传感器头脏污，线圈断路或短路 | 不能检测车轮转速 | 紧急制动时车轮抱死、车轮产生滑移，易造成交通事故 |

## 五、电控悬架系统传感器易发故障及故障后果

电控悬架系统传感器易发故障及故障后果见表1-7。

表1-7 电控悬架系统传感器易发故障及故障后果

| 传感器 | 故障位置 | 故障现象 | 故障后果 |
| --- | --- | --- | --- |
| 光电式车高传感器 | 晶体管损坏或线路断路或短路 | 不能正确检测车身高度的变化 | 不能正确调整车轮悬架刚度 |
| 光电式转角传感器 | 遮光器损坏或晶体管损坏 | 转角传感器没有信号输入ECU | 不能判断汽车转向时侧向力的大小，进而不能控制车身侧倾 |

## 六、电控动力转向系统传感器易发故障及故障后果

电控动力转向系统传感器易发故障及故障后果见表1-8。

表1-8 电控动力转向系统传感器易发故障及故障后果

| 传感器 | 故障位置 | 故障现象 | 故障后果 |
| --- | --- | --- | --- |
| 转矩传感器 | 线路断路或短路 | 无法测量转向盘与转向器之间的相对转矩，即无转矩信号输入ECU | 无电控阻力作用 |

你学会了吗?

汽车发动机电控系统、自动变速器电控系统、安全气囊系统、制动防抱死系统、悬架电控系统和电控转向系统的传感器的易发故障及其后果有哪些？

# 第二章

# 温度传感器

## 第6天 冷却液温度传感器

### 学习目标

1. 掌握冷却液温度传感器的作用、安装位置、类型、结构和工作原理。
2. 掌握冷却液温度传感器与ECU之间的连接电路。
3. 能对冷却液温度传感器及其电路进行故障检测。

### 基础知识

#### 一、作用

冷却液温度传感器（即水温传感器）的主要作用是检测冷却液温度，并将温度信号转换为电信号输入发动机ECU，ECU对发动机的喷油量和点火时刻进行修正。

#### 二、安装位置

冷却液温度传感器一般装在电喷发动机的缸体缸盖的水套及上出水管、节温器等处，如图2-1所示。

图2-1 冷却液温度传感器的安装位置

## 三、类型

冷却液温度传感器主要有绕线电阻式、热敏电阻式、扩散电阻式、半导体晶体管式、金属芯式、热电偶式等类型。应用最广泛的是热敏电阻式，因此本节对其进行详细介绍。

## 四、结构

冷却液温度传感器有两端子式和单端子式两种，主要由热敏元件（如热敏电阻）、金属引线、接线插座和壳体组成。热敏电阻式冷却液温度传感器的结构如图2-2所示。

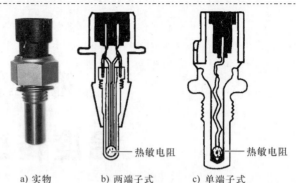

图 2-2 冷却液温度传感器的结构

## 五、工作原理

常用热敏电阻式冷却液温度传感器是采用负温度系数的热敏电阻构成的。当冷却液温度较低时，传感器的电阻较大；当冷却液温度升高时，传感器的电阻变小。其特性如图2-3所示。

在发动机电控系统中，传感器能感知到冷却液温度的变化，并将这种变化通过电路的连接转化为电信号输送给ECU。ECU根据输入的电信号即冷却液温度的变化信号，来对电喷发动机的喷油量及喷油时间进行修正，同时调整空燃比，使进入发动机内的混合气能稳定地燃烧。冷机时，供给较浓的可燃混合气；热机时，供给较稀的可燃混合气，从而使发动机良好地工作。

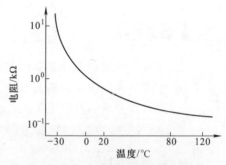

图 2-3 冷却液温度传感器的特性

### 实际操作

## 一、与ECU的连接电路

北京切诺基发动机管理系统使用的冷却液温度传感器与ECU的连接电路如图2-4所示。

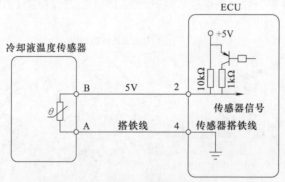

图 2-4 冷却液温度传感器与ECU的连接电路

由图2-4可知，冷却液温度传感器的两根导线都与ECU相连接：一根为搭铁，另一根的对搭铁电压随热敏电阻阻值的变化而变化。ECU根据这一电压的变化测得发动机冷却液的温度，与其他传感器产生的信号一起，用来确定喷油脉冲宽度、点火时刻等。

从图2-4中可以看出，ECU使5V的电压通过1kΩ电阻和晶体管串联后再与10kΩ的电阻并联，然后经过传感器搭铁。在温度比较低时，传感器热敏电阻的阻值较大，此时ECU使晶体管截止，5V的电压仅通过10kΩ电阻及传感器后搭铁，由于传感器热敏电阻的阻值与10kΩ电阻的阻值相差不大，这样传感器所测得的数值比较准确。而当温度达到一个特定值51.6℃时，热敏电阻的阻值将发生很大的变化，此时其阻值相对10kΩ已经较小，测得的数值不准确，此时ECU使晶体管导通，这样5V电压就通过1kΩ电阻和晶体管串联后再与10kΩ的电阻并联，然后经过传感器搭铁。由于并联后的阻值与1kΩ相差不大，即与温度升高后的传感器的阻值相差也不大，这样即使温度升高后发生变化，也能使测量结果准确。

## 二、检测

**1. 检测方法**

以北京切诺基车上的冷却液温度传感器为例介绍检测方法。

（1）就车检查  点火开关置于OFF位置，拆卸冷却液温度传感器导线插接器，用数字式高阻抗万用表Ω档，按图2-5所示测试传感器B端子和A端子间的电阻值。其测量电阻值应与温度的高低成反比，在热机时应小于1kΩ。

（2）单件检查  拔下冷却液温度传感器导线插接器，然后拆下传感器；将该传感器置于烧杯内的水中，加热杯中的水，同时用万用表电阻档测量在不同水温下传感器两接线端子间的电阻值，如图2-6所示。将测得的值与标准值比较，若不符合标准，则须更换传感器。

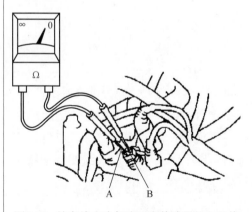

图2-5 就车检查冷却液温度传感器的电阻值

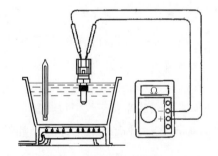

图2-6 测量冷却液温度传感器的电阻值

**2. 就车检测输出信号电压**

安装好冷却液温度传感器，将此传感器的导线插接器插好，打开点火开关，从冷却液温度传感器导线插接器端子B或从ECU导线插接器2号端子上测量与搭铁端子间的电压。所测得的电压值应随冷却液温度成反比变化，测量值对照参考值。当冷却液温度传感器线束断开时，从 ECU 导线插接器 2 号端子上测试电压值，当点火开关打开时，应为 5V 左右。若不符合，须更换冷却液温度传感器。

**你学会了吗？**

1. 冷却液温度传感器的作用是什么？
2. 冷却液温度传感器安装在哪里？
3. 冷却液温度传感器由什么构成？
4. 冷却液温度传感器如何工作？
5. 在切诺基车辆上，冷却液温度传感器与 ECU 之间是怎样连接的？
6. 如何对切诺基车辆上的冷却液温度传感器及其电路进行故障检测？

## 第 7 天　进气温度传感器

**学习目标**

1. 掌握进气温度传感器的作用、安装位置、结构和工作原理。
2. 掌握进气温度传感器与 ECU 之间的连接电路。
3. 能对进气温度传感器及其电路进行故障检测。

**基础知识**

### 一、作用

进入发动机气缸内的空气质量大小与进气温度和进气压力有关，即当进气温度低时，空气密度大，相同体积气体的质量大；反之，进气温度升高时，相同体积气体的质量将减小。在采用空气流量传感器的燃油喷射系统中，空气流量传感器测定的空气质量为体积流量，因此需要进气温度传感器和大气压力传感器。ECU 便可根据进气温度传感器输入的进气温度和压力信号修正喷油量，使发动机自动适应外部环境和压力的变化。

### 二、安装位置

进气温度传感器通常安装在空气滤清器之后的进气软管、空气流量传感器、节气门体和进气歧管上，如图 2-7 所示。有的还在空气流量传感器和谐振腔上各安装一个，以提高喷油器的控制精度。

## 三、结构

进气温度传感器主要由绝缘套、塑料外壳、防水插座、铜垫圈、热敏电阻等组成，其结构如图 2-8 所示。

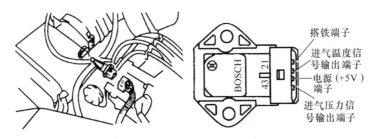

a) 空气滤清器之后的进气软管上　　b) 空气流量传感器内

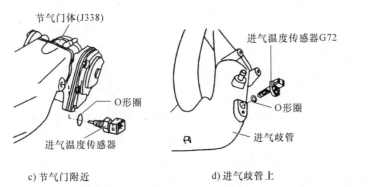

c) 节气门附近　　d) 进气歧管上

图 2-7　进气温度传感器的安装位置

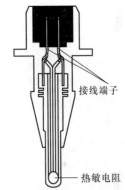

图 2-8　进气温度传感器的结构

## 四、工作原理

进气温度传感器也是由负温度系数的热敏电阻组成的，即温度升高时传感器的电阻明显减小。其用来检测发动机的进气温度，并将这种温度信号通过电路的连接以电信号的形式输入 ECU，ECU 则根据输入的电信号对喷油量进行修正。进气温度传感器的工作特性曲线如图 2-9 所示。

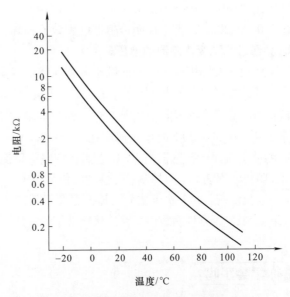

图 2-9　进气温度传感器的工作特性曲线

## 实际操作

### 一、ECU 的连接电路

丰田汽车发动机管理系统中使用的进气温度传感器的接头端子与 ECU 的连接电路如图 2-10 所示。

### 二、检测

如果进气温度传感器出现故障，则会使输入 ECU 的进气温度电信号出现中断，使进入发

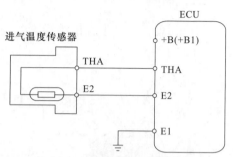

图 2-10 进气温度传感器的接头端子与 ECU 的连接电路

动机气缸中的混合气过稀或过浓，燃烧情况变坏，出现热起动困难、废气排放量增大、工作不稳定的情况。若在行车中出现上述情况，则应对进气温度传感器进行检测，具体方法如下。

**1. 测量进气温度传感器的电阻**

（1）单体检测 关闭点火开关，拔下进气温度传感器插接器插头，拆下进气温度传感器。用电吹风机吹或用热水加热进气温度传感器，并用万用表电阻档测量在不同温度下进气温度传感器的电阻值，如图 2-11 所示。其电阻值随温度的变化应与冷却液温度传感器相似，如果电阻值不在规定范围内，则应更换进气温度传感器。

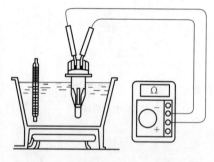

图 2-11 用热水加热进气温度传感器

（2）就车检测 关闭点火开关，拔下进气温度传感器插接器插头，用高阻抗数字式万用表电阻档检测传感器插头两端子间的电阻，阻值应介于 $0.2\sim20\mathrm{k}\Omega$，否则说明传感器已失效或损坏，应更换传感器。

**2. 测量进气温度传感器的电压**

打开点火开关，用万用表的两端子分别连接进气温度传感器的信号线或 ECU 的信号线端子与搭铁线端子（即 THA 与 $E_2$），注意正负极。用其电压档测量传感器的输出电压值，其大小应随进气温度的变化而变化，即温度低时电压高，温度高时电压低，测量结果应符合规定（如在 20℃ 时电压值应在 $0.5\sim3.4\mathrm{V}$），否则应更换传感器。

**3. 测量进气温度传感器与 ECU 之间连接线束导通情况及电阻**

用高阻抗万用表的电阻档测量传感器的信号端子与 ECU 的信号端子之间连接线束的导通情况，以及传感器的搭铁线端子与 ECU 的搭铁线端子之间的电阻。此时线路应导通且电阻应小于 $1.5\Omega$，否则说明线束短路或接线端子的接触不好，应继续检查或更换线束。

**你学会了吗？**

1. 进气温度传感器的作用是什么？

2. 进气温度传感器安装在哪里?
3. 进气温度传感器由什么构成?
4. 进气温度传感器如何工作?
5. 在丰田车辆上,进气温度传感器与 ECU 之间是怎样连接的?
6. 如何对丰田车辆上的进气温度传感器及其电路进行故障检测?

## 第8天　车内空气温度传感器

1. 掌握车内温度传感器的作用、安装位置、结构和工作原理。
2. 掌握车内温度传感器与 ECU 之间的连接电路。
3. 能对车内温度传感器及其电路进行故障检测。

■ 基础知识

### 一、作用

车内空气温度传感器用于测量车内的空气温度,并把测得的温度信号以电信号的形式输入汽车空调控制系统 ECU,从而实现汽车空调控制系统对工作温度的控制,保持汽车内部温度恒定在设定的范围。

### 二、安装位置

车内空气温度传感器有两个,一个安装在驾驶室内的仪表板下面,一个安装在后风窗玻璃下面,如图 2-12 所示。

图 2-12　车内空气温度传感器的安装位置

### 三、结构与工作原理

车内空气温度传感器均由负温度系数的热敏电阻制成,即电阻值随空气温度的升高而明显减小。

车内空气温度传感器将热敏电阻装在塑料壳内,利用抽风装置(利用空调组件内的气流工作或设有专用电动机吸进空气)将车内空气从吸气孔处吸入塑料壳内来检测车内温度。吸气型和电动机型车内空气温度传感器的结构如图 2-13 和图 2-14 所示。

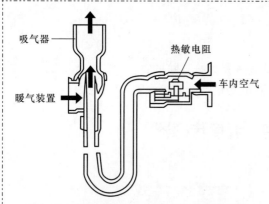
图 2-13 吸气型车内空气温度传感器的结构

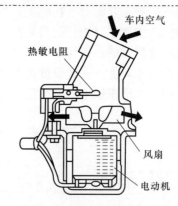
图 2-14 电动机型车内空气温度传感器的结构

 **实际操作**

### 一、与 ECU 的连接电路

车内空气温度传感器与 ECU 的连接电路如图 2-15 所示。

### 二、检测

当空调系统发生故障时,车内的温度不能保持恒定,若出现此状况,应对空调系统电路的各部分进行检测。检测时用万用表电压档分别测量电路各部分的电压,如果发现传感器部分的电路短路或断路,则应继续检测,看传感器是否损坏,检测方法如下。

关闭点火开关,拔下传感器的插接器插头,把万用表的两表笔连接在传感器的两端子上,并用吹风机吹热风,检查传感器电阻值的变化情况。车内温度传感器电阻随温度的变化规律应符合特性曲线(图 2-16)变化规律,否则说明有损坏,应更换传感器。

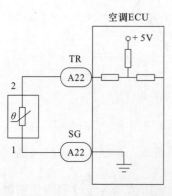
图 2-15 车内空气温度传感器与 ECU 的连接电路

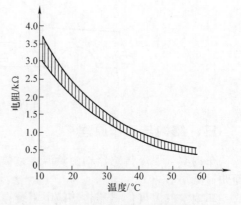
图 2-16 车内空气温度传感器特性曲线

**你学会了吗?**

1. 车内温度传感器的作用是什么?
2. 车内温度传感器安装在哪里?
3. 车内温度传感器由什么构成?
4. 车内温度传感器如何工作?
5. 车内温度传感器与ECU之间是怎样连接的?
6. 如何对车辆上的车内温度传感器及其电路进行故障检测?

## 第9天 蒸发器出口温度传感器

 **学习目标**

1. 掌握蒸发器出口温度传感器的作用、安装位置和工作原理。
2. 掌握蒸发器出口温度传感器与ECU之间的连接电路。
3. 能对蒸发器出口温度传感器及其电路进行故障检测。

 **基础知识**

### 一、作用

蒸发器出口温度传感器用以检测蒸发器表面的温度变化,控制压缩机的工作状况。

### 二、安装位置

蒸发器出口温度传感器安装在汽车空调系统的蒸发器片上,如图2-17所示。

### 三、工作原理

图2-17 蒸发器出口温度传感器安装位置

当空调系统工作时,出口温度传感器检测蒸发器表面的温度信号,该信号转化为电信号输入温度控制系统的ECU,ECU将输入的温度信号与设定的温度调节信号进行比较后,控制空调压缩机电磁离合器的通断,从而对压缩机的工作进行控制;同时还能利用此传感器检测到的温度信号,防止蒸发器出现冰堵现象。空调系统的工作原理如图2-18所示。

蒸发器出口温度传感器仍采用负温度系数的热敏电阻为检测元件,其工作温度为20～60℃,其特性曲线如图2-19所示。

· 39 ·

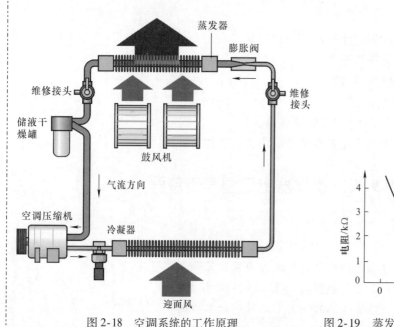

图 2-18 空调系统的工作原理

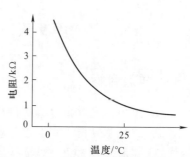

图 2-19 蒸发器出口温度传感器特性曲线

### 实际操作

#### 一、与 ECU 的连接电路

蒸发器出口温度传感器与 ECU 的连接电路如图 2-20 所示。

#### 二、检测

如果空调系统发生了故障,且在蒸发器的制冷剂出口处即高压管路上出现了冰堵现象,同时压缩机不能正常工作,则很有可能是蒸发器出口温度传感器的连接电路出现断路或短路的故障所致,此时须对蒸发器出口温度传感器进行检测,具体方法如下。

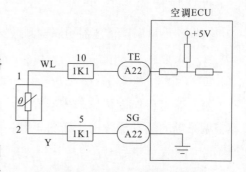

图 2-20 蒸发器出口温度传感器与 ECU 的连接电路

1)检查蒸发器温度传感器和空调控制器总成之间的插接器及各导线的连接情况,检查空调控制器总成的状况。

2)断开点火系统,拆下蒸发器出口温度传感器,用万用表电阻档测量传感器两接头端子之间在不同温度下的电阻值,应符合标准参考值,且随温度升高电阻值明显减小,如果不符合,则应更换出口温度传感器。

**你学会了吗?**

1. 蒸发器出口温度传感器的作用是什么?
2. 蒸发器出口温度传感器安装在哪里?
3. 蒸发器出口温度传感器如何工作?
4. 在车辆上,蒸发器出口温度传感器与 ECU 之间是怎样连接的?
5. 如何对车辆上的蒸发器出口温度传感器及其电路进行故障检测?

# 第 10 天　排气温度传感器

 **学习目标**

1. 掌握排气温度传感器的作用、安装位置、结构和工作原理。
2. 能对排气温度传感器及其电路进行故障检测。

 **基础知识**

## 一、作用

排气温度传感器用以检测转化器内的排气温度,当排气温度过高时,此传感器将这种过高的温度信号以电信号的形式输入 ECU,ECU 经过分析处理后启动异常高温报警系统,使排气温度警告灯点亮,从而向驾驶人发出报警信号。

## 二、安装位置

排气温度传感器安装在汽车排气装置的三元催化转化器上,如图 2-21 所示。

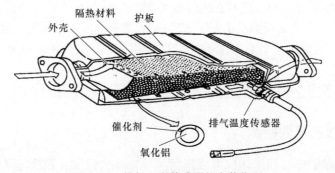

图 2-21　排气温度传感器的安装位置

## 三、结构

汽车用排气温度传感器常见的是热敏电阻式,其结构如图2-22所示。

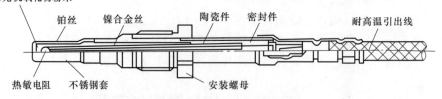

图2-22　热敏电阻式排气温度传感器结构

## 四、工作原理

排气温度报警系统电路如图2-23所示。

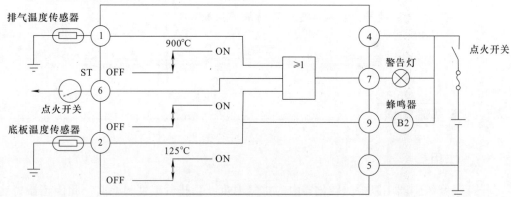

图2-23　排气温度报警系统电路

从图2-23中可知,起动发动机时,警告灯亮,这是制造厂为检查排气温度警告灯的灯丝是否良好而设置的功能。

在车辆行驶过程中,如果排气温度过高(超过900℃)时,则排气温度传感器的电阻值降到0.43kΩ以下,此时排气温度警告灯点亮;当车箱底板温度超过125℃时,底板温度传感器的电阻超过2kΩ,这时在排气温度警告灯点亮的同时蜂鸣器也发出响声;当排气温度在900℃以下,底板温度也低于125℃时,排气温度传感器的电阻值大于0.43kΩ,底板温度传感器的电阻低于2kΩ,这时排气温度警告灯不亮,蜂鸣器也无声响。

 **实际操作**

### 排气温度传感器的检测

在车辆行驶过程中,如果排气温度报警系统在排气温度及底板温度超过规定值时无法进行报警,或警告灯不亮,蜂鸣器也无声响,则说明排气温度报警系统的电路出现故障。

在这种情况下,车辆继续行驶会损坏三元催化转化器,进而会造成排气管堵塞,影响发动机的工作性能,使其工作不稳定,因此需要对相应部件进行检修。排气温度传感器由于经常承受低温怠速起动到高温负荷下的温度剧变,还要承受发动机及车身的振动,因此极易损坏,应先对其进行检测,方法如下。

(1)就车检测 打开点火开关,起动发动机,排气温度警告灯亮,起动后警告灯熄灭,则说明电路连接良好,传感器也良好。

(2)单体检测 断开点火开关,拆下排气温度传感器,用火焰加热其顶部约 40mm 的部分,至火焰呈暗红色时测量其电阻值,应在 $0.4 \sim 20\text{k}\Omega$。如果不在此范围内,则说明传感器已损坏,须更换传感器。

### 你学会了吗?

1. 排气温度传感器的作用是什么?
2. 排气温度传感器安装在哪里?
3. 排气温度传感器由什么构成?
4. 排气温度传感器如何工作?
5. 如何对车辆上的排气温度传感器及其电路进行故障检测?

## 第 11 天　EGR 监测温度传感器

### 学习目标

1. 掌握 EGR 监测温度传感器的作用、安装位置、结构和工作原理。
2. 能对 EGR 监测温度传感器及其电路进行故障检测。

### 基础知识

#### 一、作用

排气再循环(EGR)监测温度传感器用来监测 EGR 阀内再循环气体的温度变化情况并监测 EGR 阀的正常工作,从而控制排气歧管出来的部分废气再循环地进入进气歧管中,降低气缸的最高燃烧温度,并减少尾气中 $NO_x$ 的含量,从而降低对环境的污染程度。

#### 二、安装位置

EGR 监测温度传感器安装在 EGR 阀的进气道上,如图 2-24 所示。

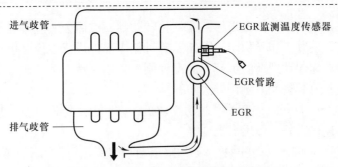

图 2-24 EGR 监测温度传感器的安装位置

## 三、结构

EGR 监测温度传感器也是采用负温度系数的热敏电阻为检测元件,其结构如图 2-25 所示。

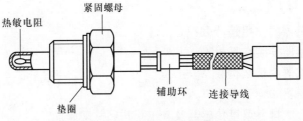

图 2-25 EGR 监测温度传感器的结构

## 四、工作原理

EGR 阀在发动机中速运转及中等负荷时开启;在发动机低速运转、冷却液温度低于 60℃ 时关闭,以防止发动机怠速不稳;发动机在大负荷运转时,EGR 阀也关闭以保证发动机有足够的功率输出。EGR 监测温度传感器检测的温度范围为 50~400℃。

 实际操作

### EGR 监测温度传感器的检测

导致 EGR 系统停止工作的可能原因:EGR 系统监测温度传感器的连接电路短路或断路;EGR 控制系统发生故障;管路中的沉积物堵塞了管路等。当 EGR 系统停止工作时,应对 EGR 监测温度传感器进行检测,检测方法如下:

断开点火开关,拆下 EGR 监测温度传感器并将其加热,其电阻值随温度的升高而降低,且应符合表 2-1 中列出的标准参考值。如果相差很大,则应对其进行更换。

表 2-1 EGR 监测温度传感器的温度特性

| 温度/℃ | 50 | 100 | 200 | 400 |
| --- | --- | --- | --- | --- |
| 初始电阻值/kΩ | 635±7.7 | 85.3±8.8 | 5.1±0.61 | 0.16±0.05 |

**你学会了吗?**

1. EGR 监测温度传感器的作用是什么?
2. EGR 监测温度传感器安装在哪里?
3. EGR 监测温度传感器由什么构成?
4. EGR 监测温度传感器如何工作?
5. 如何对车辆上的 EGR 监测温度传感器及其电路进行故障检测?

## 第12天　HV 蓄电池温度传感器

**学习目标**

1. 掌握 HV 蓄电池温度传感器的作用、安装位置、结构和工作原理。
2. 掌握 HV 蓄电池温度传感器与 ECU 之间的连接电路。
3. 能对 HV 蓄电池温度传感器及其电路进行故障检测。

**基础知识**

### 一、作用

混合动力汽车（HV）蓄电池温度传感器检测 HV 蓄电池内的温度，HV ECU 根据 HV 电池温度信号控制蓄电池冷却风扇。

### 二、安装位置

HV 蓄电池温度传感器一共有 4 个，它们的安装位置如图 2-26 所示。

### 三、工作原理

HV 蓄电池温度传感器是运用负温度系数电阻制成的。内置于各蓄电池温度传感器中的热敏电阻的阻值会根据 HV 蓄电池温度的变化而变化。HV 蓄电池温度越低，热敏电阻的阻值越大。反之，温度越高，阻值越小。蓄电池智能单元用蓄电池温度传感器检测 HV 蓄电池温度，并将检测值发送到混合动力汽车控制 ECU。混合动力汽车控

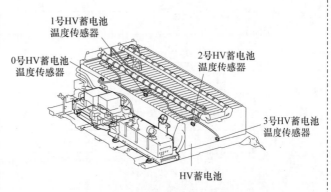

图 2-26　HV 蓄电池温度传感器安装位置

制 ECU 根据此结果控制鼓风机风扇。HV 蓄电池温度高于预定标准时，鼓风机风扇起动。HV 蓄电池温度传感器的特性曲线如图 2-27 所示。

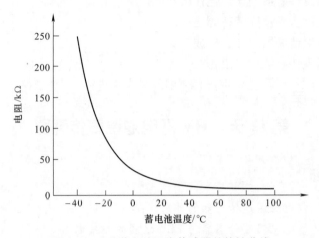

图 2-27　HV 蓄电池温度传感器的特性曲线

### 实际操作

#### 与 ECU 的连接电路

HV 蓄电池温度传感器与 ECU 的连接电路如图 2-28 所示。

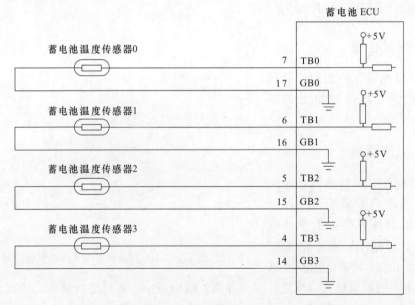

图 2-28　HV 蓄电池温度传感器与 ECU 的连接电路

**你学会了吗？**

1. HV 蓄电池温度传感器的作用是什么？
2. HV 蓄电池温度传感器安装在哪里？
3. HV 蓄电池温度传感器如何工作？
4. HV 蓄电池温度传感器与 ECU 之间是怎样连接的？

## 第13天　HV 蓄电池进气温度传感器

 **学习目标**

1. 掌握 HV 蓄电池进气温度传感器的作用、安装位置和工作原理。
2. 掌握 HV 蓄电池进气温度传感器与 ECU 之间的连接电路。

 **基础知识**

### 一、作用

HV 蓄电池进气温度传感器检测从进气管进入的空气温度，HV ECU 根据进气温度传感器的信号控制蓄电池冷却风扇。

### 二、安装位置

HV 蓄电池进气温度传感器安装在 HV 蓄电池上，其安装位置如图 2-29 所示。

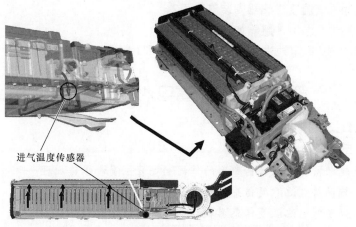

图 2-29　HV 蓄电池进气温度传感器安装位置

## 三、工作原理

HV 蓄电池进气温度传感器电阻值随进气温度的变化而变化，其特性与蓄电池温度传感器的特性相同（特性曲线参考 HV 蓄电池温度传感器的特性曲线）。蓄电池 ECU 用来自进气温度传感器的信号控制蓄电池冷却鼓风机总成的气流量。

 **实际操作**

### 与 ECU 的连接电路

HV 蓄电池进气温度传感器与 ECU 的连接电路如图 2-30 所示。

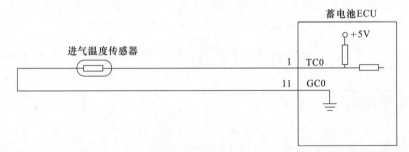

图 2-30　HV 蓄电池进气温度传感器与 ECU 的连接电路

 **你学会了吗？**

1. HV 蓄电池进气温度传感器的作用是什么？
2. HV 蓄电池进气温度传感器安装在哪里？
3. HV 蓄电池进气温度传感器如何工作？
4. 在车辆上，HV 蓄电池进气温度传感器与 ECU 之间是怎样连接的？

## 第 14 天　辅助蓄电池温度传感器

 **学习目标**

1. 掌握辅助蓄电池温度传感器的作用、安装位置和工作原理。
2. 掌握辅助蓄电池温度传感器与 ECU 之间的连接电路。
3. 能对辅助蓄电池温度传感器及其电路进行故障检测。

## 一、作用

辅助蓄电池温度传感器检测辅助蓄电池温度，HV ECU 根据辅助电池温度信号调节 DC-DC 变换器的输出电压。

## 二、安装位置

辅助蓄电池温度传感器的安装位置如图 2-31 所示。

## 三、工作原理

辅助蓄电池温度传感器是运用负温度系数电阻制成的。内置于辅助蓄电池温度传感器的热敏电阻的电阻值随辅助蓄电池温度的改变而改变。辅助蓄电池温度越低，热敏电阻的电阻值就越大。反之，温度越高，电阻值越小。辅助蓄电池温度传感器的特性曲线如图 2-32 所示。

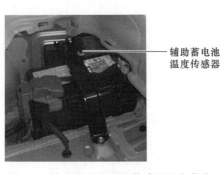

图 2-31　辅助蓄电池温度传感器的安装位置

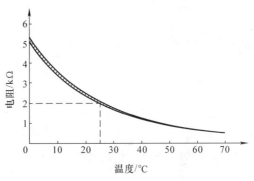

图 2-32　辅助蓄电池温度传感器的特性曲线

## 一、与 ECU 的连接电路

辅助蓄电池温度传感器与 ECU 的连接电路如图 2-33 所示。

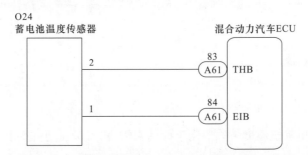

图 2-33　辅助蓄电池温度传感器与 ECU 的连接电路

由图 2-34 可知，辅助蓄电池温度传感器连接到混合动力汽车 ECU 上。混合动力汽车 ECU 的端子 THB 通过内部电阻器 $R$ 向辅助蓄电池温度传感器施加 5V 的电压。也就是说，电阻器 $R$ 和辅助蓄电池温度传感器串联。端子 THB 的电压和电阻值随辅助蓄电池温度的变化而变化。辅助蓄电池温度高时，混合动力汽车 ECU 根据此信号减小充电电流以保护辅助蓄电池。

## 二、检测

关闭点火开关，断开蓄电池温度传感器插接器，如图 2-34 所示。用万用表或检测仪连接传感器的两个端子，并测量两个端子间在不同温度下的电阻。电阻应符合图 2-3 中规定的标准值。若不符，则须更换辅助电池温度传感器。

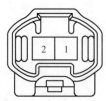

图 2-34　蓄电池温度传感器插接器

 **你学会了吗？**

1. 辅助蓄电池温度传感器的作用是什么？
2. 辅助蓄电池温度传感器安装在哪里？
3. 辅助蓄电池温度传感器如何工作？
4. 在车辆上，辅助蓄电池温度传感器与 ECU 之间是怎样连接的？
5. 如何对车辆上的辅助蓄电池温度传感器及其电路进行故障检测？

# 第 15 天　混合动力系统电动机温度传感器

 **学习目标**

1. 掌握混合动力系统电动机温度传感器的作用、安装位置和工作原理。
2. 掌握混合动力系统电动机温度传感器与 ECU 之间的连接电路。

 **基础知识**

## 一、作用

混合动力系统电动机温度传感器用于检测 MG1 和 MG2 定子的温度。

## 二、安装位置

混合动力系统电动机温度传感器的安装位置如图 2-35 所示。

### 三、工作原理

混合动力系统电动机温度传感器是用负温度系数的热敏电阻制成的。内置于电动机温度传感器的热敏电阻的电阻值随 MG2 温度的变化而变化。MG2 温度越低,热敏电阻的电阻值越大;反之,温度越高,电阻值越小。其特性曲线如图 2-36 所示。

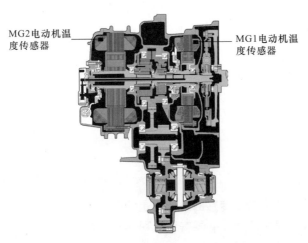

图 2-35 混合动力系统电动机温度传感器安装位置

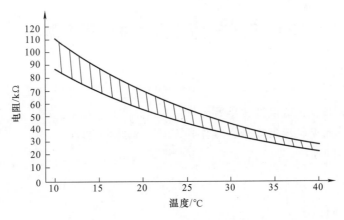

图 2-36 混合动力系统电动机温度传感器特性曲线

 实际操作

### 与 ECU 的连接电路

混合动力系统电动机温度传感器与 ECU 的连接电路如图 2-37 所示。

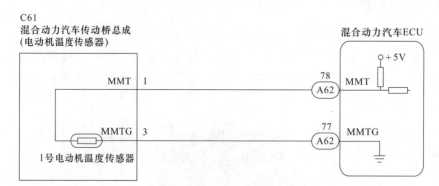

图 2-37　混合动力系统电动机温度传感器与 ECU 的连接电路

 **你学会了吗?**

1. 混合动力系统电动机温度传感器的作用是什么?
2. 混合动力系统电动机温度传感器安装在哪里?
3. 混合动力系统电动机温度传感器如何工作?
4. 在车辆上,混合动力系统电动机温度传感器与 ECU 之间是怎样连接的?

## 第 16 天　升压变换器温度传感器

 **学习目标**

1. 掌握升压变换器温度传感器的作用和工作原理。
2. 掌握升压变换器温度传感器与 ECU 之间的连接电路。

 **基础知识**

### 一、作用

升压变换器温度传感器用于检测升压变换器的温度(上部及下部)。

### 二、工作原理

安装于带变换器的逆变器总成中的 MG ECU 使用内置于带变换器的逆变器总成中的

温度传感器检测升压变换器的温度。逆变器冷却系统与 MG2 和 MG1 的冷却系统相同，独立于发动机冷却系统进行工作。MG ECU 使用来自升压变换器温度传感器的信号检查逆变器冷却系统的效果，特性曲线如图 2-38 所示。如有必要，则 MG ECU 将限制逆变器输出以防逆变器过热。该 ECU 还可以检测升压变换器温度传感器内的故障。

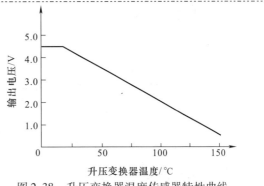

图 2-38 升压变换器温度传感器特性曲线

### 实际操作

#### 与 ECU 的连接电路

升压变换器温度传感器与 ECU 的连接电路如图 2-39 所示。

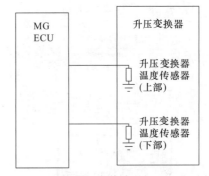

图 2-39 升压变换器温度传感器与 ECU 的连接电路

### 你学会了吗?

1. 升压变换器温度传感器的作用是什么?
2. 升压变换器温度传感器是如何工作的?
3. 在车辆上，升压变换器温度传感器与 ECU 之间是怎样连接的?

## 第 17 天　环境温度传感器

### 学习目标

1. 掌握环境温度传感器的作用、安装位置和工作原理。
2. 掌握环境温度传感器与 ECU 之间的连接电路。
3. 能对环境温度传感器及其电路进行故障检测。

## 基础知识

### 一、作用

环境温度传感器主要用来检测环境温度,并据此控制空调"AUTO"模式。

### 二、安装位置

环境温度传感器安装在冷凝器前部,如图 2-40 所示。

### 三、工作原理

环境温度传感器与空调放大器连接,检测环境温度的波动,该信号用来控制车厢温度。传感器将信号传输至空调放大器总成。环境温度传感器的热敏电阻随环境温度的变化而变化:温度下降时,电阻增大;温度上升时,电阻减小。环境温度传感器特性曲线如图 2-41 所示。

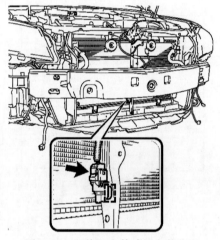

图 2-40 环境温度传感器安装位置

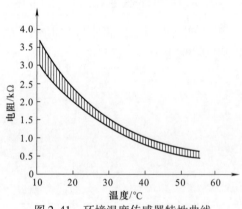

图 2-41 环境温度传感器特性曲线

## 实际操作

### 一、与 ECU 的连接电路

环境温度传感器与 ECU 的连接电路如图 2-42 所示。

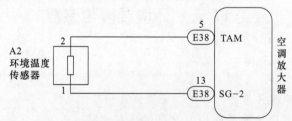

图 2-42 环境温度传感器与 ECU 的连接电路

## 二、检测

1)拆下环境温度传感器插接器(图2-43)。

2)在不同温度下,测量温度传感器A2-1与A2-2之间的电阻,测量所得的电阻值如果不符合表2-2中的标准电阻值,则须更换环境温度传感器。

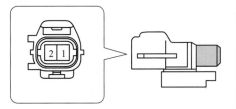

图2-43 环境温度传感器插接器

表2-2 标准电阻值

| 温度/℃ | 标准值/kΩ |
| --- | --- |
| 10 | 3.00 ~ 3.73 |
| 15 | 2.45 ~ 2.88 |
| 20 | 1.95 ~ 2.30 |
| 25 | 1.60 ~ 1.80 |
| 30 | 1.28 ~ 1.47 |
| 35 | 1.00 ~ 1.22 |
| 40 | 0.80 ~ 1.00 |
| 45 | 0.65 ~ 0.85 |
| 50 | 0.50 ~ 0.70 |
| 55 | 0.44 ~ 0.60 |
| 60 | 0.36 ~ 0.50 |

### 你学会了吗?

1. 环境温度传感器的作用是什么?
2. 环境温度传感器安装在哪里?
3. 环境温度传感器如何工作?
4. 在车辆上,环境温度传感器与ECU之间是怎样连接的?
5. 如何对车辆上的环境温度传感器及其电路进行故障检测?

## 第18天 燃油温度传感器

### 学习目标

1. 掌握燃油温度传感器的作用、安装位置和工作原理。
2. 掌握燃油温度传感器与ECU之间的连接电路。

## 基础知识

### 一、作用

燃油温度传感器向 ECU 提供燃油温度信号，ECU 将根据燃油的温度变化调节供给单体式喷油器的脉宽调制信号。温度不同，燃油密度也不相同。随着温度的升高，燃油会发生膨胀，将会导致发动机功率降低。另外，此信号也用来控制燃油冷却泵开关接合。

### 二、安装位置

不同的燃油控制系统，燃油温度传感器的安装位置是有所差异的，但一般是安装在高压油路上，如图 2-44 所示。

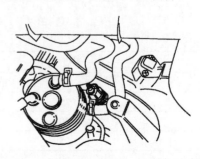

图 2-44 燃油温度传感器的安装位置

### 三、工作原理

燃油温度传感器是负温度系数热敏电阻，燃油温度升高时，传感器电阻值下降。燃油温度传感器的特性曲线如图 2-45 所示。

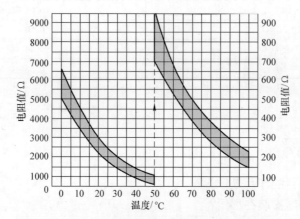

图 2-45 燃油温度传感器的温度与电阻值之间的关系

## 实际操作

### 与 ECU 的连接电路

燃油温度传感器与 ECU 的连接电路如图 2-46 所示。

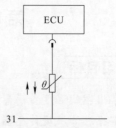

图 2-46 燃油温度传感器与 ECU 的连接电路

**你学会了吗?**

1. 燃油温度传感器的作用是什么?
2. 燃油温度传感器安装在哪里?
3. 燃油温度传感器如何工作?
4. 在车辆上,燃油温度传感器与 ECU 之间是怎样连接的?

## 第 19 天　尿素溶液温度传感器

**学习目标**

掌握尿素溶液温度传感器的作用、安装位置和工作原理。

**基础知识**

### 一、作用

尿素溶液温度传感器主要用于检测尿素溶液加热器罐中尿素溶液的温度,并将检测信号发送到发动机控制单元中。发动机控制单元用该信号监测尿素溶液的温度,以更好地控制尿素溶液罐加热器和泵加热器,使尿素溶液始终保持在所需要的温度范围内。

### 二、安装位置

尿素溶液温度传感器位于尿素溶液液位传感器的壳体中,如图 2-47 所示。

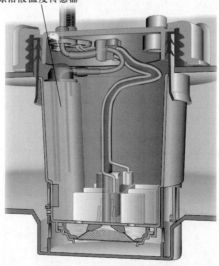

图 2-47　尿素溶液温度传感器的安装位置

### 三、工作原理

尿素溶液温度传感器是一个负温度系数（NTC）热敏电阻传感器。尿素溶液温度升高时，传感器电阻值反而下降。尿素溶液温度传感器的特性曲线如图2-48所示。

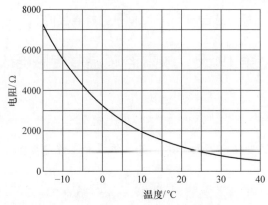

图2-48　尿素溶液温度传感器的特性曲线

 **你学会了吗？**

1. 尿素溶液温度传感器的作用是什么？
2. 尿素溶液温度传感器安装在哪里？
3. 尿素溶液温度传感器是如何工作的？

# 第三章

# 压力传感器

## 第20天　液体压力传感器

> **学习目标**
>
> 　　掌握机油压力传感器、机油压力开关、制动液压力传感器、蓄压器压力传感器、共轨压力传感器和空调制冷剂压力传感器的作用、安装位置、结构、工作原理、连接电路及检测方法。

### 一、发动机机油压力传感器

**1. 发动机机油压力传感器的结构与工作原理**

发动机机油压力传感器向 ECU 通报发动机机油主油道的压力，当机油压力低于期望值时，ECU 将启用降低发动机转速和功率的保护功能，以此来调节发动机的转速和功率。当感测到具有危险的机油压力时，ECU 将使仪表板上的红色警告灯闪亮，向驾驶人发出报警信号，有些发动机或汽车还可能伴有蜂鸣声。如果 ECU 设有停机保护功能，则当机油压力低于限值 30s 后会使发动机自动停机。有些系统可能还设有手动延时按钮，按下该按钮后，发动机的运转时间将延长 30s，以便驾驶人能够将汽车安全地停靠到路边。

机油压力传感器通常通过螺纹拧入缸体的油道内，其内有一个可变电阻，一端输出信号，另一端与搭铁的滑动触臂连接。当油压增高时，压力通过润滑油道接口推动膜片弯曲，膜片推动滑动触臂移动到低电阻位置，输出电流增大；当油压降低时，情况正好相反，如图 3-1 所示。

**2. 发动机机油压力传感器的检测**

打开点火开关，但不起动发动机，拔下机油压力传感器的插头，用万用表检测机油压力传感器插头与搭铁线之间的电阻值。在发动机起动后，油压达到 20kPa 以上时，再对其电阻值进行测量，其阻值应变小，否则说明此传感器已损坏，应进行更换。

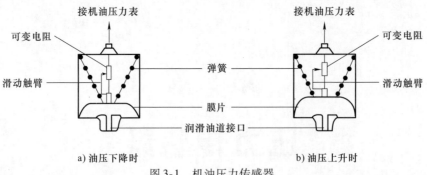

图 3-1 机油压力传感器

## 二、发动机机油压力开关

### 1. 结构

发动机机油压力开关用于检测发动机有无机油压力,它由膜片、弹簧及触点组成,如图 3-2 所示。

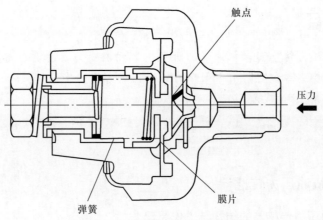

图 3-2 发动机机油压力开关的结构

### 2. 工作原理

当无机油压力作用时,弹簧推动膜片,触点处于闭合(ON)状态;当机油压力达到规定值时,膜片克服弹簧作用力,使触点断开(OFF)。油压开关特性如图 3-3 所示。

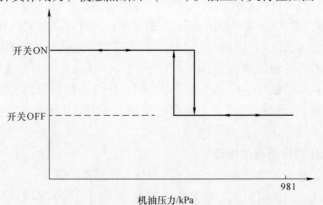

图 3-3 油压开关特性

油压指示灯安装在组合仪表里，压力开关安装在发动机润滑油路上。压力开关内有受油压作用而动作的膜片及受油压作用而动作的触点。油压指示器的工作原理如图3-4所示。

当油压高于规定值时，膜片推起弹簧，触点分开，指示灯熄灭，这时驾驶人应当知道油压已达到规定值；当油压低于规定值时，膜片不具有推动弹簧的作用力，触点闭合，指示灯亮。在正常情况下，触点动作压力在30~50kPa范围。

**3. 检测**

打开点火开关，机油压力指示灯应亮。如果这时指示灯不亮，其故障原因可能是油压指示灯线束脱落，或者是熔断器已熔断，或者灯丝已熔断。

发动机起动后，机油压力已达规定值，如果指示灯仍点亮，故障原因可能是触点开关动作不良或者线束搭铁。

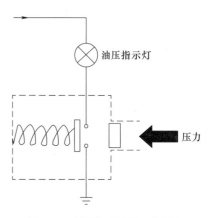

图3-4 油压指示器的工作原理

## 三、制动液压力传感器

**1. 作用**

制动液压力传感器向发动机控制单元提供制动管路内的实际压力信号。发动机控制单元根据这个压力信号计算出车轮制动力及作用在车上的纵向力。如果需要ESP工作，则控制单元会将此值用于计算侧向力。

**2. 安装位置**

制动液压力传感器的安装位置如图3-5所示。

**3. 结构与工作原理**

制动液压力传感器的核心部件有两个：一个是压电元件，制动液的压力就作用在其上；另一个是传感器电子元件。它的结构如图3-6所示。

如果制动液的压力作用到压电元件上，那么该元件上的电荷分布就会改变。

如果没有压力作用，电荷分布是均匀的，如图3-7a所示；有压力作用时，电荷分布发生了变化，这样就产生了电压，如图3-7b所示。压力越大，电荷分离的趋势越强，产生的电压就越高。这个电压由电子装置放大，然后作为信号传给控制单元。传感器输出的电压高低就是制动压力大小的直接反映。

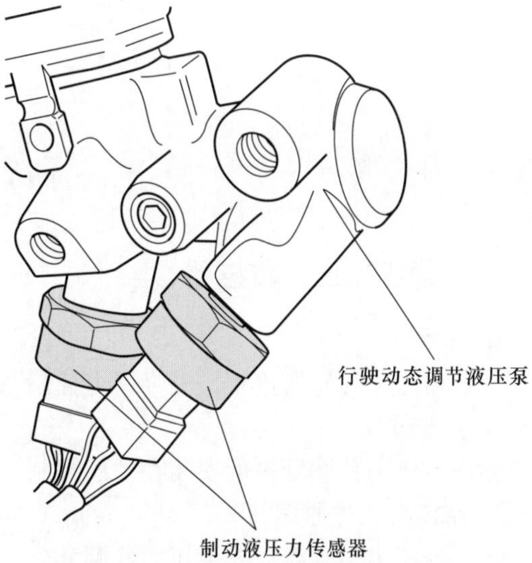

图3-5 制动液压力传感器的安装位置

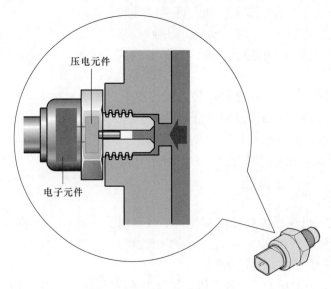

图 3-6 制动液压力传感器的结构

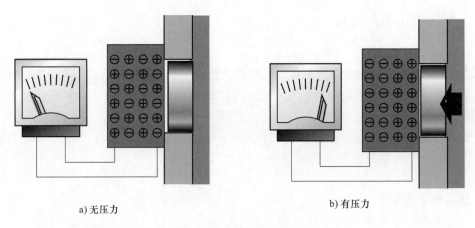

a) 无压力　　　　　　　　　　　b) 有压力

图 3-7 制动液压力传感器工作原理

## 四、蓄压器压力传感器

**1. 作用**

蓄压器压力传感器用于检测牵引力控制系统（TRC）中蓄压器的油液压力。

**2. 安装位置**

蓄压器压力传感器一般安装在油压控制组件上，如图 3-8 所示。

**3. 结构与工作原理**

蓄压器压力传感器主要由压力检测部分、电路部分等组成，压力检测部分以半导体压敏元件为测量元件。当油液压力低时，它向 ECU 输入低油压信号，起动油泵并使之运转；当油液压力过高时，它向 ECU 输入一个高油压信号，油泵停止工作，如图 3-8 所示。

**4. 与 ECU 的连接电路**

雷克萨斯 LS400 轿车蓄压器压力传感器与 ECU 的连接电路如图 3-9 所示。

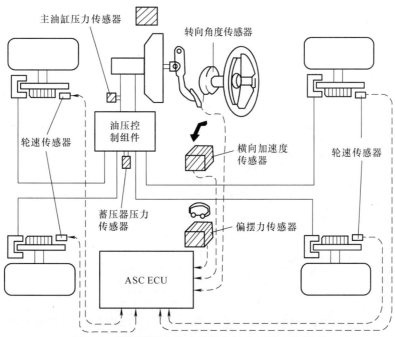

图 3-8 蓄压器压力传感器的安装位置及工作原理

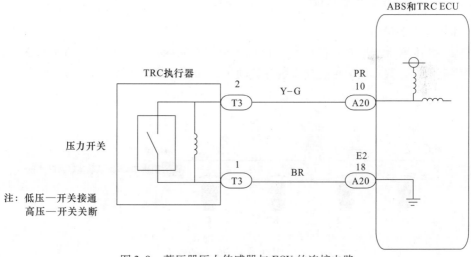

图 3-9 蓄压器压力传感器与 ECU 的连接电路

**5. 检测**

本节以雷克萨斯 LS400 轿车上的蓄压器压力传感器为例介绍其检测方法。

（1）电源电压检查

1）拆下 ABS 和 TRC 的 ECU，但不断开线束插接器。

2）将点火开关旋到"STAR"位置，起动发动机，怠速运转 30s，使 TRC 执行器油压升高。

3）关闭发动机，将点火开关旋到"ON"位置，用万用表测量 ECU 插接器端子 PR 与 E2 之间的电压，电压应为 5V，如图 3-10 所示。

4）检查后应向储油室内加油。

（2）压力开关检测

1)拆下压力开关导线插接器,测量压力开关(传感器)插接器1号与2号端子之间的电阻,应为0。

2)接好插接器,起动发动机,急速运转30s,以使TRC执行器压力升高。

3)关闭发动机,将点火开关旋到"ON"位置,测量插接器1号与2号端子之间的电阻,应为1.5kΩ,如图3-11所示。如果不符合上述结果,则应更换TRC执行器。

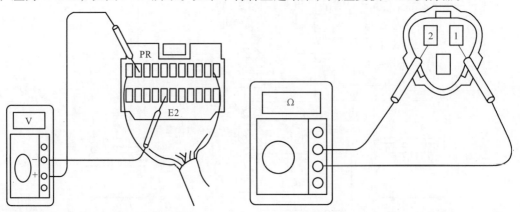

图3-10 蓄压器压力传感器电源电压的测量　　图3-11 蓄压器压力传感器电阻值的测量

## 五、共轨燃油压力传感器

**1. 作用与安装位置**

共轨压力传感器以足够的精度,在相对较短的时间内,测定共轨中的实时压力,并向ECU提供电信号。共轨压力传感器安装在共轨上,如图3-12所示。

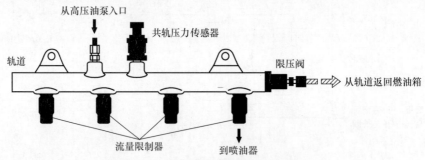

图3-12 共轨压力传感器的安装位置

**2. 结构与工作原理**

图3-13a所示为博世公司共轨压力传感器的结构,图3-13b所示为日本电装公司ECD-U2型电控共轨压力传感器的结构和特性曲线。

共轨压力传感器主要由压力敏感元件(焊在压力接头上)、带求值电路的电路板和带电气插头的传感器外壳等组成。

燃油经一个小孔流向共轨压力传感器,传感器的膜片将孔的末端封住。高压燃油经压力室的小孔流向膜片。膜片上装有半导体型敏感元件,可将压力转换为电信号。通过连接导线将产生的电信号传送到一个向ECU提供测量信号的求值电路。

共轨压力传感器的工作原理:当膜片形状改变时,膜片上涂层的电阻发生变化。这样,由系统压力引起膜片形状变化(150MPa时变化量约为1mm),促使电阻值改变,并在用5V

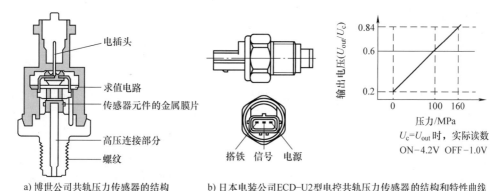

a) 博世公司共轨压力传感器的结构　　b) 日本电装公司ECD-U2型电控共轨压力传感器的结构和特性曲线

图 3-13　共轨压力传感器结构

供电的电阻电桥中产生电压变化。电压在 0~70mV 之间变化（具体数值由压力而定），经求值电路放大到 0.5~4.5V。精确测量共轨中的压力是电控共轨系统正常工作的必要条件。为此，压力传感器在测量压力时允许变差很小。

### 六、空调制冷剂压力传感器

**1. 作用**

空调制冷剂压力传感器用于检测制冷剂压力，并将制冷剂压力信号发送至空调放大器。空调放大器根据传感器特性将该信号转换为压力，从而控制压缩机。

在大众轿车的某些车型上，所运用的是空调制冷剂压力/温度传感器。空调制冷剂压力/温度传感器将制冷剂压力与制冷剂温度信号送到控制单元。这两个信号用于：①控制散热器风扇；②控制压缩机；③检测制冷剂的损耗。

**2. 安装位置**

空调制冷剂压力传感器一般安装在高压管上。大众轿车上的空调制冷剂压力/温度传感器位于发动机舱内压缩机与冷凝器之间的高压管路上，如图 3-14 所示。

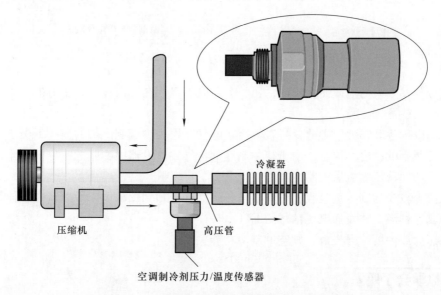

图 3-14　空调制冷剂压力/温度传感器的安装位置

**3. 结构与工作原理**

这里还是以大众轿车上运用的空调制冷剂压力/温度传感器为例，分别介绍空调制冷剂压力/温度传感的结构（图3-15）与工作原理。

传感器压力测量元件实际上是一个电容器，是根据电容原理进行工作的。

这里以平行极板电容器进行简单介绍。制冷剂回路中的压力变化改变了传感器中电容极板之间的间距。由于电容极板之间的间距发生改变，电容量也就发生改变，即电容器存储电能的能力发生改变。如果间距减小，则电容量下降，如图3-16a所示；如果间距增大，则电容量上升，如图3-16b所示。传感器电子装置检测这种变化，并按比例将压力转换成电压信号。

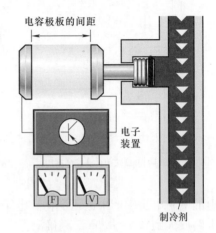

图3-15 空调制冷剂压力/温度传感器的结构

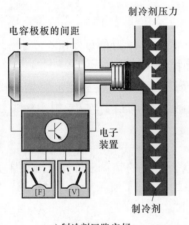

a) 制冷剂回路完好

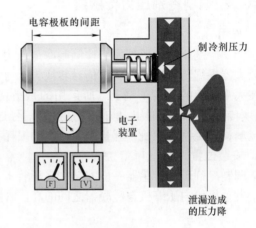

b) 制冷剂泄漏

图3-16 空调制冷剂压力/温度传感器工作原理

在制冷剂发生大的泄漏而逸出时，压力会急剧下降。在此情况下，压力传感器的信号足以让控制单元检测到故障。

如果制冷剂逐渐损耗，则此信号就不会足够强，因为少量制冷剂的损耗不会使压力变化达到系统可测量的程度。但是，由于缺少制冷剂会导致蒸发器中膨胀的制冷剂气体热到可测量的程度，从而使压缩机后的制冷剂温度上升。

这是因为较少的制冷剂吸收了等量的热量将空气冷却到默认值，所以造成这种温升。该传感器检测这种温升并发送电压信号给ECU。

如果压力或温度信号失效，则空调制冷功能关闭。

你学会了吗?

1. 你知道机油压力传感器的结构怎样、工作原理如何、怎样检测吗？

2. 你知道机油压力开关的结构怎样、工作原理如何、怎样检测吗?

3. 你知道制动液压力传感器有什么作用、安装位置在哪、结构怎样、工作原理如何?

4. 你知道蓄压器压力传感器有什么作用、安装位置在哪、结构怎样、工作原理如何、连接电路如何、怎样检测吗?

5. 你知道共轨压力传感器有什么作用、安装位置在哪、结构怎样、工作原理如何?

6. 你知道空调制冷剂压力传感器有什么作用、安装位置在哪、结构怎样、工作原理如何?

## 第21天　进气歧管压力传感器

学习目标

1. 掌握进气歧管压力传感器的作用、安装位置、结构和工作原理。
2. 掌握不同类型进气歧管压力传感器的结构、工作原理和检测方法。

### 一、作用

进气歧管压力传感器（也称进气压力传感器或 MAP）用在 D 型汽油喷射系统中，根据发动机的负荷测出进气歧管内压力的变化，并通过电路的连接转化为电信号和转速信号一起输入 ECU，作为确定喷油器喷油量的基本依据。

### 二、安装位置

进气歧管压力传感器大多安装在汽车发动机的进气歧管上。

### 三、进气歧管压力传感器的类型

进气歧管压力传感器根据结构与工作原理的不同可分为半导体压敏电阻式、真空膜盒式和电容式三种，真空膜盒式又可分为真空膜盒电阻式和真空膜盒差动式。

**1. 半导体压敏电阻式进气压力传感器**

（1）结构　半导体压敏电阻式进气压力传感器是利用半导体的压阻效应的原理制成的，主要由硅膜片、真空室、硅杯、底座、真空管接头和电极引线组成，其内部结构如图 3-17 所示。

硅膜片是用单晶硅制成的压力转换元件，其长和宽各为 3mm，厚度为 160μm，在硅膜片的中心部位用腐蚀方法制作了一个直径为 2mm、厚度为 50μm 的薄膜片，在薄膜片表面的圆周上，采用集成电路加工和台面扩散技术制作了 4 只阻值相等的应变电阻，如图 3-18a 所示，并将 4 只电阻连接成惠斯通电桥电路，如图 3-18b 所示，然后再与传感器内部的温度补偿电阻和信号放大电路等混合集成电路连接。

（2）工作原理　半导体压敏电阻的工作原理如图 3-19 所示。硅膜片一面通真空室，一面承受来自进气歧管中气体的压力，在此气体压力的作用下，硅膜片会产生变形，且压力越大形变越大。膜片应变电阻的阻值在此压力的作用下也会发生变化,使传感器上以惠斯通电桥方式连接的硅膜片应变电阻的平衡被打破,当电桥的输入端输入一定的电压或电流时,在电桥的输出端便可得到相应变化的信号电压或信号电流,因为此信号比较微弱,故采用了混合集成电路进行放大后输入 ECU。

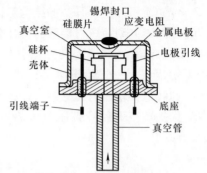

图 3-17 半导体压敏电阻式进气压力传感器的结构

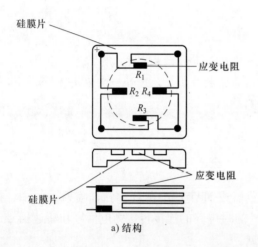

a) 结构

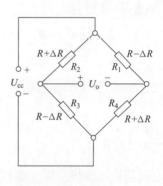

b) 等效电路图

图 3-18 硅膜片结构及等效电路图

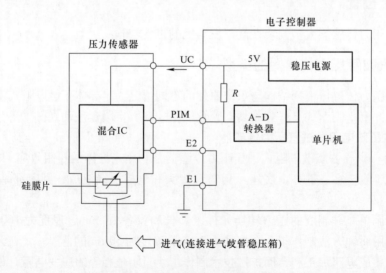

图 3-19 半导体压敏电阻的工作原理

由于压敏电阻式进气歧管压力传感器的功能部件是硅膜片和应变电阻,其工作参数取决于作用于膜片上的压力大小,因此传感器的取样压力应从压力波动较小的部位选取。

(3) 检测　半导体压敏电阻式进气压力传感器由于其体积小，精度高，响应性、再现性和抗振性较好，并且稳定性较好，不易损坏，因此应用较广泛。如果它出现故障，则会导致发动机怠速不良、起动不易和起动后熄火等现象。如果车辆在运行过程中出现上述现象，则应对此传感器及相关电路和元件进行检测，检测方法如下：

1) 检测 ECU 的供电电压。拔下传感器的插接器插头，接通点火开关（但不起动发动机），用万用表测量插接器插头电源端和搭铁之间的电压（电路中的 UC 与 E2 端子，如图 3-19 所示），正常值应为 4~6V；如果无电压，则应检测 ECU 相应端子间的电压；如果正常，则是传感器与 ECU 间连接线路发生故障，如果仍无电压，则是 ECU 发生故障。

2) 检测进气压力传感器的输出电压。拔下进气压力传感器与进气歧管连接的真空软管，打开点火开关（不起动发动机），用电压表测量进气压力传感器的输出电压（电路中的 PIM 端子与 E2 端子，如图 3-19 所示）。接着向进气压力传感器内施加真空，并测量在不同真空度下的输出电压，该电压值应随真空度的增大而降低，其变化情况应符合规定，否则应更换进气压力传感器。

**2. 真空膜盒式进气压力传感器**

(1) 真空膜盒可变电阻式进气压力传感器

1) 结构。真空膜盒可变电阻式进气压力传感器的结构如图 3-20 所示。它利用操纵杆的移动使电位计滑动臂的滑动触点左右移动，从而改变可变电阻的输出电阻值，进而改变输出电压的大小。当进气压力较大时，膜盒收缩，操纵杆回缩，使电位计的滑动触点向上移动，从而增大了分压电压，即增大了输出电压值；反之，则膜盒膨胀，输出电压减小。

2) 工作原理。真空膜盒可变电感式进气压力传感器的结构如图 3-21 所示。它利用操纵杆的外伸或回缩移动，带动与其相连的铁心移动，从而使两互感线圈 W1 和 W2 之间的互感系数发生变化，进而改变输出电压的大小。其中互感线圈的互感系数与两线圈的耦合情况相关，耦合越紧，输出电压越大。因此，进气压力增大时，膜片回缩，铁心向两线圈中间运动时，耦合变紧，输出电压增大；反之，则膜片膨胀，输出电压减小。

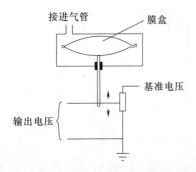

图 3-20　真空膜盒可变电阻式进气压力传感器的结构

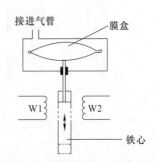

图 3-21　真空膜盒可变电感式进气压力传感器的结构

(2) 真空膜盒差动变压器式进气压力传感器

1) 结构与原理。真空膜盒差动变压器式进气压力传感器主要由膜盒、铁心、传感线圈、弹片以及电路组成，如图3-22所示。

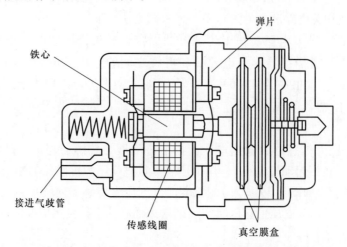

图3-22 真空膜盒差动变压器式进气压力传感器的结构

传感器线圈由一次绕组和二次绕组两个绕组构成，如图3-23所示。一次绕组与振荡电路连接，产生交变电压，并在线圈周围产生磁场；二次绕组为两个感应线圈，产生感应信号电压。当交流电通过一次绕组线圈时，两个二次绕组线圈都产生感应电压。当铁心在中心位置时，两个二次绕组的感应电压大小相等，方向相反，传感器的输出电压为零。当铁心从中间向一端移动时，一个二次绕组输出的电压将大于另一个二次绕组，这两个二次绕组的电压差 $e_S$（输出信号电压）的大小由铁心移动距离决定。

当进气歧管压力发生变化时，膜盒的外伸与回缩带动铁心在磁场中移动，使感应线圈产生的信号电压发生变化，这个变化的信号电压经电子电路检波、整形和放大后，输入电控单元（ECU）。

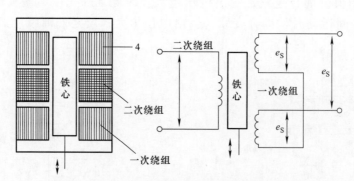

图3-23 传感器绕组及铁心的结构

2) 检测方法。真空膜盒式进气压力传感器的常见故障是真空软管连接不牢、破裂以及感应线圈断路、短路等。检测时应注意这种进气压力传感器是用12V电源工作，检测时不要拔下电源线插头。

① 检查电源电压。关闭点火开关，拔下传感器插接器插头，在电源线插头一侧接万用

表，打开点火开关，万用表应显示12V，否则应检查电源线是否存在断路、短路。

② 检查输出信号电压。连接好传感器插头，打开点火开关，将万用表红表笔与信号端子接触，将黑表笔搭铁，在真空软管上加大气压时，信号电压应为1.5V；对真空软管吸气时，电压应从1.5V慢慢减小；发动机怠速时，电压应为0.4V，当发动机转速升高时，输出电压值也升高；否则说明传感器或相关线路出现故障，应进行更换。

**3. 电容式进气压力传感器**

1）结构与原理。电容式进气压力传感器是将氧化铝膜片和底板彼此靠近排列，形成电容，利用电容随膜片上下压力差的变化而改变的性能，获取与压力成正比的电容值信号，其结构如图3-24所示。将电容（压力转换元件）连接到传感器混合集成电路的振荡电路中，传感器能够产生可变频率的信号，且该信号的输出频率（80~120Hz）与进气歧管绝对压力成正比。ECU可以根据传感器输入信号的频率来检测进气歧管绝对压力的大小，进而对发动机的喷油量进行控制。

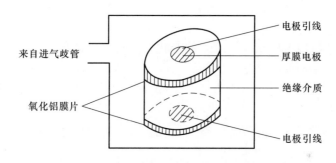

图3-24 电容式进气压力传感器的结构

2）检测。电容式进气压力传感器在汽车上的应用还不是很普遍，只有福特等少数轿车的D型喷射发动机使用。如果电容式进气压力传感器或其连接电路发生故障，也可从电源电压、信号电压、传感器与电源间连接线束的导通性等方面去检测，具体的车型需参考各自的参数标准值。同时也可用汽车专用万用表对进气压力传感器进行频率测试，测试方法如下：

打开点火开关，但不起动发动机，进气压力传感器输出信号的频率约为160Hz；减速时频率为80Hz左右；怠速时频率为105Hz左右；若进气压力输出信号消失或者超出规定标准值（频率小于80Hz或大于160Hz），则说明此传感器已失效，应进行检修或更换。

你学会了吗？

1. 进气歧管压力传感器有什么作用？
2. 进气歧管压力传感器安装在哪？
3. 进气歧管压力传感器有哪些类型？它们分别由什么构成，是如何工作的，该如何检测？

# 第22天　大气压力传感器

1. 掌握大气压力传感器的作用、安装位置、结构和工作原理。
2. 掌握大气压力传感器的连接电路。
3. 能对大气压力传感器及其电路进行故障检测。

## 一、作用

大气压力传感器用于检测大气压力的变化,并将变化的压力信号输入 ECU,实现 ECU 对喷油量和点火时间的修正。

## 二、安装位置

大气压力传感器一般安装在空气流量传感器内或 ECU 内部以及前保险杠内,如图 3-25 所示。

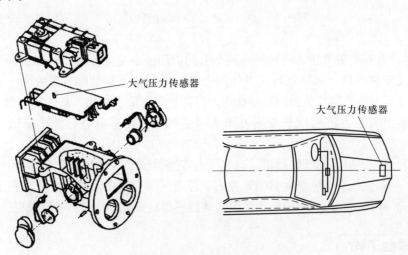

图 3-25　大气压力传感器的安装位置

## 三、工作原理

大气压力传感器与半导体压敏电阻压力传感器的制作原理类似,也是采用集成电路与微加工技术,在一块半导体基片(硅片)上形成压力传感器、温度补偿电路和放大电路。在硅片的中间,从反面经异向腐蚀形成了一个正方形的膜片(利用膜片将压力变换成应力),在膜片的表面,通过扩散杂质形成 4 个 P 型的测量电阻,以惠斯通电桥方式连接,如图 3-26 所示。利用膜片的压阻效应将加在膜片上的压力变换成电阻的变化,此电阻通过桥式电路之后,在输入端输入一个电源电压后在输出端会输出一个可变的电压信号。膜片的里面与硅杯之间设计成真空腔,用于缓和内部的应力,并以此真空腔的压力为基准来测量大气压力。

膜片部分    b) 等效电路

图 3-26 大气压力传感器的检测电路

### 🔧 实际操作

## 一、与 ECU 的连接电路

三菱轿车大气压力传感器与 ECU 的连接电路如图 3-27 所示。大气压力传感器的变化电压信号由 16 号端子输入 ECU,ECU 根据该信号电压对喷油量进行修正。ECU 的 13 号和 23 号端子并联及 14 号和 24 号端子并联,以减少接触电阻,提高测量精度。

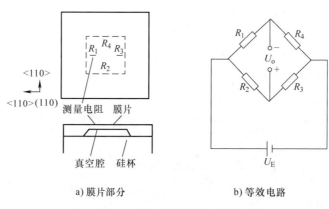

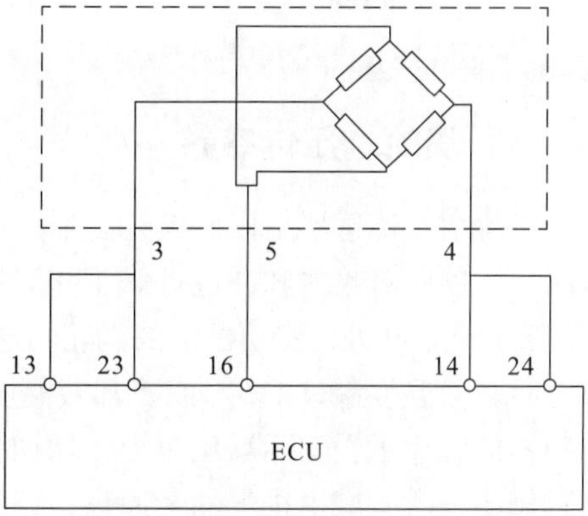

图 3-27 三菱轿车大气压力传感器与 ECU 的连接电路图

## 二、检测

以三菱轿车大气压力传感器为例,说明大气压力传感器的检测内容。

**1. 检查搭铁情况**

拆下大气压力传感器与 ECU 间的连接插头,测量 ECU 侧 14 号端子与搭铁间的电阻值,正常应为零,否则应检查 ECU 的搭铁情况。

**2. 检查各端子间的电压值**

打开点火开关,测量 ECU 侧的 23 号端子与搭铁间的电压,正常应为 5V。测量传感器信号输出端 16 号端子输出的信号电压，正常应为 3.5～4.2V。

经检查，若不在规定范围内，应检查线路连接情况，若线路连接情况良好，则应更换大气压力传感器。

1. 大气压力传感器的作用是什么？
2. 大气压力传感器安装在哪里？
3. 大气压力传感器由什么构成？
4. 大气压力传感器如何工作？
5. 在三菱轿车上，大气压力传感器电路是怎样连接的？
6. 如何对三菱轿车上的大气压力传感器及其电路进行故障检测？

## 第 23 天　其他气体压力传感器

1. 掌握涡轮增压传感器的作用和工作原理。
2. 掌握绝对压力型高压传感器的作用和结构。
3. 掌握相对压力型高压传感器的作用、安装位置和结构。
4. 掌握轮胎压力传感器的作用、安装位置、结构。
5. 掌握负压传感器的结构和工作原理。
6. 掌握燃烧压力传感器的作用和结构。

### 一、涡轮增压传感器

涡轮增压传感器是以硅膜片上形成的扩散电阻作为传感元件，用于检测涡轮增压机的增压压力，以便对喷射脉冲进行修正和对增压压力进行控制。

日产 VQ30DET 发动机上的涡轮增压系统（图 3-28）中就运用了涡轮增压传感器。在怠速、冷却液温度超过 115℃ 或冷却液温度传感器系统异常时，增压控制电磁阀断开，旋启阀控制器的膜片承受实际增压压力，增加排气的旁通量，使增压压力下降；相反，当增压控制电磁阀闭合时，减少排气的旁通量，使增压压力升高。此外，如果增压压力异常升高，增压传感器的输出电压超出一定数值，则系统燃油将被切断。

### 二、绝对压力型高压传感器

绝对压力型高压传感器用于检测悬架系统的油压，它是耐高压结构的压力传感器，内部装有放大电路、温度补偿电路及与压力媒体接触的不锈钢膜片。绝对压力型高压传感器大部分为硅膜片式，即在硅膜片上形成扩散电阻而制成的传感元件，其结构如图 3-29 所示。

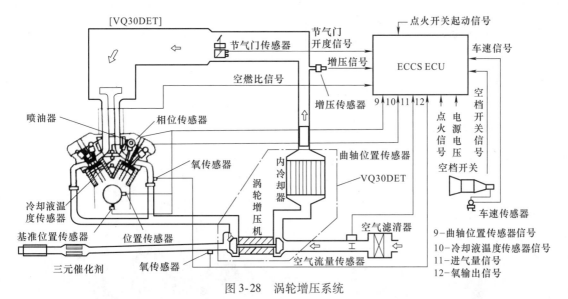

图 3-28 涡轮增压系统

## 三、相对压力型高压传感器

相对压力型高压传感器用于检测汽车空调系统的制冷剂压力,并将检测到的制冷剂压力信号传送给空调 ECU。传感器内部装有放大电路和温度补偿电路,安装在空调系统的高压管道上,其结构及特性曲线如图 3-30 所示。

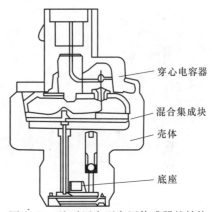

图 3-29 绝对压力型高压传感器的结构

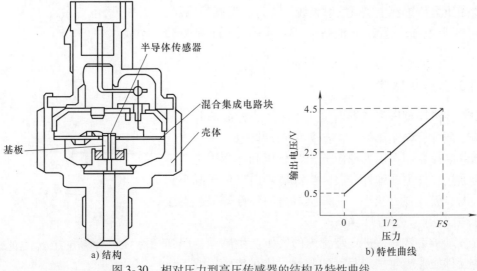

图 3-30 相对压力型高压传感器的结构及特性曲线

## 四、轮胎压力传感器

**1. 轮胎压力传感器的作用**

轮胎压力传感器将轮胎的实时压力信息（绝对压力测量）发送给轮胎压力监控控制单元，用以评估压力情况。

**2. 轮胎压力传感器的安装位置**

轮胎压力传感器安装在轮胎和轮毂间，如图 3-31 所示。

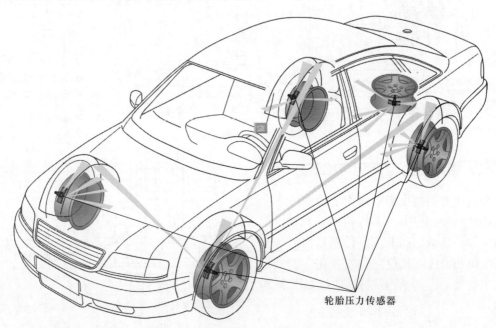

图 3-31　轮胎压力传感器的安装位置

**3. 轮胎压力传感器的结构**

轮胎压力传感器主要由发射天线、压力和温度传感器、测量和控制电子装置、电池等构成，其结构如图 3-32 所示。

## 五、负压传感器

空气滤清器负压传感器由负压测压孔、橡胶膜片、校准弹簧、顶杆、弹性开关、电缆接头和壳体组成。

橡胶膜片左侧作用着滤清器出口负压和弹簧弹力，膜片右侧通过顶杆顶开弹性开关。当滤清器出口负压减小到规定值时，膜片顶力减小，使传感器内的弹性开关触点接通信号电路，点亮警告灯。

在发动机运转时，进气歧管内的气压产生脉动，但弹性感应元件能够吸收一定程度的脉动，故对传感器的工作

图 3-32　轮胎压力传感器的结构

特性影响不大。

## 六、燃烧压力传感器

压电陶瓷型燃烧压力传感器（图3-33）用于测量气缸内混合气燃烧压力，因为在高温高压下测量，所以要求燃烧压力传感器耐高温、耐高压，还应具有抗振动和抗安装变形等特点。

硅应变片型燃烧压力传感器（图3-34）主要用在稀薄燃烧发动机上，用于控制稀薄燃烧极限，而且燃烧压力传感器只用来控制第一缸。

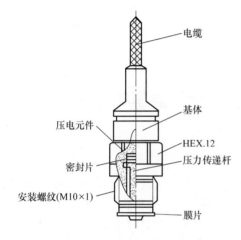

图3-33 压电陶瓷型燃烧压力传感器

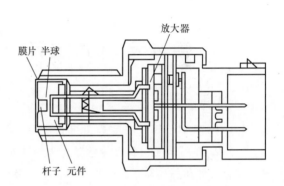

图3-34 硅应变片型燃烧压力传感器

 **你学会了吗?**

1. 涡轮增压传感器有什么作用，是怎样工作的？
2. 绝对压力型高压传感器有什么作用，由什么构成？
3. 相对压力型高压传感器有什么作用，安装在什么地方，由什么构成？
4. 轮胎压力传感器有什么作用，安装在什么地方，由什么构成？
5. 负压传感器由什么构成，是怎样工作的？
6. 燃烧压力传感器有什么作用，由什么构成？

# 第四章

# 位置（行程和角度）传感器

## 第24天　位置（行程和角度）传感器基本知识

**学习目标**

1. 了解位置（行程和角度）测量参数。
2. 了解节气门位置传感器、曲轴位置传感器、凸轮轴位置传感器、液位传感器、车高与转向传感器、座椅位置传感器、方位传感器、溢流环位置传感器的基本知识。

位置传感器检测不同形式的行程位置和角度位置，这类传感器是汽车车用传感器中应用最为广泛的一种传感器。

位置传感器是一种非紧凑型传感器，其结构尺寸与测量参数有关。按位置分级标准，将只移动几微米（如膨胀）的测量参数归入如力、转矩、加速度等的另外一些参数中。在这里，我们主要讨论测量较大行程（≥1mm）和较大角度（≥1°）的位置传感器。

### 一、测量参数

较大行程和较大角度的位置传感器在汽车上得到大量应用。位置是传感器的真正的、直接的测量参数。直接测量行程、角度的参数见表4-1。

在另外一些场合，间接测量行程、角度的参数见表4-2。

表4-1　直接测量行程、角度的参数

| 测量参数 | 测量范围 |
| --- | --- |
| 汽油机上节气门位置 | 90° |
| 加速踏板、制动踏板位置、座椅、前照灯、反光镜位置 | 30° |
| 柴油机直列喷油泵齿杆行程和位置 | 21mm |

(续)

| 测量参数 | 测量范围 |
| --- | --- |
| 柴油机分配式喷油泵油量调节机构的角度位置 | 60° |
| 燃油箱液面高度 | 20~50cm |
| 离合器调节器行程 | 50mm |
| 汽车与汽车间距离或汽车与障碍物间距离 | 150m |
| 转向角 | ±2×360°（±2转） |
| 汽车倾斜角 | 15° |
| 行驶方向角 | 360° |

表4-2　间接测量行程、角度的参数

| 测量参数 | 测量范围 |
| --- | --- |
| 跳动行程（照明距离、汽车倾斜） | 25cm |
| 扭转角（转矩） | 1°~4° |
| 滑阀偏转角（流量） | 30°~90° |
| 汽车加速时弹簧-质量系统偏移 | 0.5~1mm |

在实际中也常把增量式传感器当作角度传感器，如用于测量转速，但它本身不是角度传感器，它只测量位移角，即测量角度增量，然后再累加起来。使用这样的角度传感器测量转速受到很大的限制，因为计数器读数易受干扰脉冲的影响而出错。固定的、可检出的基准位置标记可减少计数器上的这种差错。在切断蓄电池电压时，角度测量系统也不能保持它的绝对位置，因为大多数角度位置在断开状态会发生机械变化，采用不易失的终值状态存储器可解决这一问题。

## 二、工作原理

**1. 节气门位置传感器**

节气门位置传感器将节气门开度的变化转换成电信号输入电控单元（ECU），ECU根据节气门位置信号判定发动机的运转工况。它有线性输出型和开关型两种。

**2. 曲轴位置传感器**

曲轴位置传感器是控制发动机点火正时、确认曲轴位置的信号源。曲轴位置传感器用于检测活塞上止点信号和曲轴转角信号，它也是测量发动机转速的信号源。曲轴位置传感器的结构形式有磁感应式、光电式和霍尔式三种。它们安装在曲轴前端、凸轮轴前端、分电器内或飞轮上。

**3. 凸轮轴位置传感器**

凸轮轴位置传感器检测配气凸轮轴的位置，并将信号输入ECU，以便ECU识别第一缸活塞处于压缩上止点的位置，它是控制发动机喷油系统、点火时间和爆燃的信号源。常用的凸轮轴位置传感器有光电式、磁感应式和霍尔式三种。

**4. 液位传感器**

液位传感器用于测定制动液液位、洗涤液液位、散热器冷却液液位、燃油液位等，当液位减少到一定值时，会产生类似于开关的接通、断开的转换，它主要有浮筒簧片开关式、电极式、热敏电阻式、滑动电阻式四种。

**5. 车高与转向传感器**

车高传感器是把车身高度的变化转换成传感器轴的旋转，并检测出其旋转角度，将其转换成电信号输入电控单元中，以便随时对车身高度进行调节；转向传感器是用来检测轴的旋转方向及旋转速度，并提供给 ECU，由 ECU 来调节汽车悬架系统的侧倾刚度。

**6. 座椅位置传感器**

座椅位置传感器位于由电控单元控制的动力座椅上，它是通过霍尔元件将由永磁铁位置变化引起的磁通密度变化检测出来，并转换成电压，作为脉冲信号的形式送入电控单元。

**7. 方位传感器**

方位传感器是车辆导航系统中非常重要的一种传感器，它是利用地磁产生电信号而进行检测的传感器，以指示方向的偏差。

**8. 溢流环位置传感器**

溢流环位置传感器应用在电控柴油机燃油喷射系统中，用来检测溢流环的位置，实现电子控制喷油量。

除了上述的这些传感器之外，还有其他的位置、角度传感器，如 EGR 位置传感器、转向盘角度传感器与加速踏板传感器等。

### 你学会了吗？

1. 位置（行程和角度）测量参数有哪些？
2. 节气门位置传感器有什么作用？
3. 曲轴位置传感器有什么作用，安装在什么地方，有哪几种类型？
4. 凸轮轴位置传感器有什么作用，有哪几种类型？
5. 液位传感器有什么作用，有哪几种类型？
6. 车高传感器有什么作用？
7. 座椅位置传感器有什么作用？
8. 方位传感器有什么作用？
9. 溢流环位置传感器有什么作用？

## 第 25 天　节气门位置传感器

### 学习目标

1. 了解节气门位置传感器的作用。
2. 了解节气门位置传感器的安装位置。
3. 了解节气门位置传感器的类型。
4. 掌握触点开关式节气门位置传感器、可变电阻式节气门位置传感器、霍尔式节气门位置传感器的结构、工作原理、与 ECU 的连接电路和检测方法。

## 一、节气门位置传感器

节气门位置传感器（Throttle Position Sensor，TPS）是汽车电控系统中最重要的传感器之一，主要用于发动机电子燃油喷射系统和电控自动变速器系统。

**1. 作用**

在发动机电控系统中，节气门位置传感器的作用主要是将节气门开度以及节气门开度变化快慢，转变为电信号输入发动机ECU，用于判别发动机的各种工况，从而控制不同的喷油量和点火正时。在装备电子控制自动变速器的汽车上，节气门位置传感器信号是变速器换档和变矩器锁止时的主要信号。在新型的智能电子节气门控制系统中，节气门开启角度不再由加速踏板拉索直接进行控制，而是由节气门伺服电动机根据ECU信号进行驱动。电子节气门轴上的节气门位置传感器用来检测节气门的实际开度，ECU以此作为反馈信号，实时控制节气门伺服电动机，对节气门开度做出适当调整。

传统的拉索控制式节气门配备的节气门位置传感器，按总体结构分为触点开关式、滑动电阻式、怠速开关与滑动电阻整合的综合式。新型的智能电子节气门控制系统所用的节气门位置传感器常见的有双滑动电阻式和线性双霍尔式两种。

**2. 安装位置**

节气门位置传感器安装在节气门体总成上，用于检测节气门开度，如图4-1所示。

## 二、触点开关式节气门位置传感器

**1. 结构**

触点开关式节气门位置传感器主要由节气门轴、大负荷触点（PSW）、凸轮、怠速触点（IDL）和接线插接器组成，其结构如图4-2所示。凸轮与节气门轴同轴转动，控制怠速触点和全负荷触点的开启与闭合，节气门轴随节气门开度的大小而转动。

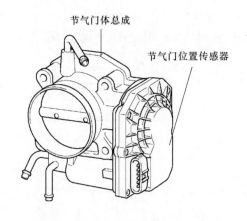

图4-1 节气门位置传感器安装位置

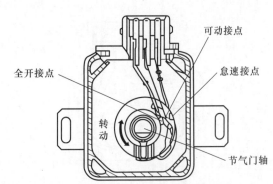

图4-2 触点开关式节气门位置传感器的结构

**2. 工作原理**

（1）怠速和减速 当节气门关闭时，传感器的怠速触点IDL闭合，全开触点PSW断开，怠速触点IDL输出端子输出一个低电平信号"0"，全开触点PSW输出端子输出一个高电平信号"1"，如图4-3所示。电控单元接收到节气门位置传感器TPS输入的这两个电压信号时,如果车速传感器输入电控单元的信号表示车速为0,那么电控单元便可根据这两个信号判定发动机处于怠速状态,并控制喷油器增加喷油量,保证发动机怠速转速稳定而不致熄火;如果此时车速传感器输入ECU的信号表示车速不为0,那么ECU便可根据这两个信号判定发动机处于减速状态,从而控制喷油器停止喷油,以减少排放量和提高经济性。

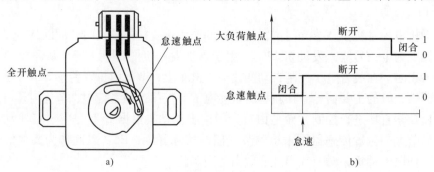

图4-3 怠速状态

(2) 加速 当节气门开度逐渐增大时,凸轮随节气门轴转动并将怠速触点IDL顶开,从而使怠速触点处于断开状态,但由于此时全开触点PSW也处于断开状态,因此怠速触点IDL端子输出高电平信号"1",功率触点PSW端子也输出高电平信号"1"。ECU接收到两个高电平信号时,便可判定发动机处于部分负荷状态,此时ECU再根据空气流量传感器信号和曲轴转速信号计算并确定喷油量,从而保证发动机的经济性和排放性能。

(3) 大负荷 当节气门接近全部开启(80%以上负荷)时,凸轮转动使全开触点PSW闭合,此时PSW端子输出一个低电平信号"0",而IDL端子仍处于断开状态,从而输出一个高电平信号"1",如图4-4所示。ECU接收到这两个信号时,便可判定发动机处于大负荷运行状态,从而控制喷油器增加喷油量,保证发动机输出足够的动力。

当节气门全开时,ECU使控制系统进入开环控制模式,此时不采用氧传感器信号。如果此时空调器在工作,那么ECU将中断空调主继电器信号约15s,以便切断空调电磁离合器的线圈电流,使空调压缩机停止工作,增大发动机输出功率,提高汽车的动力性。

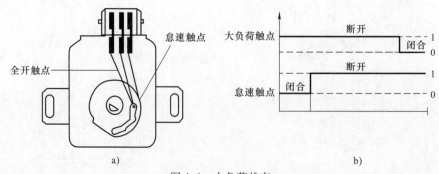

图4-4 大负荷状态

为检测发动机的加减速状况,在部分发动机的节气门位置传感器上还增加了$A_{CC1}$和$A_{CC2}$信号输出点,如图4-5所示。工作原理如下:

1) 怠速时:怠速时IDL触点处于ON(闭合)状态,即可检测出怠速状态。同时,在发动机转速高时,如该触点闭合(ON),ECU将判断为减速状态,进行"燃油喷射中断"的控制。

2）加速时：加速时，加速检测接点与印制线路板的加速线路、$A_{CC1}$ 和 $A_{CC2}$ 交替处于 ON/OFF（闭合/打开）状态。对于在一定时间内的急加速，在信号检出的同时，ECU 进行非同步喷射控制，以提高加速油量。

3）高负荷时：在节气门打开一定程度的高负荷时，全开（功率）接点（PSW）处于"ON"（闭合）状态，即可检测出高负待状态。

4）减速时：减速时，加减速检测接点处于"OFF"（打开）状态，ECU 不进行非同步喷射控制。

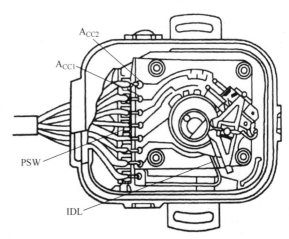

图 4-5　带 $A_{CC1}$ 和 $A_{CC2}$ 信号触点的触点开关式节气门位置传感器

**3. 连接电路**

触点开关式节气门位置传感器与 ECU 的连接电路如图 4-6 所示。

**4. 检测**

（1）一般性检查　开关触点式节气门位置传感器结构简单，对其检查时只需测量急速触点和功率触点的通断情况即可判定其好坏；在节气门全闭时急速触点应闭合，节气门略打开一点即断开。在节气门开度小于 50°时，功率触点应断开，节气门开度超过 50°时应闭合。

（2）检测电源电压　触点开关式节气门位置传感器的电源电压检测如图 4-7 所示。检测时应拔下传感器插头，用万用表电压档

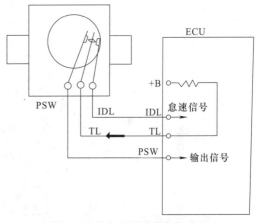

图 4-6　触点开关式节气门位置传感器与 ECU 的连接电路

测量线束插接器中可动触点（TL 端子）的电源电压，应为 12V，否则应检查线路是否断路。

（3）检测输出信号电压　检测时，传感器应正常连接，接通点火开关，输出的信号电压应为高电平或低电平，并且随节气门轴的转动而交替变化（由低电平"0"，变为高电平"1"或由高电平"1"变为低电平"0"）。

（4）检测端子电阻

1）检查急速端子电阻。拔下传感器接线插头，用

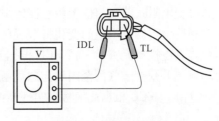

图 4-7　检测电源电压

万用表的电阻档测量急速端子（IDL）与可动端子（TL）之间的电阻，其电阻值应为 0Ω。转动节气门轴约 40°，其电阻值应为 ∞，如图 4-8 所示。

2）检测全开触点端子电阻。拔下传感器接线插头，用万用表的电阻档测量传感器的全开触点端子（PSW）与可动端子（TL）之间的电阻值，其电阻值应为 ∞，如图 4-9 所示。转动节气门轴约 55°，电阻值应为 0Ω。

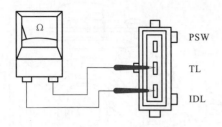
图 4-8 检查怠速端子电阻

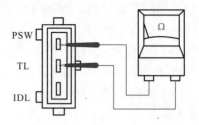
图 4-9 检查全开触点端子电阻

### 三、可变电阻式节气门位置传感器

**1. 结构**

可变电阻式节气门位置传感器也叫作线性输出型节气门位置传感器，其结构如图4-10所示，由滑动触点a、滑动触点b、电阻器、节气门轴、接线插头组成。传感器的两个活动触点与节气门轴联动，分别用于测量节气门开度的滑动触点a和用于确定节气门全闭位置时的滑动触点b。

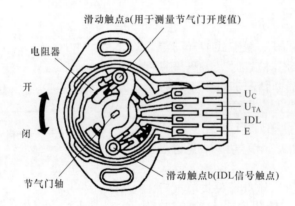

图 4-10 可变电阻式节气门位置传感器的结构

**2. 工作原理**

可变电阻式节气门位置传感器的滑动触点a可在电阻器上滑动，并与电阻器构成一电位计，利用电阻器电阻值的变化将节气门的开度值转化为一个线性电压信号，并将此线性电压信号输入电控单元（ECU），ECU根据此信号确定节气门的开度，并对喷油量进行修正。而滑动触点b则在节气门全闭时与怠速触点IDL接触，用于提供怠速信号，并将此怠速信号输入ECU，使ECU根据此信号来实现断油及点火提前角的控制。传感器的输出特性如图4-11所示。

**3. 连接电路**

可变电阻式节气门位置传感器与ECU的连接电路如图4-12所示。

由图4-12可知，传感器内部的电阻$r$的两端加有从ECU输送来的5V电压，动触点$\alpha$根据节气门开度的状况在电阻$r$上滑动，从而改变ECU的$U_{TA}$端子的电压。$U_{TA}$端子的电压信号是模拟信号，须经A-D转换器变成数字信号，再输入微机中去。

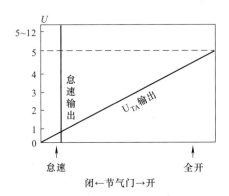

图 4-11 可变电阻式节气门位置
传感器的输出特性

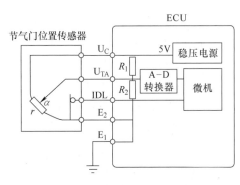

图 4-12 可变电阻式节气门位置
传感器与 ECU 的连接电路

当节气门全闭时,IDL 触点接通,IDL 端子的电位变为 0V,这一信号传输给 ECU。ECU 根据 $U_{TA}$ 端子和 IDL 端子传来的信号,判断出车辆的行驶状态,修正过渡时期的空燃比,或是减少燃油供给,或是进行怠速稳定修正。

**4. 检测**

可变电阻式节气门位置传感器的常见故障一般为怠速触头或电位计可动触头接触不良,或电位计电阻值不够准确,容易造成发动机怠速不稳或无怠速、加速性能不良、加速性能时好时坏。故障机理:怠速触头或电位计可动触头接触不良,或电位计电阻值不够准确,从而使 ECU 不能接收到怠速信号或接收到的节气门开度信号不准以及节气门开度信号时断时通等。

以丰田皇冠 3.0 轿车的可变电阻式节气门位置传感器为例,对此类型传感器的检测方法进行介绍。

丰田皇冠 3.0 轿车的可变电阻式节气门位置传感器与 ECU 的连接如图 4-13 所示。

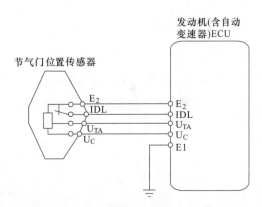

图 4-13 可变电阻式节气门位置传感器与
ECU 的连接电路

(1) 电压测量 重新插好导线插接器,打开点火开关,用万用表测量 $IDL - E_2$、$U_C - E_2$ 以及 $U_{TA} - E_2$ 间的电压值,标准值见表 4-3。

表 4-3 电压标准值

| 测量端子 | 测量条件 | 电压值/V |
| --- | --- | --- |
| $IDL - E_2$ | 节气门全开 | 9~14 |
| $U_C - E_2$ | — | -5.5~4.0 |
| $U_{TA} - E_2$ | 节气门全闭 | 0.3~0.8 |
| $U_{TA} - E_2$ | 节气门全开 | 3.2~4.9 |

（2）电阻测量

1）测量怠速端子电阻。关闭点火开关，拔下节气门位置传感器导线插接器，用万用表的电阻档检查导线插接器上 IDL 触点的导通情况，如图 4-14 所示。当节气门全关闭时，$IDL-E_2$ 端子间应导通，电阻为零；当节气门打开时，$IDL-E_2$ 端子间不导通，电阻应为无穷大；否则应更换节气门位置传感器。

2）测量其他端子电阻。关闭点火开关，拔下节气门位置传感器导线插接器，用万用表电阻档测量 $U_{TA}$ 与 $E_2$ 端子间电阻，其电阻值应随节气门开度的增大而呈线性增大，如图 4-15 所示。

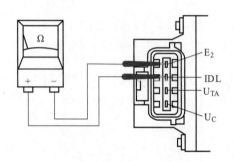 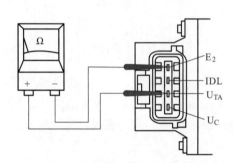

图 4-14　传感器怠速端子电阻检查　　　　图 4-15　传感器其他端子电阻检查

在节气门限位螺钉和限位杆之间插入不同厚度的塞尺，用万用表电阻档测量传感器导线插接器上各端子间的电阻，其电阻值应符合表 4-4 中列出的规定值。

表 4-4　可变电阻式节气门位置传感器各端子间的电阻值

| 限位螺钉与限位杆之间间隙/mm | 测量端子 | 电阻值/kΩ |
| --- | --- | --- |
| 0 | $U_{TA}-E_2$ | 0.34~6.30 |
| 0.45 | $IDL-E_2$ | ≤0.50 |
| 0.55 | $IDL-E_2$ | ∞ |
| 节气门全开 | $U_{TA}-E_2$ | 2.40~11.20 |
| — | $U_C-E_2$ | 3.10~7.20 |

**5. 调整**

使用螺钉旋具松开节气门位置传感器的两个固定螺钉，如图 4-16 所示。在限位螺钉和限位杆之间插入 0.50mm 的塞尺，同时用万用表检查 IDL 与 $E_2$ 的导通情况，如图 4-17 所示。逆时针转动节气门位置传感器，使怠速触点断开，然后再顺时针方向慢慢转动节气门位置传感器，直到怠速触点闭合为止，这时万用表的电阻档有读数显示，再拧紧两个固定螺钉。其次，用 0.45mm 的塞尺先后插入限位螺钉和限位杆之间，测量 IDL 和 $E_2$ 之间的导通情况。当用 0.45mm 塞尺时，IDL 和 $E_2$ 端子间应导通。最后，用 0.55mm 的塞尺先后插入限位螺钉和限位杆之间，测量 IDL 和 $E_2$ 之间的导通情况。当用 0.55mm 塞尺时，IDL 和 $E_2$ 端子间应不导通。上述两种情况，若有一种不符，则应再次调整节气门位置传感器。

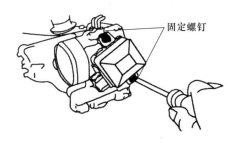 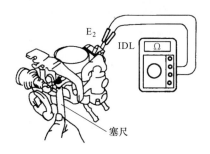

图 4-16 松开固定螺钉　　　　图 4-17 检查 IDL 与 $E_2$ 的导通情况

**6. 更换**

1）将节气门开度保持在 45°左右。
2）拧下节气门位置传感器的两个固定螺钉，拆下节气门位置传感器。
3）将新的节气门位置传感器的心轴转到底，然后装到节气门轴上，拧紧两个固定螺钉。
4）重新调整节气门位置传感器。

## 四、霍尔式节气门位置传感器

### 1. 结构

双霍尔式线性节气门位置传感器广泛用于三菱和丰田轿车上。

位于节气门体的节气门位置传感器的功能是测量节气门的位置，向发动机 ECU 输出与节气门轴转角成正比的电压信号。根据该传感器输出的电压，发动机 ECU 控制节气门控制伺服电动机进行反馈控制。

非接触式的霍尔传感器包括一个固定在踏板轴上的永磁铁、一个输出电压与磁通量成正比的线性霍尔集成电路、一个有效地将永磁铁的磁通量转入霍尔集成电路的定子。双霍尔式线性节气门位置传感器的结构如图 4-18 所示。

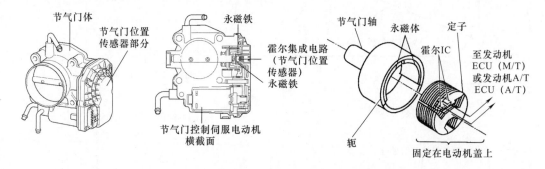

图 4-18 双霍尔式线性节气门位置传感器的结构

### 2. 工作原理

以丰田车上的双霍尔式线性节气门位置传感器为例，介绍霍尔式线性节气门位置传感器的工作原理。

当节气门全闭时（图 4-19a），磁场方向向上，流入霍尔集成电路的磁通量最大，此时，节气门位置传感器电压输出最小。当节气门全开时（图4-19c），磁场方向向下，流入霍尔集成电路的磁通量最大，此时，节气门位置传感器电压输出最大。当节气门半开时（图4-19b），磁通量为零，节气门位置传感器输出电压在中间值。节气门位置传感器通过两个系统（主、副）输出，这就提高了系统测量故障的准确性，增强了故障保护功能，确保了可靠性。

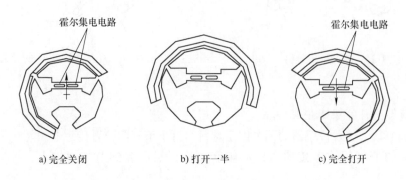

图4-19 霍尔式节气门位置传感器的工作原理

图4-20所示为丰田凯美瑞（混合动力版）双霍尔式线性节气门位置传感器的输出特性曲线。

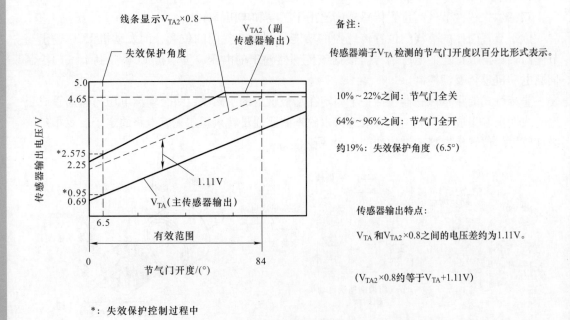

图4-20 霍尔式节气门位置传感器的输出特性曲线

节气门位置传感器有两个传感器电路 $V_{TA}$ 和 $V_{TA2}$，各传送一个信号。$V_{TA}$ 用于检测节气门开度，$V_{TA2}$ 用于检测 $V_{TA}$ 的故障。传感器信号电压与节气门开度成比例，在 0～5V 之间变化，并且传输至 ECU 的端子 $V_{TA}$。

节气门关闭时，传感器输出电压降低；节气门打开时，传感器输出电压升高。ECU 根据这些信号来计算节气门开度并响应驾驶人输入来控制节气门执行器。这些信号同时也用来计算空燃比修正值、功率提高修正值和燃油切断控制。

> 混合动力车辆失效保护功能：
>
> 存储这些 DTC 中的任何一个和与电子节气门控制系统故障有关的其他 DTC 时，ECU 进入失效保护模式。在失效保护模式下，ECU 切断流向节气门执行器的电流，且节气门在回位弹簧的作用下恢复到 6.5°节气门位置。ECU 停止发动机，可仅使用混合动力系统驾驶车辆。如果平稳而缓慢地踩下加速踏板，则车辆会缓慢行驶。
>
> 失效保护模式一直运行，直至检测到通过条件并且随后电源开关置于 OFF 位置。

**3. 连接电路**

图 4-21 和图 4-22 所示分别为丰田轿车和三菱轿车上的霍尔式节气门位置传感器与 ECU 的连接电路。

**4. 检测**

以三菱轿车霍尔式节气门位置传感器为例介绍检测方法，其电路如图 4-22 所示。

（1）电压测量

1）测量输入电压。关闭点火开关，断开节气门位置传感器插头，打开点火开关，用万用表的电压档测量线束侧 5 号端子，检查是否有 5V 电压输入。如果没有，则应检查传感器 5 号端子与 ECU C-113 中的 106 号端子是否导通。如果不导通，则检查线路线束；如果导通，则说明 ECU 没有 5V 电压输出，应更换 ECU。

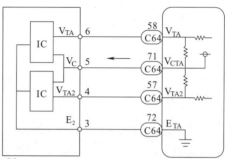

图 4-21 丰田轿车霍尔式节气门位置传感器与 ECU 的连接电路

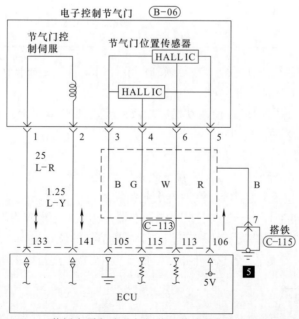

图 4-22 三菱轿车霍尔式节气门位置传感器与 ECU 的连接电路

2)测量输出电压。在使用万用表检测输出电压时,需要配备专用线束三通接头或刺破信号线,因此,三菱公司推荐使用其专用解码器 MUT-Ⅲ,通过读取数据流从而进行输出电压的检测。

将点火开关置于"ON"位置,应用 MUT-Ⅲ,断开进气软管,用手慢慢打开节气门,从数据流读出 14 项节气门位置传感器(副)和 79 项节气门位置传感器(主)的电压数值,看电压数值是否可以随节气门的打开而同步变大。如果变化不同步或中间有断点,则节气门位置传感器线路或本体有故障。有关节气门位置传感器的数据流见表 4-5。

3)测量搭铁。关闭点火开关,断开节气门位置传感器插头,打开点火开关,用万用表的电压档测量线束侧 3 号端子与蓄电池负极是否导通。正常情况下,应该导通,如果不导通,应检查线路、接头、ECU。

表 4-5 有关节气门位置传感器的数据流

| 编号 | 元件 | 状态 | 数据流 |
| --- | --- | --- | --- |
| 8A | 节气门位置传感器(主) | 点火开关"ON",用手指完全封闭节气门 | 0~12% |
| | | 点火开关"ON",用手指完全打开节气门 | 75%~100% |
| 9A | 节气门位置传感器(主)中间开度学习值 | 点火开关"ON",无论节气门是打开还是关闭 | 0.8~1.8V |
| 79 | 节气门位置传感器(主) | 点火开关"ON",用手指完全封闭节气门 | 0.3~0.7V |
| | | 点火开关"ON",用手指完全打开节气门 | ≥4.0V |
| 14 | 节气门位置传感器(副) | 点火开关"ON",用手指完全封闭节气门 | 2.2~2.8V |
| | | 点火开关"ON",用手指完全打开节气门 | ≥4.0V |

(2)电控节气门系统的初始化 在更换新的节气门体后,或由于节气门阀片区有油污被清洁后,都要进行节气门的学习,进行初始化,方法如下:

1)起动发动机,进行暖机,使发动机冷却液温度达到 80℃以上。若发动机冷却液温度就在 80℃以上,则不必进行暖机。

2)将点火开关置于"ON"位置。

3)把点火开关旋回至"LOCK"位置,停止发动机运转。

4)在"LOCK"位置停止 10s,然后再次起动发动机,使发动机怠速运转。

5)10min 后,在变速杆处于 N 位且灯光及散热器冷却风扇等电器附件全关条件下,检查发动机怠速是否正常。若怠速正常,说明节气门自学习后节气门位置适当,怠速节气门开度正常。至此,节气门学习完成。反之,若怠速不正常,则节气门需按上述过程重新进行学习操作。

1. 节气门位置传感器有什么作用?

2. 节气门位置传感器安装在什么地方？

3. 节气门位置传感器主要有哪些类型？

4. 触点开关式节气门位置传感器由什么组成，是怎样工作的，与 ECU 的电路如何连接，怎样检测？

5. 可变电阻式节气门位置传感器由什么组成，是怎样工作的，与 ECU 的电路如何连接，怎样检测？

6. 霍尔式节气门位置传感器由什么组成，是怎样工作的，与 ECU 的电路如何连接，怎样检测？

## 第 26 天　曲轴位置传感器

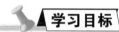

1. 了解曲轴位置传感器的作用。
2. 了解曲轴位置传感器的安装位置。
3. 了解曲轴位置传感器的类型。
4. 掌握磁脉冲式曲轴位置传感器、光敏式曲轴位置传感器、霍尔式曲轴位置传感器的结构、工作原理、与 ECU 的连接电路和检测方法。

### 一、曲轴位置传感器

**1. 作用**

曲轴位置传感器（Crankshaft Position Sensor，CPS），又称为发动机转速与曲轴转角传感器，其作用是采集曲轴转动角度和发动机转速信号，并输入电子控制单元（ECU），以便确定喷射顺序、喷射正时、点火顺序、点火正时，并根据信号监测到的曲轴转角波动的大小来判断发动机是否有失火现象。

无曲轴位置传感器信号，发动机 ECU 认为发动机没有运转，因此喷油器不能喷油。曲轴位置传感器是计算机控制点火系统、发动机电子控制系统最重要的传感器之一。

**2. 安装位置**

曲轴位置传感器一般安装于曲轴前端、分电器内、靠近飞轮的变速器壳体上三个位置，个别车辆还有安装于发动机气缸体中部下侧。曲轴位置传感器常见的安装位置如图 4-23 所示。

曲轴位置传感器根据其工作原理的不同，可分为磁电感应式曲轴位置传感器、光电式曲轴位置传感器和霍尔效应式曲轴位置传感器三种。

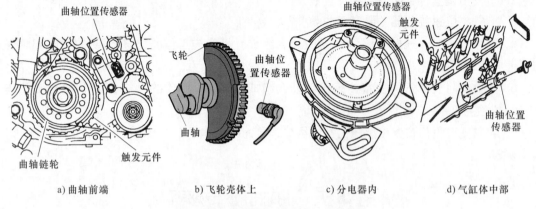

a) 曲轴前端　　　b) 飞轮壳体上　　　c) 分电器内　　　d) 气缸体中部

图 4-23　曲轴位置传感器的安装位置

## 二、磁脉冲式曲轴位置传感器

### 1. 丰田车系磁脉冲式曲轴位置传感器

（1）结构　丰田公司 TCCS 系统使用转子磁脉冲曲轴位置传感器，安装在分电器内，其结构如图 4-24 所示。该传感器分上下两部分，上部分产生 G 信号，下部分产生 Ne 信号。两部分都是利用带轮齿的转子旋转，使信号发生器内的线圈磁通变化，从而产生交变电势，经放大后，将该信号输入电子控制单元。

Ne 信号用来检测曲轴转角和发动机转速信号，它相当于轮齿式曲轴位置传感器的 1°信号。它由固定在分电器内下半部等间隔 24 个齿轮的转子（即 Ne 正时转子）及固定在轮齿转子对面的感应线圈组合而成。

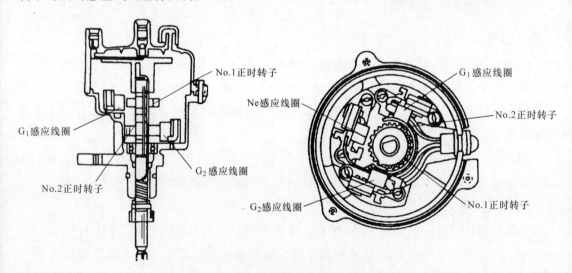

图 4-24　转子磁脉冲式曲轴位置传感器

（2）工作原理　轮齿随转子的转动而转动，与感应线圈凸缘（即磁头）的空气间隙变化，使感应线圈的磁场变化而产生感应电动势。轮齿靠近或远离磁头时，都会产生一次增减磁通的变化。每一个轮齿通过磁头时，都会在感应线圈中产生一个完整的交流电压信号。

Ne 正时转子上有 24 个齿，转子转一圈，即曲轴转两圈（720°）时，感应线圈产生 24 个交流信号，即 Ne 信号。Ne 信号如图 4-25 所示，它的一个周期的脉冲相当于 30° 曲轴转角（720°÷24＝30°）。更精确的转角测量是利用 30° 转角的时间，由 ECU 再均分 30 等份，产生 1° 曲轴转角的信号。同时，检测发动机的转速是由 ECU 依照 Ne 信号的两个脉冲，即 60° 曲轴转角所经过的时间为基准测量发动机的转速。

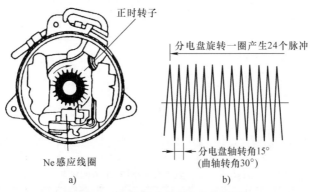

图 4-25　Ne 信号发生器结构与波形

G 信号用于识别气缸及检测活塞上止点位置，这相当于轮齿磁脉冲式曲轴位置传感器的 120° 信号。G 信号是由位于 Ne 信号发生器上方的凸缘轮（即 G 正时转子）及其对面对称的两个感应线圈产生的，其结构如图 4-26 所示。G 信号的产生原理与 Ne 信号产生原理相同，G 信号也用于作为 Ne 信号计算曲轴转角的基准信号。

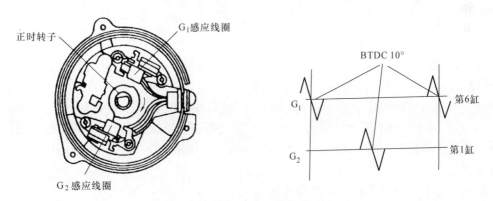

图 4-26　G 信号发生器机构与波形

$G_1$、$G_2$ 信号分别用于检测第 6 缸及第 1 缸上止点位置，由于 $G_1$、$G_2$ 信号发生器设置的关系，当产生 $G_1$、$G_2$ 信号时，实际上活塞并不是正好在上止点，而是在上止点前 10° 的位置。曲轴位置传感器的 $G_1$、$G_2$ 和 Ne 信号与曲轴转角的关系如图 4-27 所示。

（3）连接电路　曲轴位置传感器与 ECU 的连接电路如图 4-28 所示。

（4）检测

1）曲轴位置传感器的电阻检测。关闭点火开关，拔下曲轴位置传感器插接器插头，用万用表的电阻档测量曲轴位置传感器上各端子间电阻，其电阻值应符合表 4-6 的规定。如果电阻值不在规定范围内，则必须更换曲轴位置传感器。

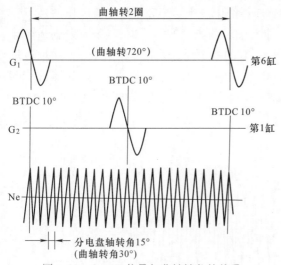

图 4-27　G、Ne 信号与曲轴转角的关系

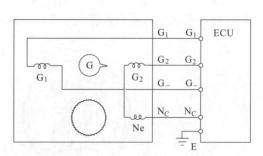

图 4-28　曲轴位置传感器与 ECU 的连接电路

表 4-6　曲轴位置传感器各端子间电阻

| 端子 | 测量条件 | 电阻值/Ω |
|---|---|---|
| $G_1 - G_-$ | 冷态 | 125~200 |
| | 热态 | 160~235 |
| $G_2 - G_-$ | 冷态 | 125~200 |
| | 热态 | 160~235 |
| $Ne - G_-$ | 冷态 | 155~250 |
| | 热态 | 190~290 |

2) 检查曲轴位置传感器的输出信号。拔下曲轴位置传感器上的插接器，当发动机运转时，用万用表的电压档检测曲轴位置传感器上 $G_1 - G_-$、$G_2 - G_-$、$Ne - G_-$ 端子间是否有电压脉冲信号输出。如果没有电压脉冲信号输出，则应更换曲轴位置传感器。

3) 检查感应线圈与正时转子的间隙。用塞尺测量正时转子与感应线圈凸出部分的空气间隙，其标准间隙为 0.2~0.4mm，如图 4-29 所示。若间隙不在规定范围，则应调整或更换分电器总成。

**2. 大众车系磁脉冲式曲轴位置传感器**

大众轿车使用轮齿磁脉冲式曲轴位置传感器 G28，用它检测发动机曲轴转角和活塞上止点，并将检测信号及时输入发动机电子控制单元，用以控制点火时刻和喷油正时，同时也用于测量发动机的转速。

(1) 结构　磁脉冲式传感器用螺钉固定在发动机缸体上，由传感器磁头、齿缺、信号转子和插接器插头组成，如图 4-30 所示。线圈即为信号线圈，永磁铁上带有一个磁头，磁头与信号转子相对安装，磁头与导磁板连接构成导磁回路。在信号转子的圆周上均匀制有 58 个凸齿、57 个小齿缺和 1 个大齿缺，大齿缺输出基准信号，对应 1 缸或 4 缸上止点前一定角度。大齿缺所占的弧度相当于 2 个凸齿和 3 个小齿缺所占的弧度，所以每个凸齿和小齿缺所占的曲轴转角均为 3°，大齿缺所占的曲轴转角为 15°。

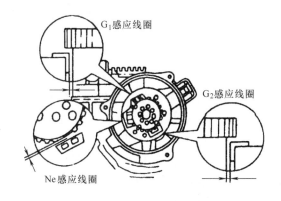

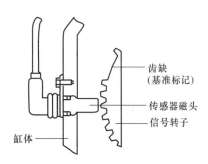

图 4-29 感应线圈与正时转子的间隙检查

图 4-30 曲轴位置传感器的结构

(2) 原理 当信号转子凸齿的中心线与磁头对正时,磁通的变化率为零,在线圈中的感应电动势为零;当信号转子的凸齿离开磁头时,磁通量减少,感应电动势为负值;而当信号转子的凸齿接近磁头时,凸齿与磁头间的气隙减小、磁通量增多,感应电动势为正值。可知,信号转子每转过一个凸齿,传感线圈中就产生一个交变电动势,即一个最大值和一个最小值,感应线圈即输出一个交变电压信号。信号转子上的大齿缺转过磁头时,输出一个宽脉冲信号,该信号对应 1 缸或 4 缸上止点前一定角度。ECU 接收到宽脉冲信号时,再根据凸轮轴位置传感器输入的信号最终判定是 1 缸还是 4 缸在上止点前。信号转子上有 58 个凸齿,所以信号转子每转一圈,传感器线圈就产生 58 个交变电压信号,并输入 ECU,作为计算曲轴转速和曲轴转角的依据。

在发动机运行中,当曲轴位置传感器出现故障时,会导致信号中断,发动机立即熄火,这时电子控制单元可以诊断到故障并进行存储。利用 V. A. G1551 或 V. A. G1552 故障诊断仪,通过故障诊断插座可以读取故障信息。对于曲轴位置传感器的检测,主要测量各端子间电阻、信号转子凸齿与磁头间间隙等。

(3) 电路连接 曲轴位置传感器与 ECU 的电路连接如图 4-31 所示。端子 1 为转速与转角的正极,与 ECU 的 56 号端子相连;端子 2 为转速与转角的负极,与 ECU 的 63 号端子相连;3 号端子为屏蔽线端子,与 ECU 的 67 号端子相连。

(4) 测量

1) 检查曲轴位置传感器的电阻。曲轴位置传感器与 ECU 的电路连接如图 4-31 所示,关闭点火开关,拔下传感器插接器插头,检查传感器上 1 号与 2 号端子间电阻,应为 450~1000Ω。若电阻为无穷大,说明信号线圈存在断路,应更换传感器。检查传感器上 1 号或 2 号端子与屏蔽线 3 号端子之间的电阻,阻值应为无穷大,如果电阻不是无穷大,则应更换传感器。

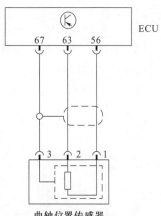

图 4-31 曲轴位置传感器与 ECU 的电路连接

2) 检查传感器与 ECU 之间的连接线束。分别检查 1 号与 56 号端子、2 号与 63 号端子、3 号与 67 号端子间的电阻值,应不超过 1.5Ω。如果电阻为无穷大,则说明存在导线断路或接触不良,需进行维修。

3)检查信号转子与磁头间间隙。用塞尺检查信号转子与磁头间间隙,标准值为0.2~0.4mm。若有变化,需进行调整。

**3. 日产车系磁脉冲式曲轴位置传感器**

(1) 结构　日产车系的轮齿磁脉冲式曲轴位置传感器由轮齿式信号盘、磁头、线圈、脉冲成形电路、插接器等组成,如图4-32所示。它安装在曲轴前端的带轮之后。在带轮后端有一个带细齿的薄齿盘,即信号盘。信号盘和曲轴带轮一起安装在曲轴上,与曲轴一起旋转。在信号盘的外缘,沿圆周每隔4°加工1个齿,共90个齿。此外,每隔120°布置1个凸缘,共3个。安装在信号盘边沿的传感器盒是产生信号的发生器,在内部有3个绕有线圈的永磁铁磁头,其中磁头A和磁头C共同产生曲轴1°信号,磁头B产生120°信号。磁头A和磁头C对着信号盘的齿圈,磁头A相对于磁头C间隔3°曲轴转角位置。磁头B对着信号盘的120°凸缘。信号发生器内有信号形成与放大电路,外部有四孔插接器,1号端子为120°信号输出,2号端子为信号形成与放大电路的电源孔,3号端子为1°信号输出线,4号端子为搭铁线。通过插接器将曲轴位置传感器的感应信号输入电子控制单元。

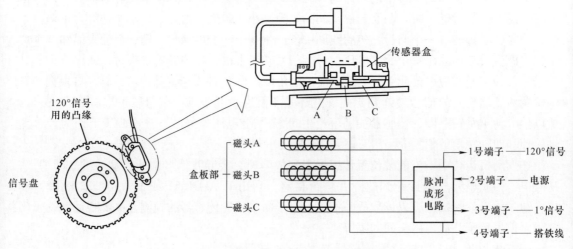

图4-32　轮齿磁脉冲式曲轴位置传感器

(2) 原理　发动机运转时,信号盘的齿和凸缘切割磁场的磁感线,使绕在永磁铁上的感应线圈产生感应电动势,经滤波整形后,形成脉冲信号,如图4-33所示。曲轴每转一圈,在磁头B上产生120°脉冲信号,在磁头A和C上交替各产生90个脉冲信号。

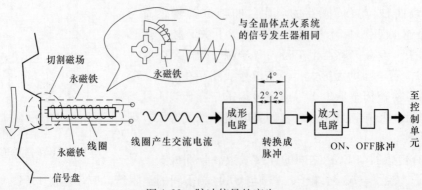

图4-33　脉冲信号的产生

因为磁头 A 和 C 相隔 3°，而磁头 A 和 C 又都是每隔 4°产生一个脉冲信号，所以磁头 A 和 C 产生的脉冲信号实际上存在 90°相位差。将这两个信号送入信号形成与放大电路合成信号，即产生曲轴 1°转角信号，如图 4-34 所示。

产生 120°信号的磁头 B 安装在上止点前 70°的位置，如图 4-35 所示。该信号也叫作上止点前 70°信号，即发动机在运转时，各缸上止点前 70°均由磁头 B 产生一个脉冲信号。

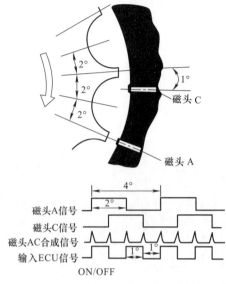

图 4-34　曲轴 1°转角信号产生原理

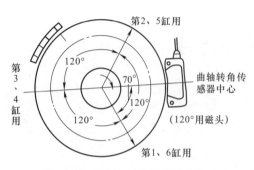

图 4-35　磁头 B 与曲轴的位置关系

**4. 别克车系磁脉冲式曲轴位置传感器**

别克轿车有两种类型曲轴位置传感器，分别为 24X 曲轴位置传感器和 7X 曲轴位置传感器。其中 7X 曲轴位置传感器属于磁脉冲式曲轴位置传感器，是利用磁感应原理制成的。它的主要作用是测定发动机高速运转时曲轴的位置和发动机的转速。

（1）结构　7X 曲轴位置传感器的信号盘铸在曲轴上的一个特殊的轮上，有 7 个加工的切槽，其中 6 个槽以 60°间隔均匀分布，第 7 个槽距离前一个槽为 10°，如图 4-36 所示。

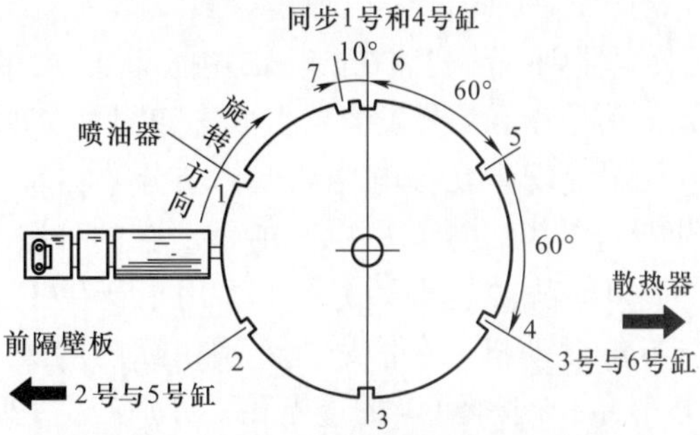

（2）原理　当发动机转动时，7X 曲轴位置传感器的信号盘的齿和凸缘引起通过信号发生器中感应线圈的磁场发生变化，从而在感应线圈里产生交变的电动势，经滤波整形后，即变成脉冲信号。此脉冲信号输入 ECU 后，ECU 用来计算曲轴位置和发动机转速。

图 4-36　7X 曲轴位置传感器的信号盘结构

（3）检测

1）检测电阻值。关闭点火开关，拔下 7X 曲轴位置传感器的 2 芯插头。用万用表电阻档测量曲轴位置传感器的电阻值，应在 800～1000Ω 之间。

2)检测脉冲信号。将传感器拆下,用一根铁棒或一块永磁铁迅速靠近或者离开传感器,同时用万用表测量两接线柱之间有无脉冲感应电压的产生。如没有感应电压或感应电压很微弱,说明传感器有故障,应更换。

3)检测线束导通性。关闭点火开关。分别拔下点火控制模块上的3芯插头和7X曲轴位置传感器的2芯插头。用万用表电阻档测量点火控制模块上3芯插头的A端子与传感器2芯插头的A端子之间的电阻值,如图4-37a所示。用万用表电阻档测量ICM上3芯插头的C端子与传感器2芯插头的B端子之间的电阻值,如图4-37b所示。所测阻值均应小于0.5Ω。

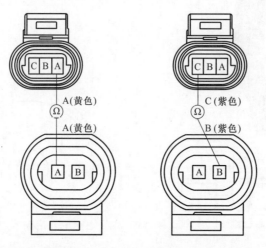

a) 测量A-A端子间的电阻值    b) 测量C-B端子间的电阻值

图4-37 检测7X曲轴位置传感器的线束导通性

## 三、光敏式曲轴位置传感器

### 1. 结构

光敏式曲轴位置传感器一般安装在分电器内(无分电器则一般安装在凸轮轴左前部),由带缝隙、光孔的信号盘和信号发生器组成,如图4-38所示。

信号盘安装在分电器轴上,与分电器轴一起随曲轴转动,其结构如图4-39所示。它的外围均匀分布着360条缝隙(即透光孔),用于产生1°信号。对于6缸发动机,在信号盘外围稍靠内的圆上,均匀分布着6个间隔60°的透光孔,分别产生120°曲轴转角信号,其中有一个较宽的光孔是用于产生第1缸上止点对应的120°信号缝隙。

信号发生器安装在分电器壳体上,它由2只发光二极管、2只光电二极管和电子电路组成,如图4-40所示。2只发光二极管分别正对着2只光电二极管,信号盘在发光二极管和光电二极管之间。

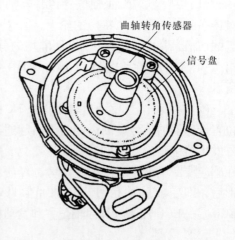

图4-38 光敏式曲轴位置传感器的安装位置

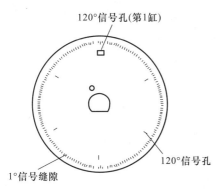

图 4-39 信号盘的结构

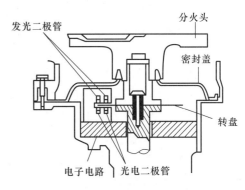

图 4-40 信号盘发生器的结构

## 2. 工作原理

光敏式曲轴位置传感器是利用发动机曲轴运转带动分电器轴和信号盘转动，使发光二极管发出的光线通过信号盘（边缘刻有小孔），产生交替变化的透光和遮光，从而使光电二极管导通与截止产生脉冲电压信号的原理制成的。

当信号发生器中的发光二极管的光束通过信号盘的小孔照射到与其正对面的光电二极管上时，光电二极管感光导通产生电压信号；当发光二极管的光束被信号盘遮挡时，光电二极管截止，产生的电压为零，如图 4-41 所示。因为信号盘边缘刻有 360 个小孔，所以信号盘每旋转一圈将产生 360 个脉冲电压信号，其中一个脉冲信号代表曲轴 2°转角（分电器转一周，曲轴转 2 周即曲轴转 720°），其中一个脉冲信号又由一个高电压信号（光电二极管导通时产生的）和一个零电压信号（光电二极管截止时产生的）组成，因此它们便分别代表曲轴 1°转角。120°转角产生的原理相同，由小孔里面的 6 个光孔产生，产生的信号表示活塞位于上止点位置时的曲轴位置。将光电二极管产生的脉冲电压信号经电子电路放大后，便向 ECU 输入曲轴转角的 1°信号和 120°信号。由于信号发生器安装位置的关系，120°信号并不是指在活塞上止点时的曲轴位置，而是在活塞上止点前 70°的曲轴位置。

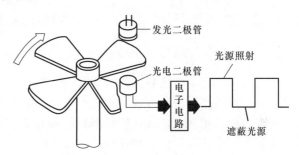

图 4-41 光敏式信号发生器的工作原理

## 3. 连接电路

如图 4-42 所示是日产千里马轿车曲轴位置传感器与 ECU 的连接电路。

## 4. 检测

以日产千里马轿车的曲轴位置传感器为例对曲轴位置传感器的检测方法进行介绍，电路图如图 4-42 所示。

（1）检查电源电压　接通点火开关，测量端子 a 与搭铁线之间的电压，正常时应为蓄电池电压。如电压正常，则应进一步检查输入信号。

（2）检查 ECU 与传感器之间的导线导通情况　关闭点火开关，拔下传感器接线器，拆下 ECU、SMJ 接线器，检查 ECU 接线器 49 号、59 号端子与端子 a 之间是否导通，正常时应导通,即所测阻值小于 1.5Ω。

(3) 检查输入信号 起动发动机,用万用表或示波器检查 ECU 端子 41 号、51 号(120°信号端子)及 42 号、52 号端子(1°信号端子)的信号。正常时应有脉冲信号,如无脉冲信号或脉冲信号缺损,则需更换传感器。

(4) 检查 ECU 与传感器之间的导线和接线器的导通情况 发动机熄火,拔下传感器和 ECU、SMJ 的接线器,检查 ECU 接线器 41 号、51 号端子与端子 b、42 号、52 号端子与端子 c 间是否导通,正常时应导通。若导通正常,则应继续检查曲轴位置传感器;若不通,则应修理或更换配线或接线器。

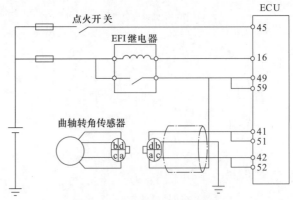

图 4-42 日产千里马轿车曲轴位置传感器与 ECU 的连接电路

(5) 检查搭铁回路 熄火,断开传感器和 ECU、SMJ 的接线器,检测端子 d 与搭铁间是否导通,正常时应导通,如不通,则应检测配线或接线器。

## 四、霍尔式曲轴位置传感器

霍尔式曲轴位置传感器是利用霍尔效应产生与曲轴转角相对应的电压脉冲信号的原理制成的。曲轴位置传感器分为触发叶片式和触发轮齿式两种。

霍尔效应:把一块金属或半导体薄片垂直放在磁感应强度为 $B$ 的磁场中,沿着垂直于磁场方向通过电流 $I_C$,会在薄片的另一对侧面间产生电动势 $U_H$,如图 4-43 所示。所产生的电动势称为霍尔电动势,这种薄片(一般为半导体)称为霍尔片或霍尔元件。

**1. 触发叶片式霍尔曲轴位置传感器**

(1) 结构 触发叶片式霍尔曲轴位置传感器主要由触发叶轮、霍尔集成电路、磁轭(导磁钢片)和永磁铁组成,如图 4-44 所示。而集成电路又由霍尔元件、放大电路、稳压电路、温度补偿电阻、信号变换电路和输出电路组成。触发叶轮安装在转子轴上,随转子轴一起转动,叶轮上制有叶片;当曲轴带动转子轴转动时,触发叶轮随其一起转动,叶片便在霍尔集成电路与永磁铁之间转动。

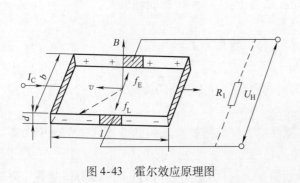

图 4-43 霍尔效应原理图

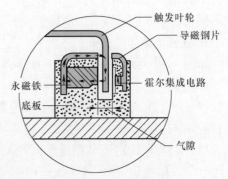

图 4-44 触发叶片式霍尔曲轴位置传感器的结构

（2）工作原理　触发叶片式霍尔曲轴位置传感器工作原理如图4-45所示。

当曲轴转动并带动转子轴转动时，触发叶轮随转子轴一起转动，触发叶轮的叶片便从霍尔集成电路与永磁铁之间的气隙中转过。

当叶片进入气隙时，霍尔集成电路中的磁场被叶片旁路，如图4-45a所示。此时霍尔元件产生的霍尔电压为零，集成电路输出极的晶体管截止，传感器输出一个高电平信号电压$U_0$。

当叶片离开气隙时，永磁铁的磁通便经过霍尔集成电路和导磁钢片构成回路，如图4-45b所示。此时霍尔元件产生霍尔电压$U_H$，霍尔集成电路输出极的晶体管导通，传感器输出一个低电平电压信号$U_0$。

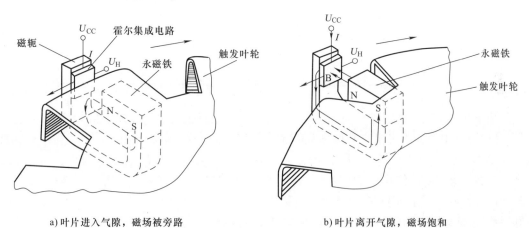

a）叶片进入气隙，磁场被旁路　　　b）叶片离开气隙，磁场饱和

图4-45　霍尔曲轴位置传感器工作原理

ECU便根据输入的脉冲信号计算出曲轴的转角及活塞上止点位置，从而对发动机的点火和喷油时刻进行控制。

**2. 触发轮齿式霍尔曲轴位置传感器**

（1）结构　触发轮齿式霍尔曲轴位置传感器一般都是由霍尔信号发生器和信号转子两个基本元件组成。但不同车系的触发轮齿式霍尔曲轴位置传感器会略有差别，图4-46所示是大众汽车上的触发轮齿式霍尔曲轴位置传感器。

（2）工作原理　为了更好地说明触发轮齿式霍尔曲轴位置传感器的工作原理，以北京切诺基吉普的触发轮齿式霍尔曲轴位置传感器为例对此种类型的传感器结构原理进行进一步介绍。

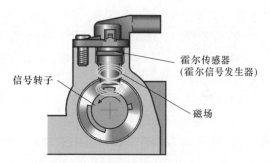

图4-46　大众汽车上的触发轮齿式霍尔曲轴位置传感器

北京切诺基吉普的触发轮齿式霍尔曲轴位置传感器的结构如图4-47所示。4缸发动机所用的曲轴位置传感器与6缸发动机所用的略有差异。

在2.5L 4缸发动机的飞轮上有8个槽，分为2组，4个槽为一组，2组相隔180°，每组中的每个槽相隔20°。在4.0L 6缸机的飞轮上有12个槽,4个槽为一组,分为3组,每组相隔120°,每组中的每个槽也相隔20°。

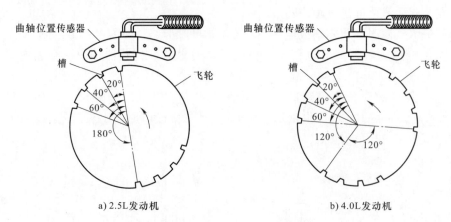

图4-47 切诺基吉普霍尔曲轴位置传感器的结构

当切诺基吉普飞轮的凹槽(飞轮为信号转子)通过传感器的信号发生器时,霍尔传感器向外输出5V高电位;当飞轮凹槽间的金属凸齿与传感器信号发生器成一直线时,霍尔传感器输出0.3V低电位。每当飞轮从一个凸齿转到另一个凸齿经过传感器信号发生器时,传感器便产生一个高低电位脉冲信号。当飞轮上的每组齿槽通过传感器信号发生器时,传感器将产生4个脉冲信号。4缸发动机每转一周产生两组脉冲信号,6缸发动机飞轮每转一周传感器产生三组脉冲信号。ECU根据传感器输入的脉冲信号即可计算出曲轴的位置及发动机的转速。

与此同时,传感器提供的每组脉冲信号可被ECU用来确定两缸活塞的位置。例如,在4缸发动机上,利用一组脉冲信号,可知1缸活塞和4缸活塞接近上止点;利用另一组脉冲信号,可知2缸活塞和3缸活塞接近上止点。同样,在6缸发动机上,利用一组脉冲信号,在同一时间内可知1缸与6缸、2缸与5缸、3缸与4缸活塞接近上止点。由于信号盘与霍尔位置传感器的信号发生器的位置关系,ECU从接收每一组脉冲信号的第一个脉冲信号的上升沿开始,能确定有两缸的活塞正在向上止点运动,6缸发动机也一样。由于第4个脉冲信号的下降沿与活塞位于上止点前4°位置相对应,ECU根据一组脉冲信号的第一个脉冲信号的下降沿,就能确定正在向上止点运动的两个活塞的位置,但不能确定是哪个缸的活塞,也不能对这两个缸的工作行程进行判断,所以还需要一个气缸判断信号,即还需要一个同步信号发生器。

(3)连接电路 图4-48所示为切诺基吉普霍尔式曲轴位置传感器与ECU的连接电路。

(4)测量 以切诺基吉普霍尔式曲轴位置传感器为例,介绍霍尔式曲轴位置传感器的检测方法。

切诺基吉普霍尔式曲轴位置传感器与线束插头为3端子插头,插头上有A、B、C 3个端子,如图4-49所示。A端子为电源端子,连接ECU插座7号端子;B端子为信号输出端子,连接ECU插座24号端子;C端子为搭铁端子,连接ECU插座4号端子,如图4-48所示。曲轴位置传感器的检测方法如下:

1)检测传感器电压

① 检测传感器电源电压。将点火开关置于ON位置,用万用表电压档测量ECU侧7号端子与4号端子间的电压,应为8V;测量传感器接头端子A与C间的电压,其值也应为

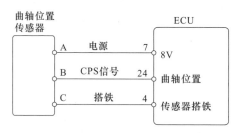

图 4-48 切诺基吉普曲轴位置
传感器与 ECU 的连接电路

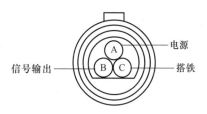

图 4-49 切诺基吉普霍尔式
曲轴位置传感器接头端子

8V，否则为电源线断路或接头接触不良。

② 检测传感器输出信号电压。用万用表的电压档对传感器的 A、B、C 3 个端子间的电压进行测试。当点火开关置于 ON 位置时，A－C 端子间的电压值应为 8V；发电机转动时，B－C 端子间的电压值应在 0.3～5V 变化，且数值显示应呈脉冲性变化，最高电压为 5V，最低电压为 0.3V。若无脉冲电压或电压值不在此范围内，则应更换曲轴位置传感器。

2）检测传感器端子电阻。将点火开关置于 OFF 位置；拔下曲轴位置传感器导线插接器，用万用表电阻档测量端子 A－B 或 A－C 间的电阻值，此时万用表应显示∞（开路）。若指示有电阻，则应更换曲轴位置传感器。

 **你学会了吗？**

1. 曲轴位置传感器有什么作用？
2. 曲轴位置传感器安装在什么地方？
3. 曲轴位置传感器主要有有哪些类型？
4. 磁脉冲式曲轴位置传感器由什么组成，是怎样工作的，与 ECU 的电路如何连接，怎样检测？
5. 光敏式曲轴位置传感器由什么组成，是怎样工作的，与 ECU 的电路如何连接，怎样检测？
6. 霍尔式曲轴位置传感器由什么组成，是怎样工作的，与 ECU 的电路如何连接，怎样检测？

## 第 27 天　凸轮轴位置传感器

 **学习目标**

1. 了解凸轮轴位置传感器的作用。
2. 了解凸轮轴位置传感器的类型。
3. 掌握磁电式凸轮轴位置传感器、霍尔式凸轮轴位置传感器、磁阻元件式凸轮轴位置传感器的结构、工作原理、与 ECU 的连接电路和检测方法。

## 一、凸轮轴位置传感器

凸轮轴位置传感器（CMP），又称为凸轮轴转角传感器、相位传感器、同步信号传感器、缸位传感器（CYP）、气缸识别传感器（CIS）、气缸位置传感器（CPS），有的车上还称为1缸上止点传感器（No.1 TDC）。

凸轮轴位置传感器的作用主要是检测凸轮轴位置和转角，从而确定第1缸活塞的压缩上止点位置。在起动时，发动机 ECU 根据凸轮轴位置传感器和曲轴位置传感器提供的信号，识别出各个气缸活塞的位置和冲程，控制燃油喷射顺序和点火顺序，进行准确的喷油和点火控制。

按照工作原理不同，凸轮轴位置传感器可以分为磁电式凸轮轴位置传感器、光敏式凸轮轴位置传感器、霍尔式凸轮轴位置传感器、磁阻元件式凸轮轴位置传感器。

## 二、磁电式凸轮轴位置传感器

### 1. 结构

丰田 K3-VE 发动机使用的是三销磁电式凸轮轴位置传感器，安装于发动机1号进气凸轮轴前端。因为该机型配备可变气门系统，所以凸轮轴位置传感器要进行气缸识别和检测 VVT-i 提前角的值两项功能。其安装位置如图4-50所示。

### 2. 工作原理

1号进气凸轮轴上的前端设置有3个正时销，分别代表60°、180°、360°曲轴转角。根据正时销的输出信号，ECU 进行实际凸轮轴位置的检测和气缸识别。凸轮轴转动时，正时销与凸轮转角传感器间气隙发生变化，从而改变通过凸轮转角传感器的磁通量，凸轮轴每转动一圈产生3个脉冲，输出波形如图4-51所示。根据来自曲轴位置传感器信号，1号凸轮轴相位被检测，根据这个相位，可变气门正时控制器发挥作用。

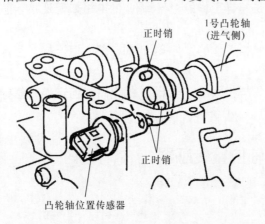

图4-50 磁电式凸轮轴位置传感器安装位置

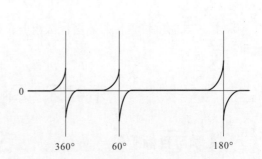

图4-51 凸轮转角传感器输出波形

### 3. 连接电路

丰田 K3-VE 发动机凸轮轴位置传感器与 ECU 的连接电路如图4-52所示。

### 4. 检测

（1）电阻检测 冷态时（传感器温度为 -10~50℃），凸轮轴位置传感器电阻为835~

1400Ω；热态时（传感器温度为50~100℃），凸轮轴位置传感器电阻为1060~1645Ω。

（2）解码器检查  利用DS-21诊断测试仪进行检测，如果凸轮轴位置传感器损坏或相关线路出现故障，则会出现故障码P0340或闪码14。其原因可能有凸轮轴位置传感器故障、凸轮轴位置传感器线路开路或短路、ECU故障。

（3）示波器检测  连接示波器，其输出波形应与图4-51相同。

### 三、霍尔式凸轮轴位置传感器

**1. 触发叶片型霍尔式凸轮轴位置传感器**

（1）结构  触发叶片型霍尔式凸轮轴位置传感器安装在发动机进气凸轮的一端，其结构如图4-53所示。它主要由霍尔传感器和信号转子组成，被广泛应用于大众轿车上。

信号转子或叫作触发叶轮，安装在进气凸轮上，用螺栓和座圈固定。信号转子的隔板又叫作叶片，在隔板上有一个窗口，窗口对应产生的信号为低电平信号，隔板对应产生的信号为高电平信号。霍尔传感器主要由集成电路、永磁铁和导磁片组成。

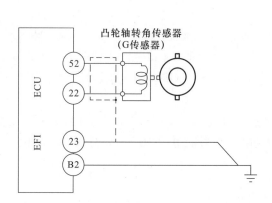

图4-52  凸轮轴位置传感器与ECU的连接电路

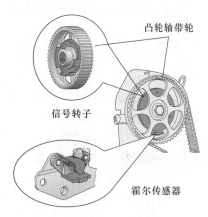

图4-53  触发叶片型霍尔式凸轮轴位置传感器

（2）工作原理  霍尔元件与永磁铁之间有1mm的间隙，当信号转子随进气凸轮轴一同转动时，隔板和窗口从集成电路与永磁铁之间的间隙中转过。当信号转子的隔板进入间隙时，霍尔集成电路中的磁场被旁路，霍尔元件上没有磁力线穿过，霍尔电压为零，集成电路输出极晶体管截止，传感器输出的信号电压为高电位，约4.0V；当信号转子的隔板离开间隙时，永磁铁的磁通经导磁片与霍尔元件集成电路构成回路，这时产生的霍尔电压约为2.0V，集成电路输出极晶体管导通，传感器输出的信号电压为0.1V，为低电位。

发动机工作时，曲轴位置传感器和凸轮轴位置传感器产生的信号不断输入ECU。当ECU同时接收到曲轴位置传感器大齿缺对应的低电位信号（15°）和凸轮轴位置传感器窗口对应的低电位信号时，可以识别出1缸活塞在压缩上止点、4缸活塞处于排气行程，并根据曲轴位置传感器小齿缺对应输出的信号控制点火提前角。由于凸轮轴位置传感器与曲轴位置传感器同时输出信号，凸轮轴位置传感器信号作为判缸信号，因此凸轮轴位置传感器也称作同步信号传感器。

（3）电路连接  霍尔式凸轮轴位置传感器与ECU的连接电路如图4-54所示。该传感器

G40 导线插接器有 3 个接线端子，1 号为传感器电源正极端子；2 号为传感器信号输出端子；3 号为传感器电源负极端子。这 3 个端子分别与 ECU 的 62 号、76 号和 67 号端子相连。

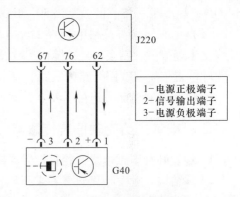

图 4-54 霍尔式凸轮轴位置传感器与 ECU 的连接电路

(4) 检测 当凸轮轴位置传感器出现故障时，ECU 可以检测到故障信息，使用 V.A.G1551 或 V.A.G1552 故障诊断仪可以读取传感器的故障码。故障码显示出凸轮轴位置传感器有故障时，可以用万用表检查传感器电源电压和导线电阻进行故障的判定和排除。

1) 检测传感器电源电压。断开点火开关，拔下传感器导线插接器插头，用万用表的正、负表笔分别与插接器 1 号与 3 号端子相连接，接通点火开关时，电压应为 4.5V 以上。若电压为零，说明线束存在断路、短路或 ECU 有故障；当断开点火开关后，应继续检查导线是否存在断路或短路。

2) 检测导线电阻。用万用表的电阻档检查传感器的 1 号端子与 ECU 的 62 号端子、传感器的 2 号端子与 ECU 的 76 号端子、传感器的 3 号端子与 ECU 的 67 号端子之间的电阻值，各导线间电阻值应不大于 1.5Ω。若电阻过大或为无穷大，则说明线束接触不良或导线断路，应进行维修或更换线束。

再用万用表电阻档继续检查传感器插接器 1 号端子与 2 号和 3 号端子间的电阻，或检查 ECU 的 62 号端子与 76 号和 67 号端子间的电阻，测得的电阻均应为无穷大。若阻值不是无穷大，则说明导线存在短路，应进行更换。

**2. 触发轮齿型霍尔式凸轮轴位置传感器**

(1) 结构 触发轮齿型霍尔式凸轮轴位置传感器由双轨信号转子轮和霍尔传感器组成，如图 4-55 所示。

信号转子轮有两条并排轨道，并存在一定的距离。信号转子轮上的轨道 1 和轨道 2 交错分布着齿。霍尔传感器内有两个并排霍尔元件，分别是霍尔元件 1 和霍尔元件 2，被称为差分霍尔传感器。轨道 1 与霍尔元件 1 对应产生一组信号，同样，轨道 2 与霍尔元件 2 对应产生另一组信号。

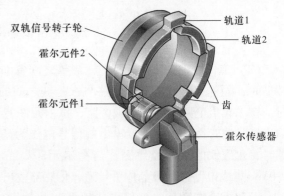

图 4-55 触发轮齿型霍尔式凸轮轴位置传感器结构

(2) 工作原理 双轨信号转子轮安装在进气凸轮轴的一端，随进气凸轮轴一起转动。发动机工作过程中，当双轨信号转子轮轨道 1 的齿转到霍尔元件 1 时，霍尔元件 1 产生一个高电平信号，霍尔元件 2 产生一个低电平信号，如图 4-56a 所示。同理，当双轨信号转子轮轨道 2 的齿转到霍尔元件 2 时，霍尔元件 2 产生一个高电平信号，霍尔元件 1 产生一个低电平信号，如图 4-56b 所示。因为霍尔传感器的两个霍尔元件是总是产生不同的信号。ECU 通过比较两个信号，能够识别凸轮轴的位置及 1 缸活塞位置。

(3) 电路　触发轮齿型霍尔式凸轮轴位置传感器与 ECU 连接电路如图 4-57 所示。

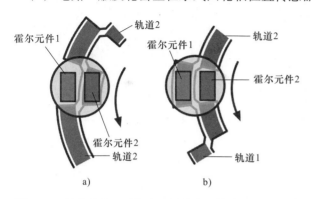

图 4-56　触发轮齿型霍尔式凸轮轴位置传感器工作原理

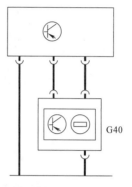

图 4-57　触发轮齿型霍尔式凸轮轴位置传感器与 ECU 连接电路

(4) 检测　触发轮齿型霍尔式凸轮轴位置传感器的检测与触发叶片型霍尔式凸轮轴位置传感器的检测一样，不再赘述。

### 四、磁阻元件式凸轮轴位置传感器

磁阻效应是指半导体材料的电阻值随与电流相同或垂直方向的磁场强弱而变化的现象。在一个长方形半导体元件的两端面通电，在无磁场时，电流电极间的电阻值取最小电流分布。当长方形元件处于磁场中时，由于两电极间的电流路径因磁场作用而加长，从而使电极间的电阻值增加。利用磁阻效应，可实现磁和电向电阻的转换。对于非铁磁性物质，外加磁场通常使电阻率增加，即产生正的磁阻效应，如图 4-58 所示。

**1. 结构**

磁阻元件式凸轮轴位置传感器由信号发生器、永磁铁和用树脂封装的信号处理电路的集成电路模块组成，如图 4-59 所示。

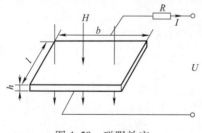

图 4-58　磁阻效应

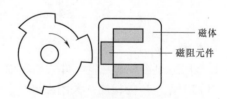

图 4-59　磁阻元件式凸轮轴位置传感器结构

**2. 工作原理**

当传感器的磁头正对转子凹槽时，磁力线向两侧的叶片分布构成闭合磁路，此时磁阻元件电阻较小，通过磁阻元件的磁力线较少，磁场强度较弱，且磁力线与磁阻元件成一定角度，如图 4-60a 所示，此时磁阻元件输出 5V 高电平信号；当磁阻传感器的磁头正对转子叶

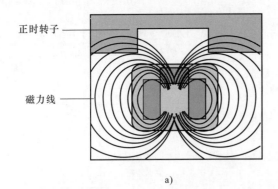
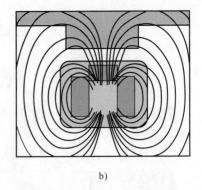

图 4-60 磁阻元件式凸轮轴位置传感器工作原理

片时,磁力线通过正对的叶片构成闭合磁路,此时磁阻元件电阻较大,通过磁阻元件的磁力线较多,磁场强度较强,且磁力线与磁阻元件垂直,如图 4-60b 所示,此时磁阻元件输出 0V 低电平信号。

随着转子的旋转,叶片的凸起与凹槽交替变化,引起通过磁阻元件的磁力线的强弱和角度发生改变。由于磁阻效应的作用,磁阻元件的电阻也发生变化,通过磁阻元件的电流也随之改变,这种电流的变化由信号放大电路、滤波电路和整形电路转换成二进制数字信号,并传给发动机 ECU。发动机 ECU 根据此信号判别进、排气凸轮轴位置。

**3. 连接电路**

丰田轿车上的磁阻元件式凸轮轴位置传感器与 ECU 的连接电路如图 4-61 所示。

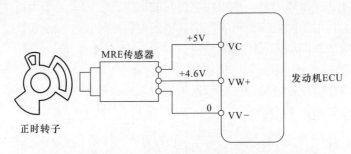

图 4-61 磁阻元件式凸轮轴位置传感器与 ECU 的连接电路

**4. 检测**

以丰田新皇冠车的磁阻元件式凸轮轴位置传感器检测为例,介绍其检测方法。

(1) 工作电压的检测 关闭点火开关,断开凸轮轴位置传感器,旋转点火开关至 ON 位置,用万用表检查 VC 端子与 VV- 之间的电压,应为 5V。若没有 5V 电压,则应分别检查与 ECU 间线路的连接情况。若线路正常,则发动机 ECU 有故障。

(2) 参考电压的检测 关闭点火开关,断开凸轮轴位置传感器,旋转点火开关至 ON 位置,用万用表检查 VV+ 端子与 VV- 之间的电压,应为 4.6V。若没有 4.6V 电压,则应检查 VV+ 与 ECU 间线路的连接情况。若线路正常,则发动机 ECU 有故障。

(3) 波形检测 在线路正常连接的情况下,使发动机运转,用示波器检测输出信号,其标准波形如图 4-62 所示。

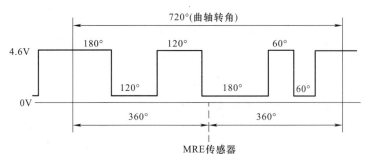

图 4-62 磁阻元件式凸轮轴位置传感器输出的标准波形

你学会了吗？

1. 凸轮轴位置传感器有什么作用？
2. 凸轮轴位置传感器主要有哪些类型？
3. 磁电式凸轮轴位置传感器由什么组成，是怎样工作的，与 ECU 的电路如何连接，怎样检测？
4. 霍尔式凸轮轴位置传感器由什么组成，是怎样工作的，与 ECU 的电路如何连接，怎样检测？
5. 磁阻元件式凸轮轴位置传感器由什么组成，是怎样工作的，与 ECU 的电路如何连接，怎样检测？

## 第28天　液位传感器

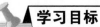学习目标

1. 了解液位传感器的作用。
2. 了解液位传感器的安装位置。
3. 了解液位传感器的类型。
4. 掌握浮子舌簧开关式液位传感器、浮子可变电阻式液位传感器、热敏电阻式液位传感器、电容式液位传感器、半导体型液位传感器、电极式液位传感器、尿素溶液液位传感器的结构、工作原理、连接电路和检测方法。

### 一、液位传感器

**1. 作用**

液位传感器是用来检测各种液体的高度位置，作为仪表指示、警告的输入信号。汽车上使用的液位传感器分模拟输出式和开关式两类。模拟输出式液位传感器主要用于检测燃油箱油量，有浮子式、电热式、电容式液位传感器；开关输出式液位传感器用于测量制动液液位、清洗液液位、冷却液液位，在液位减少到一定值时，产生开关接通、闭合转换，这种传感器有热敏电阻式、浮子式和舌簧开关式三种。

**2. 安装位置**

液位传感器安装于燃油箱（燃油液位传感器）、制动液罐（制动液液位传感器）、洗涤器（洗涤液液位传感器）、散热器储液罐（冷却液液位传感器）、油底壳（机油液位传感器）等处，以测量各种液体的储存量。

## 二、浮子舌簧开关式液位传感器

**1. 结构**

浮子舌簧开关式液位传感器由树脂圆管制成的轴和可沿其上下移动的环状浮子组成，如图4-63所示。在管状轴内装有舌簧开关（强磁性材料制成的触点），浮子内嵌有永磁铁。舌簧开关内部是一对很薄的触点，随浮子位置不同，触点闭合或断开，以此判定液量多于规定值还是少于规定值。

**2. 工作原理**

浮子舌簧开关式液位传感器的连接电路如图4-64所示。

当液位达到规定值时，浮子上升到规定值，没有磁力线穿过舌簧开关内的磁体，在舌簧本身的弹力作用下，舌簧开关的两触点打开，电路断开，警告灯熄灭。同时警告灯不亮表示液位在正常位置，符合要求。浮子舌簧开关式液位传感器的工作原理如图4-65所示。

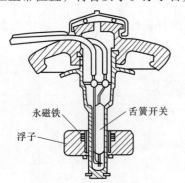

图4-63 浮子舌簧开关式液位传感器结构

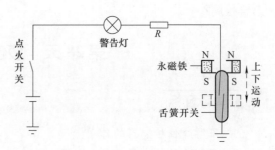

图4-64 浮子舌簧开关式液位传感器的连接电路

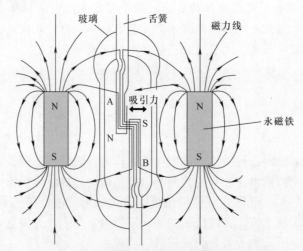

图4-65 浮子舌簧开关式液位传感器的工作原理

## 3. 连接电路

制动液液位报警系统的电路如图 4-66 所示。

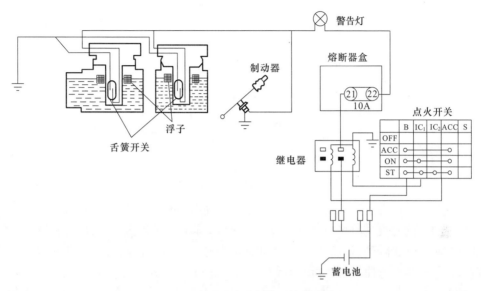

图 4-66 制动液液位报警系统的电路

## 4. 检测

浮子舌簧开关式液位传感器的常见故障是浮子损坏、舌簧开关弹性丧失不能工作。一般用万用表测量传感器的两接线端子电阻，当浮子上下移动时，确认开关是否随之通断变化。当浮子向下移动时，两端子电阻应为 $0\Omega$，说明导通；当浮子向上移动时，两端子电阻应为 $\infty$，说明不导通。若不符合这两点要求，则说明液位传感器已损坏，应当更换。

## 三、浮子可变电阻式液位传感器

### 1. 结构

浮子可变电阻式液位传感器由浮子、内装滑动电阻的电位器以及连接浮子和电位器的浮子臂组成，其结构如图 4-67 所示。这种液位传感器的浮子可以随液位上、下移动，通过浮子的移动带动与其相连的浮子臂在滑动电阻上滑动，从而改变搭铁与浮子间的电阻值，即改变回路的电阻值。从而控制回路中的电流大小，在仪表上显示液位高低。

### 2. 工作原理

这里以汽车汽油油量表所使用的浮子可变电阻式液位传感器为例介绍浮子可变电阻式液位传感器的工作原理，如图 4-68

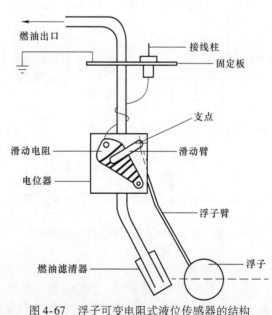

图 4-67 浮子可变电阻式液位传感器的结构

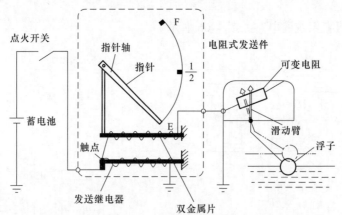

图 4-68 浮子可变电阻式液位传感器在汽油表中的应用

所示。仪表与浮子可变电阻式液位传感器串联,当油箱满时,浮子升到最高位置,滑动臂滑向低电阻方向,此时通过回路中的电流增大,使双金属片弯曲增大,指针指向 F 侧;当油箱内油量较少时,浮子降到较低的位置,滑动臂滑向高电阻方向,汽油表电路中的电流减小,仪表内双金属片稍有弯曲,指针指向 E 侧。

**3. 检测**

浮子可变电阻式液位传感器的检测如图 4-69 所示。用万用表测量浮子在不同位置时传感器插接器插头 1 号、3 号端子间的电阻。当 E 处电阻值大于 F 处电阻值,且从 E 到 F 的变化过程中电阻值连续变化时,说明传感器性能良好。

## 四、热敏电阻式液位传感器

**1. 结构**

热敏电阻式液位传感器由负温度系数的热敏电阻制成,它一般用在燃油报警系统中,如图 4-70 所示。

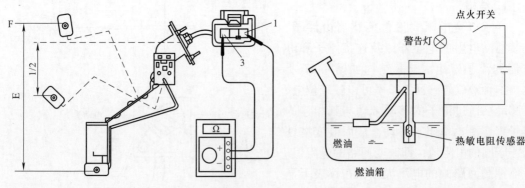

图 4-69 浮子可变电阻式液位传感器的检测　　图 4-70 热敏电阻式燃油报警回路

**2. 工作原理**

当点火开关在 ON 位置时,回路接通,热敏电阻上有电流通过,在电流的作用下,热敏电阻本身会发热。当燃油液面较高时,因为热敏电阻置于汽油中,热敏电阻被燃油冷却,所以热敏电阻的温度不会升高,如图 4-71a 所示;反之,当汽油量减少时,热敏电阻会慢慢暴露在空气中,其热量难以散发,所以热敏电阻的阻值会降低(它是负温度系数的热敏电阻)。当热敏电阻的阻值下降到一定值时,线路中流过的电流增大到可以使继电器触点闭合,从而使低油面警告灯发亮报警,如图4-71b所示。

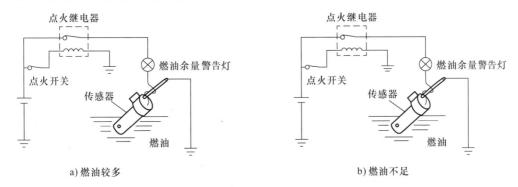

图4-71 热敏电阻式燃油液位传感器

驾驶人根据警告灯的亮、灭,可以知道燃油量的多少。

**3. 检测**

热敏电阻式液位传感器的检测方法如下:

(1)测量电阻 从上至下改变浮筒位置,检测燃油端子与搭铁端子间的电阻,其电阻值应符合标准规定值(表4-7)。

表4-7 标准规定值

| 浮筒的位置/mm | | 电阻值/Ω |
|---|---|---|
| F | 29.05±3 | 3±2.1 |
| 1/2 | 80.55±3 | 32.5±4.8 |
| E | 136.05±3 | 110±7.7 |

(2)检查警告灯 从燃油表上拔下连接插头,打开点火开关,将警告灯一端搭铁,这时警告灯应点亮。

(3)检查报警开关 取出燃油油量表的外壳,然后在报警端与搭铁端连接一个12V、3W的小灯泡作为警告灯,当接上蓄电池时,如图4-72a所示,警告灯应当亮。当将液位传感器放入水中时,如图4-72b所示,警告灯应该熄灭。

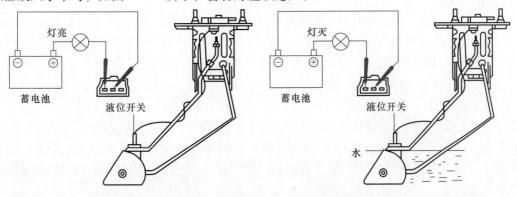

图4-72 热敏电阻式燃油液位传感器的检测

## 五、电容式液位传感器

电容式液位传感器常用于燃油、机油和冷却液液位的测量。将电容式传感器放入燃油或冷却液中,随着燃油或冷却液液面高度 $h$ 发生变化,因电容电极间的电介质的不同引起了电容的变化,而电容的变化引起了振荡周期的变化,通过计算振动频率,就能获知液面状态,如图4-73所示。

机油状态传感器是随时监控机油液位、机油品质、机油温度的传感器。下面以大众机油状态传感器为例,说明其构造和检测方法。

### 1. 结构

机油状态传感器 $G_1$ 安装于发动机油底壳上,该传感器由两个重叠安装的筒形电容器组成,如图4-74所示。

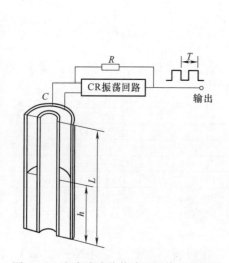

图4-73 电容式液位传感器的构造示意图

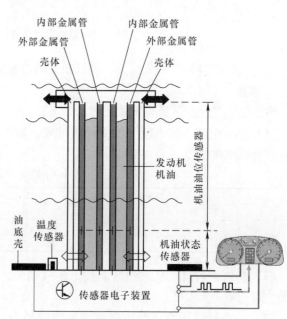

图4-74 构造原理示意图

### 2. 工作原理

如图4-74所示,两根金属管作为电容器电极嵌套安装在电极之间,发动机机油作为电介质。机油状态通过下面的传感器测得,作为电介质的机油因磨损碎屑不断增加以及添加剂的分解而使介电常数发生变化,相应的电容值将在传感器内的电子装置中被处理成数字信号,并作为发动机机油状态信息被传送给仪表ECU。机油液位传感器在状态传感器的上部,它测量机油液位这一部分的电容值,该电容值会随着机油液位的变化而发生变化,并由传感器电子装置处理成数字信号再传送到仪表ECU。在机油状态传感器的底座上装有一个铂温度传感器,该传感器检测机油温度,并将检测到的温度信号传送到仪表ECU,再输出到机油温度表显示。只要在输出信号端连续测量,即可测得机油液位、温度和发动机机油状态信号的变化。

### 3. 检测

机油状态传感器 $G_1$ 是一个三线式数字信号传感器，电路连接如图 4-75 所示。

（1）检测供给电源电压 用数字式万用表对传感器 1 号端子进行工作电压检测。用数字万用表直流 20V 档检测机油状态传感器 1 号端子，点火开关打开时，其电源端电压应是蓄电池电压。

（2）检测搭铁线 检测 2 号线与搭铁间电阻，正常值应为 0Ω，否则说明搭铁不正常。

（3）检测信号线参考电压 检测 3 号线信号电压应在 9.8～10.5V 范围内。在怠速时测量电压值应基本不变化。

（4）查询故障码 使用 V.A.G1551 可以查询故障码，若机油液位传感器本身或线路出现问题，会出现故障码 00562。

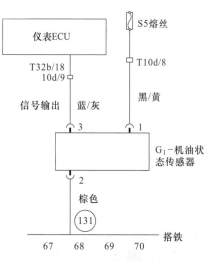

图 4-75 机油状态传感器电路连接

（5）波形检测 运用示波器对机油状态传感器输出端的信号进行波形分析，可以进一步确定该传感器信号特征。该信号是一个脉冲矩形方波信号。机油状态传感器波形如图 4-76 所示。

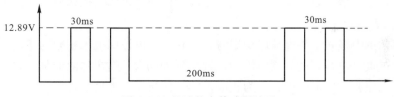

图 4-76 机油状态传感器波形

## 六、半导体型液位传感器

### 1. 连接电路

别克 G/GL/GS 系列轿车的传感器使用半导体型发动机冷却液液位传感器，其电路连接如图 4-77 所示。

### 2. 工作原理

当点火钥匙在"RUN"位置时，液位传感器的 B 端有蓄电池电压供给，传感器电极浸入发动机冷却液中，而发动机冷却液作为电介质被传感器电路视为电阻。发动机冷却液液位传感器的内部电路类似于晶体管的工作原理，液位传感器的 B 端"+"电压不仅是发动机冷却液液位警告灯电路的一部分，同时也是液位传感器的

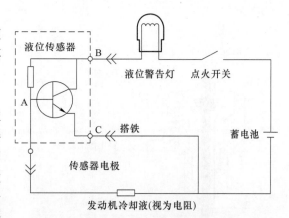

图 4-77 别克 G/GL/GS 系列轿车的半导体型发动机冷却液液位传感器电路连接

内部电路的工作电压，C 端为搭铁端。

当发动机冷却液液位正常时，发动机冷却液导电能力相对较强，电阻较小，根据分压原理，基极电位（A 点电位）较低，晶体管截止，液位传感器的内部电路将使 C 端处于开路状态，则液位警告灯不亮。反之，当发动机冷却液液位较低时，发动机冷却液电阻较大，根据分压原理，A 点电位较高，晶体管导通，液位传感器的内部电路使液位传感器的 B 端和 C 端导通，则液位警告灯点亮。

**3. 检测**

（1）测量电压　检测时，关闭点火开关，断开液位传感器接头。打开点火开关后，首先检测 B 端是否有蓄电池电压，再检查 C 端搭铁是否正常。如果不正常，则应检查线路。

（2）测量电阻　检查发动机冷却液液位传感器 B 端与 C 端的线路是否有短路现象。用万用表电阻档测量，在液位正常的情况下，传感器本体的 B、C 间不应导通，电阻为无穷大。拔出液位传感器，则 B、C 间应导通，电阻为零，检测时应注意表笔的正负极不要接反。

（3）检查线路　在发动机冷却液液位正常的情况下，发动机液位警告灯依旧点亮，此时应检查液位警告灯至液位传感器 B 端的线路是否有短路现象。

## 七、电极式液位传感器

**1. 结构**

电极式液位传感器主要由装在蓄电池上盖板上作为电极的铅棒构成，如图 4-78 所示。

**2. 工作原理**

当把传感器的电极置于蓄电池电槽中时，具有与蓄电池阴极板相同的作用，该电极也将产生电动势。如使其电极长度与规定液面位置下限处吻合，则实际液面高于该位置时，铅棒起电极作用，它浸在蓄电池液中，作为正电极的铅棒与蓄电池负极将产生电压和电动势。低于该位置不产生电动势。因此，电极式液面高度传感器在蓄电池液量正常时可产生电压信号，异常时不产生电压信号。

当蓄电池液位正常符合规定要求时，如图 4-79 所示，传感器即铅棒浸入蓄电池液中产

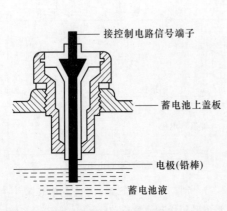

图 4-78　电极式液位传感器的构造

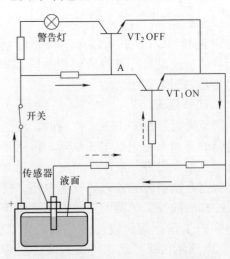

图 4-79　蓄电池液位正常时电路

生电动势，晶体管 $VT_1$ 处于导通状态。蓄电池电流按图中箭头方向从正极经过点火开关、晶体管 $VT_1$ 流向蓄电池负极。由于 A 点电位接近于零，晶体管 $VT_2$ 处于截断状态，警告灯不亮。

当蓄电池液量不足时，由于此时传感器未浸入蓄电池液中，不能产生电动势，晶体管 $VT_1$ 处于 OFF 状态。同时，又由于 A 点电位升高，$VT_2$ 得到正偏压而导通，电流按箭头方向流过晶体管 $VT_2$ 基极，从而使 $VT_2$ 处于 ON 状态，警告灯亮，警告驾驶人蓄电池液量不足，如图 4-80 所示。

**3. 检测**

电极式液面高度传感器是利用电极产生电动势来对液面进行监控的，因此，若蓄电池液面警告灯点亮，则应首先检查蓄电池液面。若液面正常，可以用下述方法对传感器进行检测：

拔掉传感器单线插头，将通向控制电路的线束侧接头与蓄电池正极直接相连，如果蓄电池液面警告灯熄灭，则说明传感器故障。

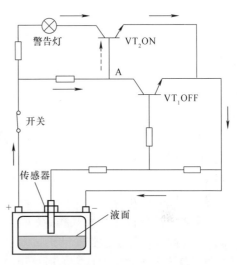

图 4-80　蓄电池液量不足时电路

## 八、尿素溶液液位传感器

**1. 结构**

尿素溶液液位传感器主要由四个金属电极、三个辅助电阻和壳体组成。传感器的四个金属电极高低不一，分别为"顶端"工作电极、"中端"工作电极、"低端"工作电极和控制电极，其中"低端"工作电极和控制电极的高低是一样的，如图 4-81 所示。

尿素溶液液位传感器要与尿素溶液液位检测模块组合构成一个完整的整体。

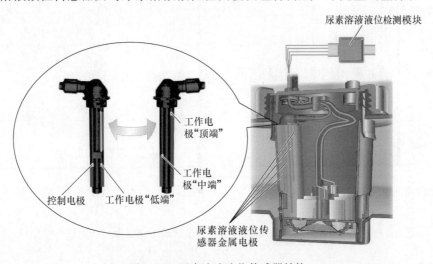

图 4-81　尿素溶液液位传感器结构

## 2. 安装位置

尿素溶液液位传感器安装在尿素溶液加热罐内（图4-81），尿素溶液液位检测模块安装在尿素溶液加热罐上方。

## 3. 工作原理

尿素溶液液位传感器主要是利用尿素溶液的导电性与工作电极可以构成电路通路的特点来检测液面位置高低。

如图4-82所示，每个工作电极之前都有一个辅助电阻$R$，并与控制电极之上的电路构成一个完整的回路。当工作电极（一个、两个或全部）和控制电极同时都浸在尿素溶液中时，尿素溶液就接通了该工作电极与控制电极之间的回路。尿素溶液电阻$r$远远小于辅助电阻$R$，因此该工作电极的辅助电阻$R$被短路。尿素溶液液位检测单元向每个工作电极都供给相同的电压时，随着浸在尿素溶液中的工作电极数量增多，则返回尿素溶液液位检测单元的电流随之增大。反之，随着浸在尿素溶液中的工作电极数量减少，则返回尿素溶液液位检测单元的电流随之减小。

尿素溶液液位检测单元根据返回电流的大小来判断液面的位置，再通过脉宽调制技术（PWM）与调制信号发送到发动机控制单元。再由发动机控制单元将该信号通过车载网络送到组合仪表控制单元，由仪表上所显示的信息提示驾驶人注意及时添加尿素溶液。

辅助电阻$R$也用于诊断并检查该信号的可靠性。

尿素燃油液位传感器在四种状态下的工作原理如图4-82~图4-85所示。

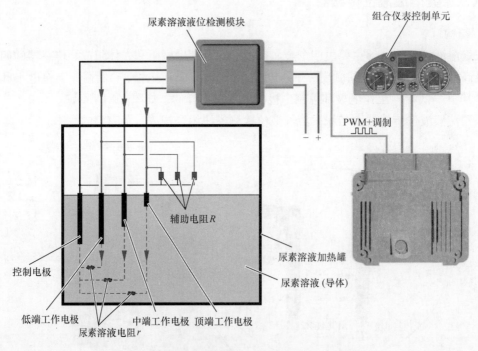

图4-82　尿素溶液液位超过顶端工作电极

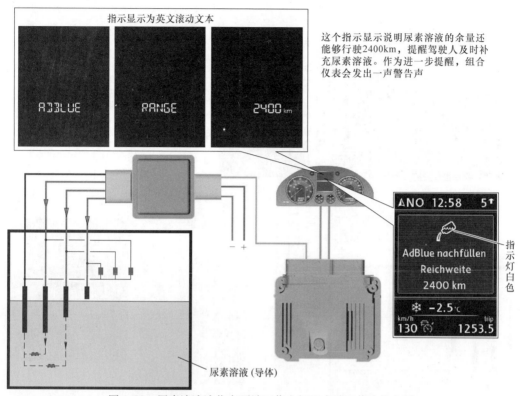

图 4-83 尿素溶液液位在顶端工作电极和中端工作电极之间

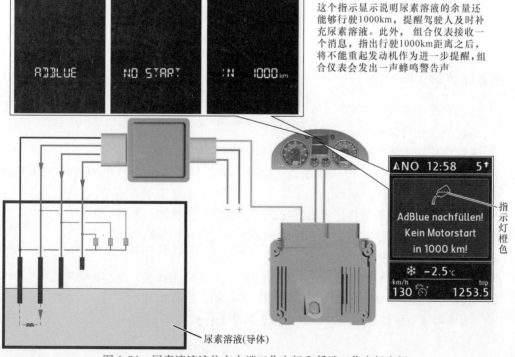

图 4-84 尿素溶液液位在中端工作电极和低端工作电极之间

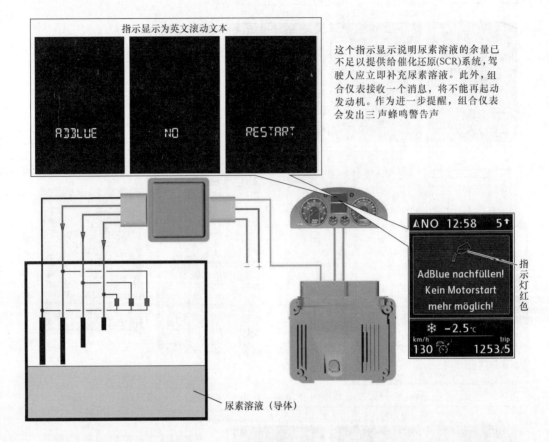

图 4-85　尿素溶液液位在低端工作电极以下

 你学会了吗?

1. 液位传感器有什么作用?
2. 凸轮轴位置传感器安装在哪里?
3. 液位传感器主要有哪些类型?
4. 浮子舌簧开关式液位传感器由什么组成,是怎样工作的,与 ECU 的电路如何连接的,怎样检测?
5. 浮子可变电阻式液位传感器由什么组成,是怎样工作的,怎样检测?
6. 热敏电阻式液位传感器由什么组成,是怎样工作的,怎样检测?
7. 电容式液位传感器由什么组成,是怎样工作的,怎样检测?
8. 半导体型液位传感器的电路是如何连接的,是怎样工作的,怎样检测?
9. 电极式液位传感器由什么组成,是怎样工作的,怎样检测?
10. 尿素溶液液位传感器由什么组成,是怎样工作的?

# 第29天 转向盘转角传感器

> **学习目标**
> 1. 了解转向盘转角传感器的作用。
> 2. 了解转向盘转角传感器的安装位置。
> 3. 了解转向盘转角传感器的类型。
> 4. 掌握光敏式转向盘转角传感器、滑动电阻式转向盘转角传感器、磁感应式转向盘转角传感器、霍尔式转向盘转角传感器、各向异性磁阻式转向盘转角传感器的结构、工作原理、连接电路和检测方法。

## 一、转向盘转角传感器

### 1. 作用

转向盘转角传感器主要用于车辆稳定控制系统、电子助力转向系统和电子悬架系统中,用于检测转向盘的中间位置、转动方向、转动角度和转动速度等转向信息,从而使相关控制单元实施不同的控制策略。

### 2. 安装位置

早期的转向盘转角传感器主要安装在转向轴管上来检测转向轴的旋转角度,现今的转向盘转角传感器,一般与时钟弹簧集成安装。

### 3. 类型

转向盘转角传感器主要有光敏式、滑动电阻式、磁感应式、霍尔式、各向异性磁阻式,应用最广泛的是光敏式转向盘转角传感器。

## 二、光敏式转向盘转角传感器

### 1. 结构

光敏式转向盘转角传感器是通过光栅原理来测量角度的。它由光源、编码盘、光学传感器和计数器组成,结构如图4-86所示。编码盘由两个环构成,一个是绝对环,一个是增量环。每个环由两个传感器进行扫描。

### 2. 工作原理

当光源被遮住,传感器输出电压为0V,如图4-87a所示;当光透过缝隙照到传感器上,传感器输出电压为1V,如图4-87b所示。

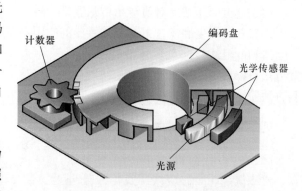

图4-86 光敏式转向盘转角传感器结构

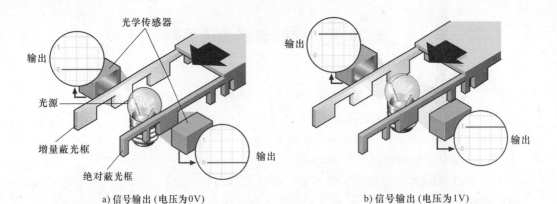

a) 信号输出（电压为0V）　　　　b) 信号输出（电压为1V）

图4-87　传感器信号输出

如果移动蔽光框，就会产生两个不同的电压，如图4-88所示。增量传感器传送一个均匀的信号，这是因为间隙是均匀分布的；绝对传感器传送一个不均匀信号，这是因为间隙是不均匀分布的。系统通过对比这两个信号，就可计算出蔽光框移动的距离，于是就确定了绝对部件运动的起始点。

### 三、滑动电阻式转向盘转角传感器

滑动电阻式转向盘转角传感器与线性节气门位置传感器工作原理相同，在电阻器的两端供给5V直流电压，一个滑动接触点随着转向盘的转动在电阻器两端内运动，转向盘转动到两个端点位置时，滑动接触点刚好运动到电阻器两端。测量接触点和电阻器一端的电压即可求得转向盘的绝对转角位置。

还有的转向盘转角传感器采用双滑动电阻的两路输出电压信号，传感器由两个相差90°的精密电位滑环组成，除了用于判断转向盘的旋转方向外，这两路输出电压信号还可相互补充，实现出错诊断。

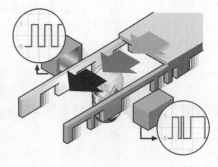

图4-88　光敏式转向盘转角传感器工作原理

由于电阻分压式绝对值转角传感器是接触式传感器，在滑动触点和电阻器的相互运动过程中，二者会产生磨损，影响了传感器的使用寿命。

滑动电阻式转向盘转角传感器的检测方法可以参考节气门位置传感器的检测方法。

### 四、磁感应式转向盘转角传感器

磁感应式转向盘转角传感器由齿盘、永磁铁、两个感应线圈及信号处理电路等组成，如图4-89所示。

当齿盘随转向轴转动时，感应线圈

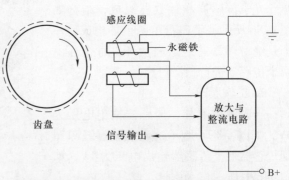

图4-89　磁感应式转向盘转角传感器的原理

就会产生交变的感应电动势,经信号处理电路放大、整流及整形后输出。控制器根据传感器输入的信号脉冲个数就可确定转向盘的转角,设置两个感应线圈的目的同样是为了控制器判断左右转向的需要。

磁感应式转向盘转角传感器可以用测量电阻的方法来检测。

### 五、霍尔式转向盘转角传感器

东风标致307使用了霍尔式转向盘转角传感器,霍尔式转向盘转角传感器是利用转盘旋转时遮蔽或通过磁场,使霍尔元件产生或不产生霍尔电压的办法来计量转向角度的大小,其原理同使用遮蔽板的霍尔式曲轴位置传感器相似,其结构如图4-90所示。转向盘转角传感器插接器有四个端子:一个为12V供电端子,一个为搭铁端子,另外两个端子分别是转向盘转动信号$S_1$和$S_2$的信号端子。

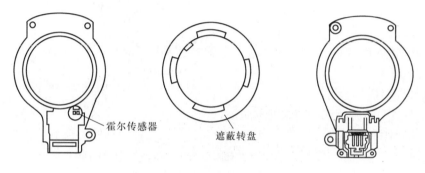

图4-90 霍尔式转向盘转角传感器的结构

转向盘角度信息以两个方波信号(图4-91)传给助力转向GEP控制单元,GEP控制单元通过这两个信号确定转向盘转动的速度和方向。两个霍尔式传感器从相位上错开90°±30°,能够确定转向盘的旋转方向。转向时,控制器可根据$S_1$信号和$S_2$信号的相对位置确定旋转方向,其检测方法也可参照光电式转向盘转角传感器来进行。

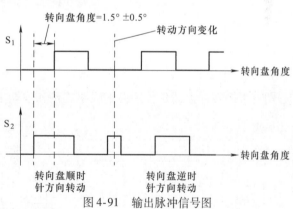

图4-91 输出脉冲信号图

### 六、各向异性磁阻式转向盘转角传感器

磁性薄膜在平行于膜面的外磁场作用下达到饱和磁化时,薄膜的电阻率将随外磁场方向和电流方向的变化而变化,这种效应就是各向异性磁阻(Anisotropic Magneto Resistance,AMR)效应。

**1. 结构**

别克荣御电子稳定程序系统(ESP)中使用了各向异性磁阻式转向盘转角传感器,转向盘转角传感器位于转向盘下面,其内部结构如图4-92所示。

## 2. 工作原理

当驾驶人转动转向盘时，由键与转向盘连接的齿轮带动两个中心部分是永磁铁的测敏齿轮转动。永磁铁上方 AMR 传感器的电阻随着测量齿轮的转动而改变，电阻的变化反映了测量齿轮的位置，进而反映了转向盘角度的变化，即能产生一个可表示 ±760°转向盘旋转角度的输出信号。传感器的模拟输出信号通过一个 A – D 转换器输入微处理器中，结合两个测量齿轮转动后的位置可以求出总的转动角度。由于两个测量齿轮的齿数不同，它们的转动速度也不同，故产生不同相位的两个转角信号，电子控制单元利用这个信息计算出驾驶人所要求的方向。

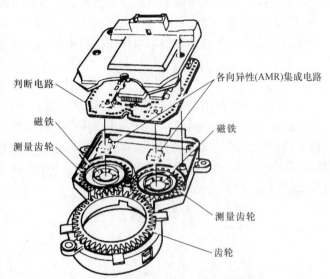

图 4-92 转向盘转角传感器的构造

这种传感器的一个特点是在发动机点火时刻就可以立即得到转向盘绝对转角位置，无须利用算法推断。传感器信号通过 CAN 总线输出。传感器框图如图 4-93 所示。

图 4-93 各向异性磁阻式转向盘转角传感器框图

## 3. 连接电路

别克荣御转向盘转角传感器的线路连接和各端子功用如图 4-94 所示。

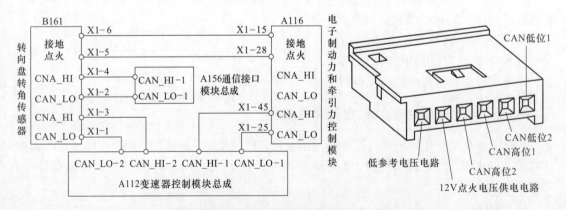

图 4-94 转向盘转角传感器的线路连接和各端子功用

## 4. 检测

根据图 4-94，可以进行如下检测：

(1) 检测供电电压 关闭点火开关，脱开传感器插头，再将点火开关置于 ON 位置，使用万用表测量 5 号与 6 号端子电压，应该为 12V，否则应检查线路。

(2) 解码器读取故障码 由于传感器信号通过 CAN 总线输出，因此通过解码器的自诊断检测是比较准确和快捷的方法。转向盘转角传感器出现故障，则会显示故障码 C0460。

(3) 校准转向盘转角传感器 电子控制单元监测并判断转向盘转角传感器的输出信号，当车辆沿直线行驶了 15min 或以上时，电子控制单元将该行驶方向设定为正前方向。可使用 Tech2 进行转向盘转角传感器校准，初始化传感器的具体操作步骤如下：

1) 将转向盘置于车辆笔直向前的正中位置。

2) 将 Tech2 连接到车辆上，并执行"Tech2 转向盘转角传感器校准程序"即可。

### 你学会了吗？

1. 转向盘转角传感器有什么作用？
2. 转向盘转角传感器安装在哪里？
3. 转向盘转角传感器主要有哪些类型？
4. 光敏式转向盘转角传感器由什么组成，是怎样工作的？
5. 滑动电阻式转向盘转角传感器是怎样工作的？
6. 磁感应式转向盘转角传感器由什么组成，是怎样工作的？
7. 霍尔式转向盘转角传感器由什么组成，是怎样工作的？
8. 各向异性磁阻式转向盘转角传感器由什么组成，是怎样工作的，电路如何连接，怎样检测？

## 第 30 天　加速踏板位置传感器

**学习目标**

1. 了解加速踏板传感器的作用。
2. 了解加速踏板传感器的安装位置。
3. 了解加速踏板传感器的类型。
4. 掌握电位计式加速踏板位置传感器、双霍尔式加速踏板位置传感器、电磁感应式加速踏板位置传感器的结构、工作原理、连接电路和检测方法。

### 一、加速踏板位置传感器

**1. 作用**

加速踏板位置传感器（Accelerator Pedal Position Sensor，APPS），又称为节气门位置传感器。它是随着智能电子节气门、柴油共轨系统而出现的一种新的位置检测装置。其作用是将驾驶人踩下加速踏板的速度和移动量转换成电子信号输入发动机 ECU，ECU 根据此信号进行期望转矩需求计算，再结合其他运行条件，控制节气门伺服电动机进行节气门开度的非线性调节。

### 2. 安装位置

加速踏板位置传感器一般安装在加速踏板总成上,如图4-95所示。

### 3. 类型

加速踏板位置传感器常见的有三种,一种是电位计式加速踏板传感器,一种是双霍尔式加速踏板传感器,第三种是电磁感应式加速踏板位置传感器。

## 二、电位计式加速踏板位置传感器

### 1. 结构

三菱V73发动机的加速踏板位置传感器为双电位计式传感器,其结构如图4-96所示。

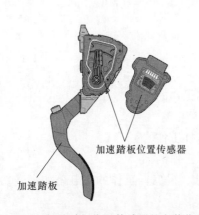

图4-95 加速踏板位置传感器的安装位置

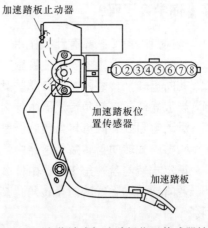

图4-96 双电位计式加速踏板位置传感器结构

### 2. 工作原理

两个电位器输出信号为同相,当电子加速踏板位置发生变化时,其电阻同时线性增加或减小。传感器由计算机供5V参考电压,这样就能将电阻值变化转变为电压输出信号。

### 3. 连接电路

电位计式加速踏板位置传感器与ECU的连接电路如图4-97所示。

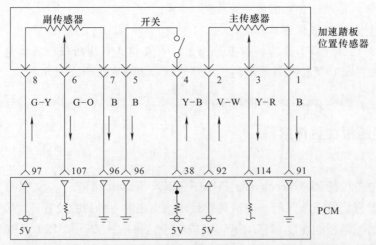

图4-97 电位计式加速踏板位置传感器与ECU的连接电路

**4. 检测**

根据图 4-97，可以进行以下测量：

（1）测量电压　关闭点火开关，断开加速踏板位置传感器，打开点火开关，用万用表电压档检测线束侧 2 号端子与搭铁间电压、8 号端子与搭铁间电压，应在 4.9~5.1V 范围内，4 号端子与搭铁间电压应在 4V 以上。

（2）测量电阻　关闭点火开关，断开加速踏板位置传感器，用万用表电阻档测量元件侧，端子间电阻值应符合表 4-8 规定。

表 4-8　标准电阻值

| 端子 | | 标准 |
|---|---|---|
| 1-2 | | 3.5~6.5kΩ |
| 7-8 | | |
| 2-3 | | 将加速踏板由急速位置直至完全压下，其电阻值应随加速踏板的下压而平稳光滑地变化 |
| 6-8 | | |
| 5—搭铁 | | 2Ω 以下 |
| 4-5 | 放松加速踏板 | 0 |
| | 压下加速踏板 | ∞ |

（3）输出信号初始值检测　关闭点火开关，连接加速踏板位置传感器，打开点火开关，用万用表电压档检测线束侧 3 号端子与搭铁、6 号端子与搭铁间电压，其值应在 0.905~1.165V 之间。

### 三、双霍尔式加速踏板位置传感器

**1. 结构**

2010 年款凯美瑞（混合动力版）使用的是双霍尔式加速踏板传感器，其结构如图 4-98 所示。

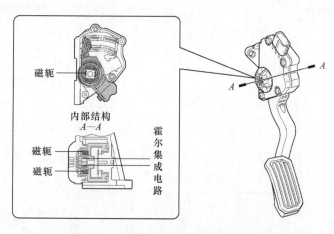

图 4-98　双霍尔式加速踏板传感器结构

## 2. 工作原理

双霍尔式加速踏板传感器与前述双霍尔式节气门位置传感器工作原理相同，其工作原理如图 4-99 所示。

双霍尔式加速踏板传感器单元有两个传感器。一个用于检测加速踏板位置，另一个用作确认，以允许传感器检测自身的故障。从加速踏板位置传感器将电压输出至混合动力车辆控制 ECU 的端子 VPA1 和 VPA2，输出特性如图 4-100 所示。该电压根据加速踏板位置在 0 ~ 5V 之间变化。端子 VPA2 主要用于检测传感器自身的故障。混合动力车辆控制 ECU 判定当前加速踏板位置，并根据从端子 VPA1 和 VPA2 接收到的信号控制混合动力控制系统。

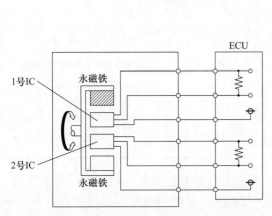

图 4-99 双霍尔式加速踏板传感器工作原理图

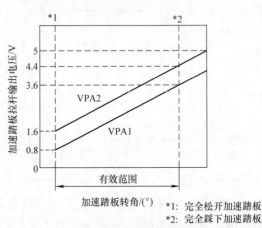

图 4-100 双霍尔式加速踏板传感器输出特性

## 3. 连接电路

2010 年款凯美瑞（混合动力版）使用的双霍尔式加速踏板传感器与 ECU 的连接电路如图 4-101 所示。

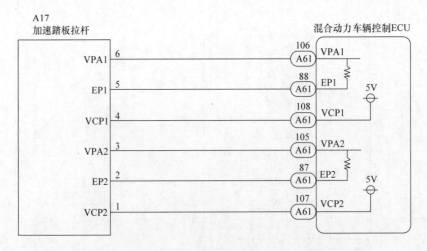

图 4-101 双霍尔式加速踏板传感器与 ECU 的连接电路

**4. 检测**

(1) 测量电压

1) 断开加速踏板拉杆插接器 A17，如图 4-102 所示。

2) 将点火开关置于 ON（IG）位置。

3) 测量电压是否满足表 4-9 中的规定值。

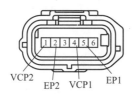

图 4-102 加速踏板拉杆插接器 A17

表 4-9 标准电压

| 端子 | 电压/V |
| --- | --- |
| VCP1（A17-4）-EP1（A17-5） | 4.5~5.5 |
| VCP2（A17-1）-EP2（A17-2） | 4.5~5.5 |

(2) 测量电阻

1) 断开加速踏板拉杆插接器 A17，如图 4-102 所示。

2) 将点火开关置于 OFF 位置。

3) 测量电阻是否满足表 4-10 中的规定值。

表 4-10 标准电阻

| 端子 | 电阻/kΩ |
| --- | --- |
| VPA1（A17-6）-EP1（A17-5） | 37~41 |
| VPA2（A17-3）-EP2（A17-2） | 37~41 |

(3) 用诊断仪读取数据流

1) 将点火开关置于 ON（IG）位置。

2) 连接诊断仪，选择以下菜单项：Powertrain/ Hybrid Control / Data List /Accel Pedal Pos #1，Accel Pedal Pos #2。

3) 读取数据流，标准数据见表 4-11。

说明：在检测仪上将 5V 描述为 100%。

表 4-11 标准数据

| 踏板状态 | Accel Pedal Pos 1#（加速踏板位置1） | Accel Pedal Pos 2#（加速踏板位置2） |
| --- | --- | --- |
| 未踩下 | (8%~28%) 0.4~1.4V | (20%~44%) 1.0~2.2V |
| 完全踩下 | (62%~92%) 3.1~4.6V | (78%~100%) 3.9~5.0V |
| 未踩下→完全踩下→未踩下（应缓慢操作加速踏板） | 值逐步改变 | 值逐步改变 |

## 四、电磁感应式加速踏板位置传感器

**1. 结构**

在大众的某些柴油车上使用的是电磁感应式加速踏板位置传感器。加速踏板模块包括加速踏板、踏板限位块、用于转换移动方向的机械部件和两个加速踏板位置传感器，具体结构如图 4-103 所示。

这些传感器是印制电路板的一部分，分别由一个励磁线圈、三个接收线圈以及一个控制电子装置和一个分析电子装置组成。为安全起见，两个传感器彼此独立工作。

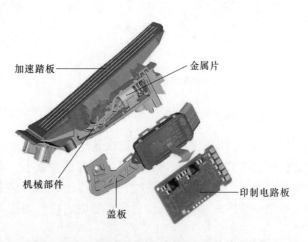

图 4-103 电磁感应式加速踏板位置传感器结构

加速踏板模块的机械部件将加速踏板的杠杆运动转换为金属片直线移动。当驾驶人踩下加速踏板时，金属片沿直线移动（靠近印制电路板），如图4-104所示。

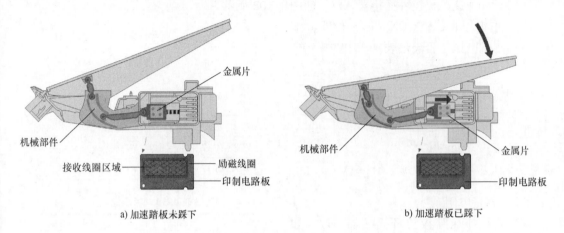

图4-104 电磁感应式加速踏板模块的机械运动

## 2. 工作原理

发动机控制单元提供5V的电压给踏板电子装置产生高频交流电压，以便励磁线圈上形成交变电磁场，如图4-105所示。这个交变电磁场作用在移动的金属片上，此时围绕该金属片形成另一个交变电磁场。这个取决于位置的交变场作用在接收线圈上，并在此以感应方式形成相应的交流信号。

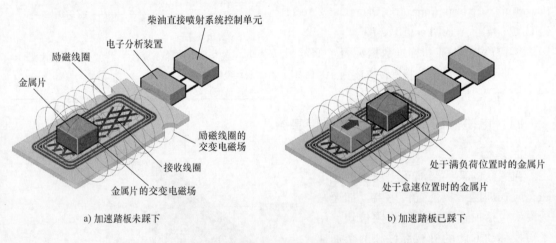

图4-105 电磁感应式加速踏板位置传感器内的电子元件工作原理

交流感应电压的高低主要取决于金属片的位置。位置不同，金属片与接收线圈之间的重叠程度也不同。处于怠速位置时，重叠程度最小，交流感应电压也最小。处于满负荷位置或自动变速器的强制降档位置时，重叠程度最大，交流感应电压也最大。

电磁感应式加速踏板位置传感器输出特性如图4-106所示。

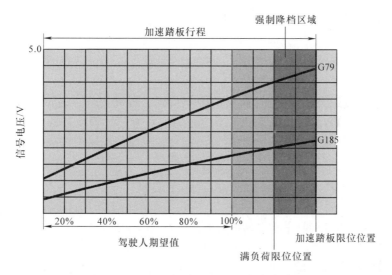

图 4-106　电磁感应式加速踏板位置传感器输出特性

 **你学会了吗？**

1. 加速踏板位置传感器有什么作用？
2. 加速踏板位置传感器安装在哪里？
3. 加速踏板位置传感器主要有哪些类型？
4. 电位计式加速踏板位置传感器由什么组成，是怎样工作的，与 ECU 的电路如何连接，怎样检测？
5. 双霍尔式加速踏板位置传感器由什么组成，是怎样工作的，与 ECU 的电路如何连接，怎样检测？
6. 电磁感应式加速踏板位置传感器由什么组成，是怎样工作的？

## 第 31 天　光敏式转角传感器

 **学习目标**

1. 了解光敏式转角传感器的作用。
2. 了解光敏式转角传感器安装位置。
3. 掌握光敏式转角传感器的结构、工作原理和检测方法。

## 一、作用

光敏式转角传感器用于检测转向盘的中间位置、转动方向、转动角度和转动速度，即转向轮的偏转方向和偏转角度，并将所检测的信号输入电子控制悬架系统 ECU，使电子悬架控制装置 ECU 根据转角传感器输入的信号和车速传感器输入的车速信号，判断汽车转向时侧向力的大小，对车身的侧倾进行控制。

## 二、安装位置

光敏式转角传感器一般安装在转向轴管上，如图 4-107 所示。

## 三、结构

光敏式转角传感器应用在汽车的电子控制悬架系统中，其结构如图 4-108 所示。转向圆盘（遮光盘）安装在转向轴上，圆盘的圆周上均匀地开有很多小槽，圆盘随着转向主轴的旋转而旋转。加在圆盘两侧的是两组光电元件（发光二极管和光敏晶体管），光敏元件套在转向柱管上。

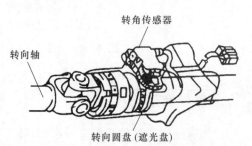

图 4-107 光敏式转角传感器的安装位置

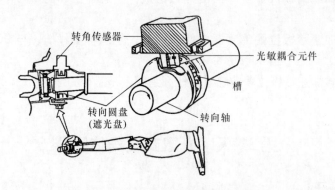

图 4-108 光敏式转角传感器的结构

## 四、工作原理

光敏式转角传感器的工作原理如图 4-109 所示。

光敏式转角传感器的工作原理是利用带有槽的转向圆盘的转动，使圆盘一侧的发光二极管发出的光线透过圆盘的小槽或被圆盘挡住，从而使圆盘另一侧的光敏晶体管导通与截止，进而使电路导通与截止，产生 ON 或 OFF 电压信号。转角传感器根据光敏晶体

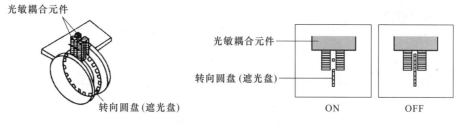

图 4-109 光敏式转角传感器的工作原理图

管的导通、截止速度,检测出转向器的速度,根据检测到的脉冲信号的相位差来判断转向盘的转动方向。光敏式转角传感器的电路如图 4-110 所示。

由图 4-111 可知,光敏晶体管在遮光盘的作用下,或者导通,产生 ON 信号,或者截止,产生 OFF 信号。根据光敏晶体管的导通、截止速度,可以检测出转向器的速度。在设计时使两个光敏耦合元件(晶体管 $Tr_1$ 和 $Tr_2$)之间的导通与截止的相位差定位在 90°,根据先导通的脉冲信号(波形下降)可以检测出转向器的旋转方向。如当汽车直线行驶时,信号 A 处于 OFF 状态(高电位)的中间位置。转向时,根据信号 A 下降沿处于信号 B 的状态,即可判断出转向的方向。信号 A 由 OFF 状态变为 ON 状态(低电位)时,如果信号 B 为 ON 状态,则为左转向;如果信号 B 为 OFF 状态,则为右转向,如图 4-111 所示。

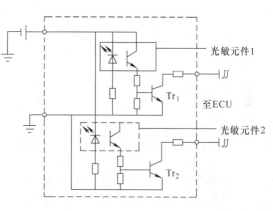

图 4-110 光敏式转角传感器的电路图

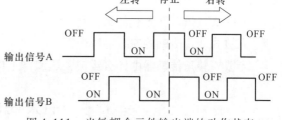

图 4-111 光敏耦合元件输出端的动作状态

### 🔧 实际操作

在此以雷克萨斯 LS400 轿车用的光敏式转角传感器为例,介绍此类型传感器的检测方法。

**1. 检测输出信号**

打开点火开关,用跨接线 SST 连接诊断插接器上的 TS 与 $E_1$ 端子,如图 4-112a 所示。转动转向盘,若转角小于 45°,仪表板上的 NORM 灯亮,则说明转向信号输出正常。

转角传感器信号是否输入悬架 ECU 的检查方法是:打开点火开关,慢慢转动转向盘,如图 4-112b 所示。在转动的同时分别用万用表测量 ECU 的 $SS_1$、$SS_2$ 端子与搭铁间的电压,应为 0~5V,否则说明转角传感器信号未输入悬架 ECU 或转角传感器信号出现故障。

**2. 转角传感器输入信号故障的诊断与排除**

（1）诊断方法 拆下传感器插接器，打开点火开关，测量插接器1号端子和2号端子间的电压，如图4-112c所示。正常值应为蓄电池电压，否则应检查悬架ECU的IG熔断器是否良好，转角传感器与熔断器盒之间的连线是否存在断路、短路。

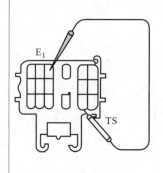
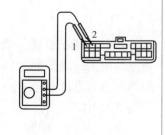

a）诊断TS与$E_1$端子　　b）测量$SS_1$、$SS_2$端子与搭铁间的电压　　c）测量1号端子和2号端子间的电压

图4-112 光敏式转角传感器的检测

（2）排除方法 拆下传感器插接器，在转角传感器1号、2号端子间施加蓄电池电压。在慢慢转动转向盘时，用万用表测量传感器的10号、11号与2号端子间的电阻，应符合标准值的大小，否则说明转角传感器有故障，应当更换。

▲你学会了吗?

1. 光敏式转角传感器有什么作用?
2. 光敏式转角传感器安装在哪里?
3. 光敏式转角传感器由什么组成，是怎样工作的，怎样检测?

## 第32天　EGR阀位置传感器

▲学习目标

1. 了解EGR阀位置传感器的作用。
2. 了解EGR阀位置传感器的安装位置。
3. 掌握EGR阀位置传感器的结构、工作原理、连接电路和检测方法。

## 基础知识

### 一、作用

按照是否设置有反馈监测元件，排气再循环系统可以分为开环控制 EGR 系统和闭环控制 EGR 系统。闭环控制 EGR 系统与开环控制 EGR 系统相比，只是在 EGR 阀上增设了一个 EGR 阀位置传感器作为反馈信号，用以监测 EGR 阀开度的大小，使 EGR 率保持在最佳值。EGR 阀位置传感器检测 EGR 阀阀杆的上下移动位置，发动机 ECU 以此确定阀门开度的大小。

### 二、安装位置

EGR 阀位置传感器安装在 EGR 阀的上部。

### 三、结构

EGR 阀位置传感器结构如图 4-113 所示，EGR 阀阀针与电位计的滑动触点臂相连，由占空比控制的 EGR 阀随着占空比的变化，控制的真空吸力不同，引起 EGR 阀阀门开启的大小不一样，使阀杆上升的位移也不同。

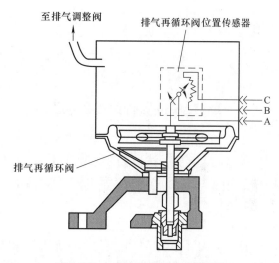

图 4-113　EGR 阀位置传感器结构

### 四、工作原理

EGR 阀阀杆上升，推动与之相连的滑动触点臂的位置发生变化，从而使滑动触点在滑动电阻上滑动，产生不同的电压信号，这个信号会传递到发动机控制 ECU。发动机控制 ECU 以此监视 EGR 阀的位置，确保阀门对 ECU 的指令做出正确的响应，从而调整和修正开启 EGR 阀的时刻和占空比，精确控制再循环量的大小，以减小排放、改善性能。本田、别克、丰田等车型都安装有 EGR 阀位置传感器。

## 实际操作

### 一、EGR 阀位置传感器的连接电路

以上海别克废气再循环系统 EGR 阀位置传感器为例，其连接电路如图 4-114 所示。

别克排气再循环系统的排气再循环真空控制电磁阀和 EGR 阀位置传感器共用一个 5 针插头，灰色导线连接的端子 A、白色导线连接的端子 E 分别与发动机控制单元（PCM）连接，采用正极驱动器和 PCM 中的搭铁电路控制，用于排气再循环真空控制电磁阀的驱动。另外 3 条导线为电位计式的排气再循环 EGR 阀位置传感器所使用，它能够监视 EGR 阀的位置，确保阀门对 PCM 的指令做出正确的响应。电位计的 D 端子为 5V

参考电源、B 端子为搭铁端子、C 端子为信号输出端子。

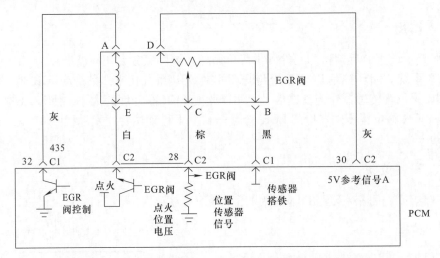

图 4-114　上海别克废气再循环系统 EGR 阀位置传感器的连接电路

## 二、EGR 阀位置传感器的检测

**1. 测量电阻**

关闭点火开关，拔掉 EGR 阀位置传感器线束插头，对传感器本体进行电阻测量：插座端子 B 与 D 之间的电阻应为 4.92kΩ；插座端子 B 与 C 之间的电阻应随 EGR 阀开度的变化而变化。

**2. 测量外部电压和信号电压**

打开点火开关至 "ON" 位置，断开 EGR 阀位置传感器线束插头，用数字万用表电压档检查 D 端子与搭铁端电压，应有 5V 参考电压，检查 B 端子与搭铁端电压，应为 0V。连接 EGR 阀位置传感器线束插头，测量 C 端子信号电压，在 EGR 阀全关时为 0.14~1.0V。用手动方式打开 EGR 阀，其信号电压随着 EGR 阀开度的变化而变化，全开时为 4.5~4.8V。如果测量结果不符合要求，则应更换 EGR 阀。

**3. 解码器检测**

连接解码器读取故障码，如果 EGR 阀位置传感器有故障，则可能会出现下述故障码：

（1）P0403：EGR 阀控制线路故障　如果电路功能失效，驱动器向 PCM 发送信号，设置 DTC P0403（EGR 阀电磁阀控制电路不良）故障码。

（2）P0404：EGR 阀打开位置不正确　在 EGR 阀打开时，PCM 将真实的 EGR 位置与要求的位置比较，如果真实位置小于要求位置 15%，将设置 DTC P0404（EGR 打开位置性能）的故障码。此故障一般为 EGR 枢轴或轴座积炭过多引起。

（3）P0405：EGR 阀位置传感器信号电压低　如果 PCM 检测到 EGR 阀位置传感器反馈的电压低于 0.14V，将设置 DTC P0405（EGR 阀位置传感器电压过低）故障码。

（4）P0404：EGR 阀关闭不严　如果 PCM 指令 EGR 阀关闭时真实的 EGR 位置仍指示 EGR 阀处于打开的位置，将设置 DTC P0404（EGR 阀卡滞）故障码。

**4. 检查输出波形**

将示波器信号测量线探针插入传感器信号线中，起动发动机并加速，观察波形变化情况，如图 4-115 所示。当 EGR 阀打开时，波形上升，这时废气排放；当 EGR 阀关闭时，波形下降，此时限制废气排出。汽车怠速时，EGR 阀是关闭的，不需要排气再循环；汽车正常加速时，EGR 阀开大；汽车减速时，EGR 阀也是关闭的。

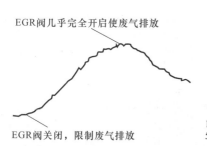 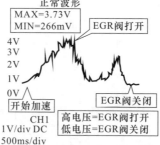

图 4-115　EGR 位置传感器输出波形

 **你学会了吗?**

1. EGR 阀位置传感器有什么作用？
2. EGR 阀位置传感器安装在哪里？
3. EGR 阀位置传感器由什么组成，是怎样工作的，连接电路如何，怎样检测？

## 第33天　旋变传感器（电机转子位置传感器）

 **学习目标**

1. 了解旋变传感器的作用。
2. 了解旋变传感器的安装位置。
3. 了解旋变传感器的结构与工作原理。
4. 了解旋变传感器的连接电路。

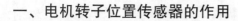

### 一、电机转子位置传感器的作用

目前，新能源汽车上的驱动电机多为永磁同步电机，其中的"位置传感器"作用重大，它通常被用于检测电机转子旋转的瞬间准确位置，涉及驱动电机的供电系统。电动汽车上只有直流电源，驱动电机使用的却是三相交流电，中间需要用一个"变频器"将动力电池的高压直流电转变成三相交流电向同步电机供电，以适应车辆驱动的不同需要。

其中变频器是由车辆驱动系统的 ECU 控制的，通过对 6 个绝缘栅双极晶体管（IGBT）的门控驱动电路、控制三相交流电的频率及次序来改变驱动电机的转速和转向，因此变频器的门控电路是变频器的核心。其中输入 ECU 的多种信号中，负责精准检测驱动电机转子的旋转位置的信号十分重要，而在当前的驱动电机中，常采用"磁阻式旋转变压器"作为电机转子位置传感器，也称为旋变传感器。电动汽车上的驱动控制电路如图 4-116 所示。

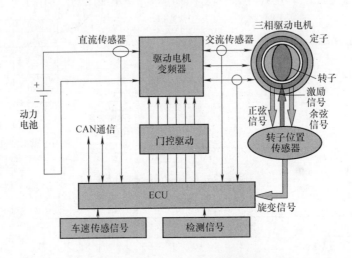

图 4-116　电动汽车上的驱动控制电路

## 二、电机转子位置传感器的安装位置

### 1. 比亚迪 e5 的驱动电机转子位置传感器安装位置

比亚迪 e5 的驱动电机转子位置传感器安装在驱动电机后端上，如图 4-117 所示。

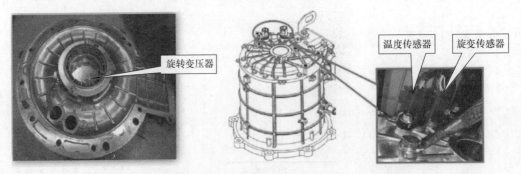

图 4-117　比亚迪 e5 的驱动电机转子位置传感器安装位置

### 2. 奥迪 A6、A8、Q5 混合动力车型的驱动电机转子位置传感器安装位置

奥迪 A6、A8、Q5 混合动力车型的变速器型号是 OBW。OBW 型变速器集成了驱动电机，主要用于奥迪的混合动车型上。OBW 型变速器上驱动电机的转子位置传感器安装在驱

动电机的前段末端，如图 4-118 所示。

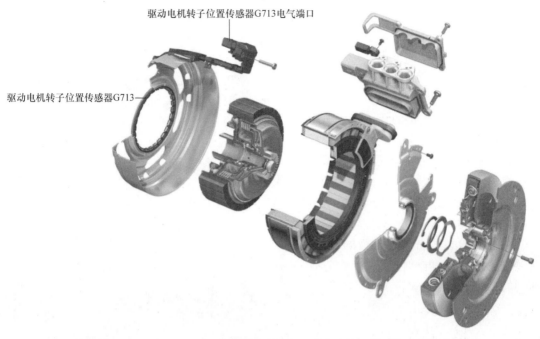

图 4-118　奥迪 A6、A8、Q5 混合动力车型的驱动电机转子位置传感器安装位置

## 三、电机转子位置传感器的结构与工作原理

**1. 电机转子位置传感器的结构**

电机转子位置传感器常被称作磁阻式旋转变压器或同步分解器，它是一种电磁式传感器，汽修行业中也常常称它为"旋变传感器"。旋转变压器实际上是一种特殊的小型交流电机，可用来精确检测电机转子的角位移和角速度。它由定子和转子组成，其定子由高性能硅钢片叠成，其上有绕组作为变压器的原边接受励磁电压，转子绕组作为变压器的副边，通过电磁耦合在副边绕组上产生感应电压。

**2. 普通变压器与旋转变压器的区别**

普通变压器的一次和二次绕组是相对固定的，中间有铁心进行电磁交变，所以输出与输入的电压比是不变值。旋转变压器的一次绕组不动，二次绕组随转子旋转，当转子的转角位置改变时，其二次绕组输出电压的大小会随转子角位移而发生变化。若输出绕组的电压幅值与转子转角成正弦或余弦的函数关系、保持某比例关系或与转角成线性关系，就构成三种不同类型的旋转变压器。

**3. 磁阻式旋转变压器的特点**

电动汽车的驱动电机上多使用磁阻式旋转变压器，它是旋转变压器的一种特殊形式，利用磁阻原理来实现电信号间的转换。它的特点是一次与二次的绕组都放在电机定子的不同槽内，且均固定不旋转。一次绕组属励磁绕组通入正弦形的励磁电流，而二次是由两相绕组产生输出信号，磁阻式旋转变压器示意图如图 4-119 所示。

旋变定子和转子的铁心由铁镍软磁合金或冲有槽孔的硅钢片叠成。转子不用永磁材料制成，它是由驱动同步电机的永磁转子同轴带动旋转的。转子在旋转时通过磁阻原理在二次两相绕组上分别感应出正弦及余弦电压信号，故称为正弦绕组和余弦绕组，产生彼此相差 90° 的电角度信号。

磁阻式旋转变压器的转子采取多极形状，磁极的外形应符合能感应正弦信号的特殊要求，因此磁场气隙应近似于正弦波的形状，如图 4-120 所示。利用气隙和磁阻的变化使输出绕组的感应电压随机械转角做相应正弦或余弦的变化，同时转子必须满足多磁极的要求。旋转变压器的定子与转子的磁极数是不相同的，定子磁极数比转子磁极数多。

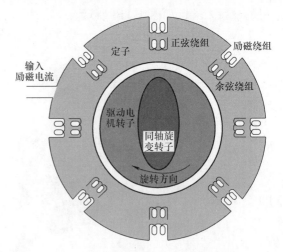

图 4-119　磁阻式旋转变压器示意图

### 4. 磁阻式旋转变压器的 3 个绕组

磁阻式旋转变压器有 3 个绕组，包括有 1 个激励线圈、2 个正交的感应线圈，对外共有 6 条引线。激励线圈接受输入的正弦型激励电流，激磁频率通常有 400Hz、3000Hz 及 5000Hz 等多种。正交的两个感应线圈，依据旋变的转子、定子的相互位置关系，调制出具有正弦和余弦包络的检测信号。如果激励信号是 $\sin\omega t$，转子与定子间的角度为 $\theta$，则正弦信号为 $\sin\omega t \times \sin\theta$，而余弦

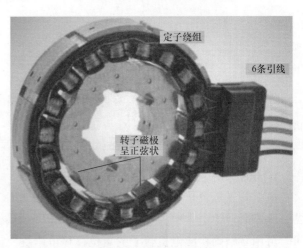

图 4-120　旋变转子磁极

信号则为 $\sin\omega t \times \cos\theta$。根据 sin、cos 信号和原始的激励信号，通过必要的检测和比较电路即可高分辨率地检测出转子位置。

### 5. 磁阻式旋转变压器的结构原理

磁阻式旋变的 3 个绕组如图 4-121 所示，其中转子齿为 4 个，定子齿画出 5 个。励磁绕组、正弦绕组和余弦绕组均安置在定子槽内，输入的励磁绕组 1-1 是逐个磁极反向串接，而正弦绕组 2-2 及余弦 3-3，则是以两个磁极为间隔，反向串接的输出绕组。当转子相对定子旋转时，定子、转子间气隙的磁导发生变化，每转过一个转子齿距，气隙的磁导变化一个周期。当转子转过一圈时，则变化出与转子齿相同的数个周期。气隙磁导的变化导致输入和输出绕组之间互感的变化，输出绕组感应的电势也随之发生变化。输出绕组按正弦及余弦规律变化来判断转子的瞬间位置以及旋转的方向。

磁阻式旋转变压器结构简单、占用空间尺寸小，且励磁绕组、正弦绕组和余弦绕组均固装在定子上，图 4-122 所示为正弦绕组与余弦绕组的接线示意图。它还采取无刷式结构，大大提高了系统的可靠性，其检测角位移精度极高，甚至可精确到"秒"。此外，磁阻式旋

转变压器的抗干扰能力较好，更适合车辆对电机驱动的多种要求。

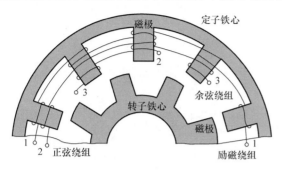

图 4-121 磁阻式旋变的三个绕组

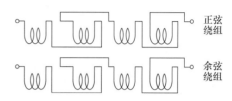

图 4-122 正弦绕组和余弦绕组的接线

## 四、电机转子位置传感器检测

### 1. 变压器工作原理

在变压器中，当一次绕组上有交变的电流流过时，就会在二次绕组上感应产生相同频率的交变电流输出，且其大小与两侧绕组的比例有关，如图 4-123 所示。

（1）0°~180°　如果将变压器的一次侧和二次侧分开，让二次绕组按照图 4-124 箭头所示方向旋转，二次绕组从 0°旋转至 180°时的电流曲线呈现出图 4-125 所示的变化趋势。

1）0°~90°：二次绕组输出电流逐渐减小。

2）90°：电流降为 0。

3）90°~180°：电流方向发生反转，并且电流值逐渐反向增大。

4）180°：电流大小与 0°时相同，而方向恰好相反。

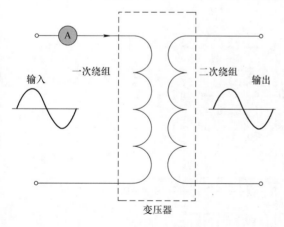

图 4-123 变压器工作原理

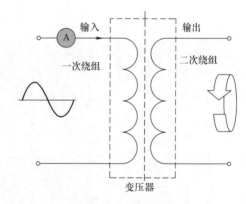

图 4-124 次级线圈旋转

（2）180°~360°　二次绕组沿着相同方向由 180°旋转至 360°，其电流变化趋势如图 4-126 所示。

1）180°~270°：二次绕组输出电流逐渐减小。

2）270°：电流降为 0。

3）270°~360°：电流方向再次发生反转，电流值逐渐正向增大。

图4-125 二次绕组从0°旋转至180°时的电流变化趋势

图4-126 二次绕组从180°旋转至360°时的电流变化趋势

4）360°：电流大小与方向都恢复到与0°时完全相同。

**2. 电机转子位置传感器的工作原理**

（1）简化后的电机转子位置传感器结构

电机转子位置传感器结构很复杂，因此用来说明坐标转换器原理不算很适合。

图4-127所示是简化后的电机转子位置传感器结构，用此说明电机转子位置传感器比较适合。这个简化后的电机转子位置传感器结构主要由二次绕组1-信号1、二次绕组2-信号2、励磁绕组和信号轮组成。励磁绕组是串联的，对置的两个二次绕组也是串联的（二次绕组1和2），它们输出的正弦信号（信号1和2）相位相差90°。

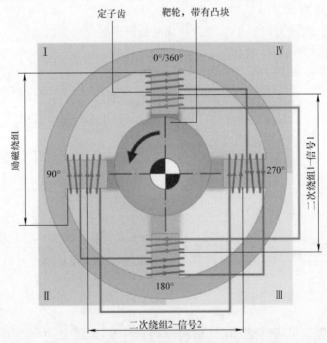

图4-127 简化后的电机转子位置传感器结构

（2）简化后的电机转子位置传感器的工作原理

1）调幅信号：电机转子位置传感器的靶轮在旋转过程中改变了传感器靶轮凸块与定子

齿之间的距离，二次绕组中感应出的电压振幅就随之改变了，如图 4-128 所示。

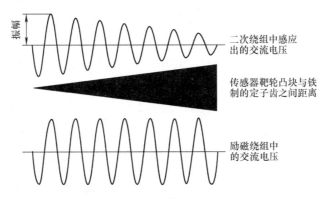

图 4-128 调幅信号产生原理

如果将二次绕组中感应电压的调幅在 360°上展开的话，那么两个信号 1 和 2 就会各自形成呈正弦曲线状的包络线，如图 4-129 所示。

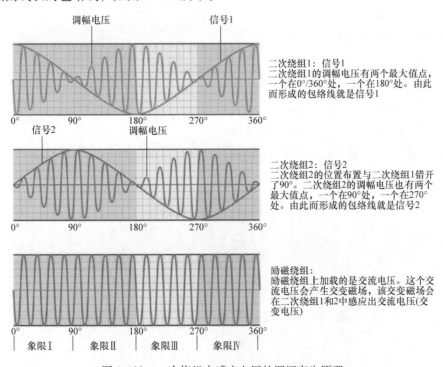

图 4-129 二次绕组中感应电压的调幅产生原理

图 4-129 中的四个象限可以通过信号 1 和信号 2 前面的正、负号来区分，见表 4-12。

表 4-12 四个象限的信号 1 和信号 2

| 示例 | 信号 1 | 信号 2 |
| --- | --- | --- |
| 象限 I | + | + |
| 象限 II | − | + |
| 象限 III | − | − |
| 象限 IV | + | − |

如果信号1和信号2以及相应的象限在360°上都彼此匹配好的话，控制单元就能以非接触方式确定出转子的精确位置（即使靶轮不动也能）。除了转子位置，还能确定转子的转速和驱动电机的转速。

2）0°/360°：凸块尖点处于标记着0°/360°的定子齿处，如图4-130所示。

加载到励磁绕组上的是交流电压，该交流电压会产生一个交变的磁场。就像变压器那样，该磁场会在二次绕组1和2中感应出交流电压。铁制的传感器靶轮凸块与铁制的定子齿之间的距离会改变磁通量。这个距离越小，磁通量就越大，二次绕组中感应出的交流电压的振幅就越大，如图4-128所示。

当凸块尖点处于标记着0°/360°的定子齿处时，在二次绕组1中会感应出最大的电压。

3）90°：凸块尖点处于标记着90°的定子齿处，如图4-131所示。在这个位置处时，会根据调幅在二次绕组2中感应出最大的电压。

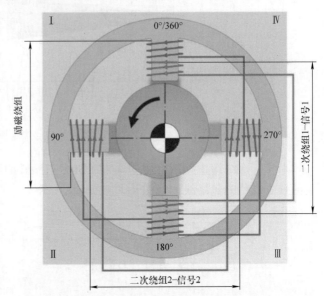

图4-130 凸块尖点处于标记着0°/360°的定子齿处

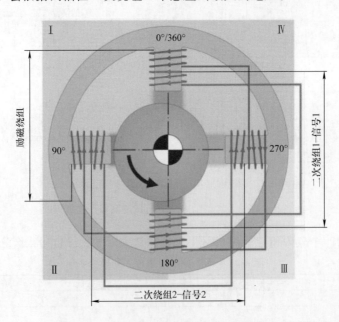

图4-131 凸块尖点处于标记着90°的定子齿处

4) 180°：凸块尖点处于标记着180°的定子齿处时会根据调幅在二次绕组1中感应出最大的电压，如图4-132所示。

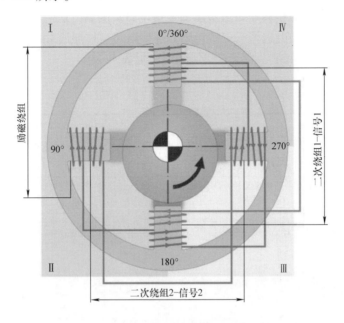

图4-132　凸块尖点处于标记着180°的定子齿处

5) 270°：凸块尖点处于标记着270°的定子齿处时会根据调幅在二次绕组2中感应出最大的电压，如图4-133所示。

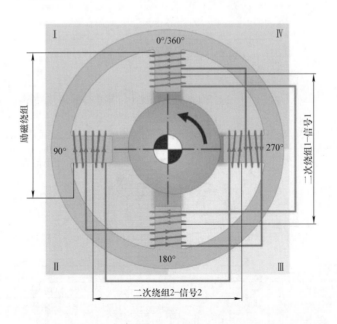

图4-133　凸块尖点处于标记着270°的定子齿处

### 五、驱动电机转子位置传感器连接电路

**1. 比亚迪 e5 的驱动电机转子位置传感器连接电路及测量方法**

（1）比亚迪 e5 的驱动电机转子位置传感器连接电路　比亚迪 e5 的驱动电机转子位置传感器连接电路如图 4-134 所示，电气连接端子定义见表 4-13。

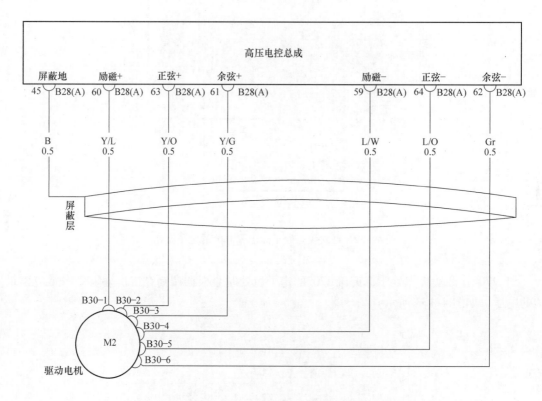

图 4-134　比亚迪 e5 的驱动电机转子位置传感器连接电路

表 4-13　比亚迪 e5 的驱动电机转子位置传感器电气连接端子定义

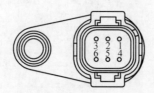

| 引脚号 | 端口定义 |
| --- | --- |
| 1 | 励磁 + |
| 2 | 余弦 + |
| 3 | 正弦 + |
| 4 | 励磁 - |
| 5 | 余弦 - |
| 6 | 正弦 - |

（2）比亚迪 e5 的驱动电机转子位置传感器检测方法

1）测量工具：万用表。

2）测量方式：在常温下测量励磁电阻时，用欧姆表两端子分别连接 1、4 端子，查看欧姆表显示的电阻值是否在标准值范围内；同理，可测量正、余弦电阻值。阻值标准见表 4-14。

表 4-14 驱动电机转子位置传感器阻值标准

| 测量项 | 标准值/Ω |
| --- | --- |
| 励磁电阻 | 6.5±2 |
| 正弦电阻 | 12.5±4 |
| 余弦电阻 | 12.5±4 |

**2. 奥迪 A6 混合动力车型驱动电机转子位置传感器连接电路及信号失效的影响**

（1）奥迪 A6 混合动力车型驱动电机转子位置传感器连接电路　奥迪 A6 混合动力车型驱动电机转子位置传感器与驱动电机温度传感器集成在一起的，其连接电路如图 4-135 所示，电气连接端子如图 4-136 所示。

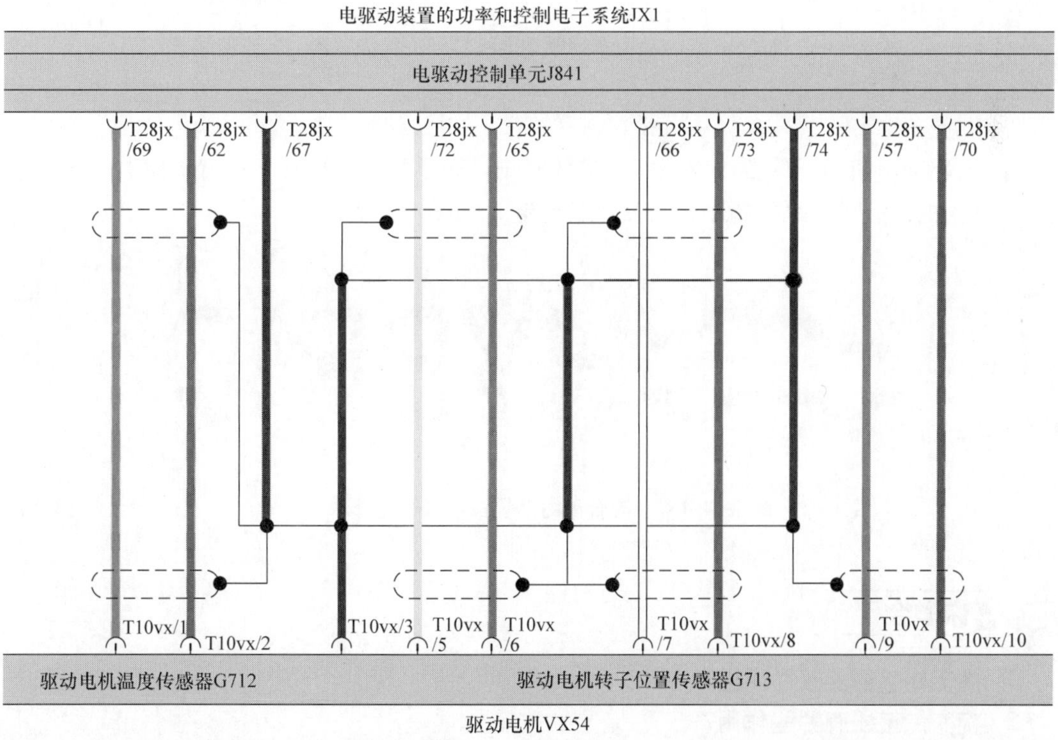

图 4-135　奥迪 A6 混合动力车型驱动电机转子位置传感器连接电路

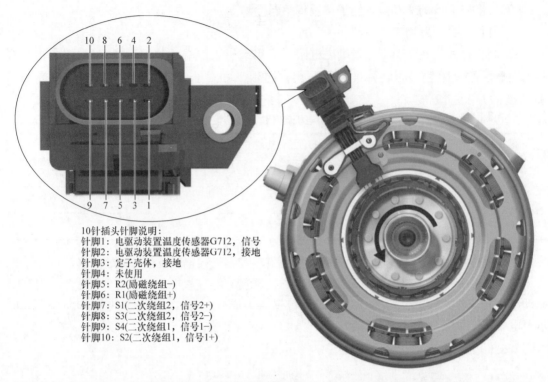

图 4-136 奥迪 A6 混合动力车型驱动电机转子位置传感器电气连接端子

（2）驱动电机转子位置传感器信号失效影响 如果驱动电机转子位置传感器失效的话，组合仪表上的混合动力系统指示灯会呈红色亮起，如图 4-137 所示。

图 4-137 混合动力系统指示灯红色警示

 **你学会了吗?**

1. 旋变传感器安装在哪里？
2. 旋变传感器有哪些作用？
3. 旋变传感器由什么组成？
4. 旋变传感器是如何工作的？
5. 如何检测旋变传感器？

# 第34天 超声波雷达

> **学习目标**
> 1. 了解超声波雷达的类型和作用。
> 2. 了解超声波雷达的安装位置。
> 3. 了解超声波雷达的基本结构和工作原理。
> 4. 了解超声波雷达的连接电路。

今天要介绍的是一种极其常见的传感器——超声波雷达,如图4-138所示。如果觉得超声波雷达有些陌生,那么它还有一个更通俗的名字——倒车雷达。

图4-138 超声波雷达的实际应用

在倒车入库,慢慢挪动车子的过程中,在驾驶室内能听到"哔…哔…哔"的声音,这些声音就是根据超声波雷达的检测障碍物距离给驾驶人的反馈信息。

常见的超声波雷达有两种,分别为驻车辅助超声波雷达和驻车转向辅助超声波雷达。

## 一、驻车辅助超声波雷达

### 1. 安装位置

驻车辅助超声波雷达安装在车辆前后保险杠上,如图4-139所示。在带有车辆泊车距离控制功能车辆的前后部各安装4个超声波雷达或只在车辆后部安装4个超声波雷达。超声波雷达都从后部插入车辆前端和尾端处的塑料盖板内。

### 2. 工作原理

超声波雷达主要由发射器、接收器等组成,如

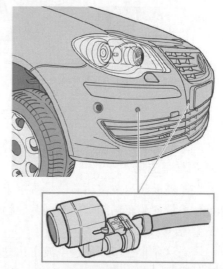

图4-139 驻车辅助超声波雷达的安装位置

图 4-140 所示。

超声波传感器发出属于超声波范围内的、人耳听不到的声音。这个声音以声波形式在周围介质（例如空气）中恒速传播，如图 4-141 所示。

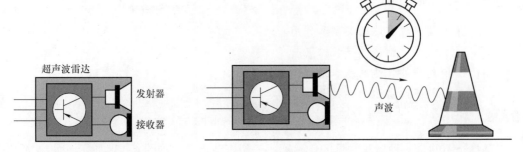

图 4-140　超声波雷达的组成　　　　图 4-141　发出一个超声波信号

声波是指从声源出发、造成周围空气密度和压力以波形方式发生的变化。声音传播速度取决于传播声音的介质密度。在标准大气压（$10^5$ Pa）下且温度为 20℃时，声音在空气中的传播速度为 343m/s；在 0℃的水中，传播速度为 1407m/s。

因为声音的传播速度与温度有关，所以将车外温度传感器的信号作为参考值纳入系统控制之中。

如果声波射到物体（例如墙壁）上，那么就会根据墙壁特性或多或少地被反射回来。反射回来的声波回到超声波雷达，并由其内部的接收器接收。此时，超声波雷达测量发射与接收反射的超声波之间经过的时间。根据这个测量时间，自动泊车辅助系统控制单元便可得出车辆与障碍物之间的距离，如图 4-142 所示。

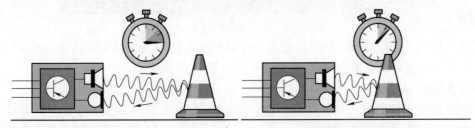

a）反射声波的传播所用时间长　　　　b）反射声波的传播所用时间短

图 4-142　确定车辆与障碍物之间的距离

驻车辅助超声波雷达的探测范围较小，距离短，如图 4-143 所示。

**3. 信号应用**

驻车辅助超声波雷达的信号既用于泊车距离控制功能，也用于自动泊车功能。在这两项功能中系统探测车辆至车辆周围其他物体的距离。

**4. 信号失灵影响**

可对这 8 个驻车辅助超声波雷达进行自诊断。某一驻车辅助超声波雷达损坏时会导致整个系统失灵。

图 4-143 驻车辅助超声波雷达的探测范围（见彩插）

## 二、驻车转向辅助超声波雷达

### 1. 安装位置

这四个驻车转向辅助超声波雷达传感器，分别安装在车辆前、后端左侧和右侧区域内，如图 4-144 所示。传感器从后部插入一个固定支架内，该支架卡止在车辆前端的塑料盖板内。自动泊车辅助系统传感器与泊车辅助系统传感器尺寸不同，因此不会混淆。因为自动泊车辅助系统传感器的探测角度和范围较大，所以尺寸较大。

### 2. 工作原理

驻车转向辅助超声波雷达的工作原理与驻车辅助超声波雷达相同。但是驻车转向辅助超声波雷达的探测范围和探测角度较大，距离远，如图 4-145 所示。

### 3. 信号应用

两个传感器的信号只用于自动泊车功能。这些传感器一方面用于测量泊车位，另一方面用于泊车入位过程中监控车辆前端的侧面距离。

传感器信号也用于计算驶过角。

### 4. 信号失效影响

可对驻车转向辅助超声波雷达进行自诊断。某一个驻车转向辅助超声波雷达损坏时，车辆无法执行自动泊车功能。

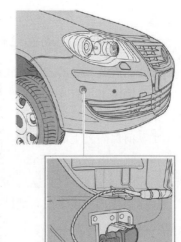

图 4-144 驻车转向辅助超声波雷达的安装位置

图 4-145　驻车辅助超声波雷达的探测范围（见彩插）

## 三、超声波雷达连接电路

大众品牌某车型的超声波雷达连接电路如图 4-146 所示。

该车辆前部带有 4 个泊车辅助超声波雷达和 2 个驻车转向辅助超声波雷达，后部带有 4 个泊车辅助超声波雷达。

车辆前保险杠上的 4 个泊车辅助超声波雷达（G252、G253、G254、G255）和 2 个驻车转向辅助超声波雷达（G568、G569）由自动泊车辅助系统控制单元（J791）统一供电和搭铁，它们的信号线各自独立地向自动泊车辅助系统控制单元（J791）提供信号。

后保险杠上的 4 个泊车辅助超声波雷达（G203、G204、G205、G206）由自动泊车辅助系统控制单元（J791）统一供电和搭铁，它们的信号线各自独立地向自动泊车辅助系统控制单元（J791）提供信号。

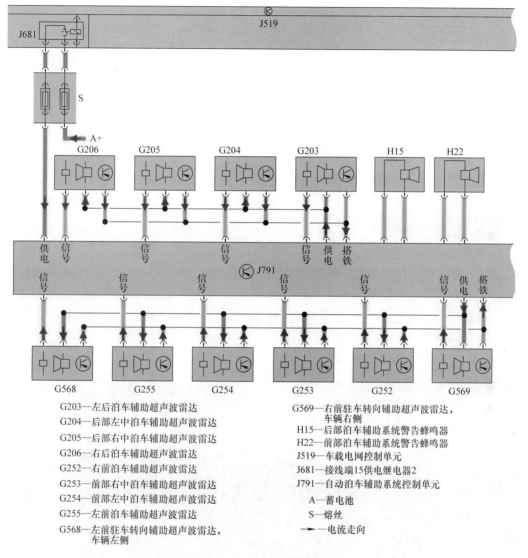

图 4-146 大众品牌某车型的超声波雷达连接电路

G203—左后泊车辅助超声波雷达
G204—后部左中泊车辅助超声波雷达
G205—后部右中泊车辅助超声波雷达
G206—右后泊车辅助超声波雷达
G252—右前泊车辅助超声波雷达
G253—前部右中泊车辅助超声波雷达
G254—前部左中泊车辅助超声波雷达
G255—左前泊车辅助超声波雷达
G568—左前驻车转向辅助超声波雷达，车辆左侧
G569—右前驻车转向辅助超声波雷达，车辆右侧
H15—后部泊车辅助系统警告蜂鸣器
H22—前部泊车辅助系统警告蜂鸣器
J519—车载电网控制单元
J681—接线端15供电继电器2
J791—自动泊车辅助系统控制单元
A—蓄电池
S—熔丝
→—电流走向

**你学会了吗?**

1. 超声波雷达有什么作用?
2. 超声波雷达安装在哪里?
3. 超声波雷达主要有哪些类型?
4. 超声波雷达的电路是如何连接的?

# 第35天　毫米波雷达

**学习目标**

1. 了解毫米波雷达的定义。
2. 了解毫米波雷达的类型。
3. 了解不同类型毫米波雷达的特点和安装位置。
4. 了解毫米波雷达的基本结构和工作原理。
5. 了解毫米波雷达的更换与校准。

## 一、毫米波雷达基础

### 1. 毫米波雷达的定义

毫米波雷达是工作在毫米波频段的雷达，如图4-147所示。毫米波是指长度为1~10mm的电磁波，对应的频率范围为30~300GHz。毫米波雷达是高级驾驶辅助系统（ADAS）的核心传感器之一，主要用于自适应巡航控制（ACC）系统、自动制动辅助系统、盲区监测系统、行人检测等。

图4-147　毫米波雷达

### 2. 毫米波雷达的类型

毫米波雷达可以按照工作原理、探测距离和频段进行分类。

（1）按工作原理分类　毫米波雷达按工作原理的不同可以分为脉冲式毫米波雷达与调频式连续毫米波雷达两类。脉冲式毫米波雷达通过发射脉冲信号与接收脉冲信号之间的时间差来计算目标距离；调频式连续毫米波雷达是利用多普勒效应测量得出不同距离的目标的速度。脉冲式毫米波雷达测量原理简单，但由于受技术、元器件等方面的影响，实际应用中很难实现；目前，大多数车载毫米波雷达都采用调频式连续毫米波雷达。

（2）按探测距离分类　毫米波雷达按探测距离可分为短程（SRR）、中程（MRR）和远程（LRR）毫米波雷达。短程毫米波雷达一般探测距离小于60m；中程毫米波雷达一般探测距离为100m左右；远程毫米波雷达探测距离一般大于200m，如图4-148所示。

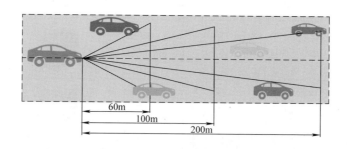

图4-148　毫米波雷达按探测距离

（3）按频段分类　毫米波雷达按采用的毫米波频段不同，可分为24GHz、60GHz、77GHz和79GHz毫米波雷达。主流可用频段为24GHz和77GHz，其中24GHz适合近距离探测，77GHz适合远距离探测。79GHz有可能是未来发展趋势。

### 3. 毫米波雷达的特点

（1）优点　毫米波雷达具有以下优点：

1）探测距离远。毫米波雷达探测距离远，可达200m以上。

2）探测性能好。毫米波波长较短，汽车在行驶中的前方目标一般都是由金属构成的，这会形成很强的电磁反射。

3）响应速度快。毫米波的传播速度与光速一样，并且其调制简单，配合高速信号处理系统，可以快速地测量出目标的距离、速度、角度等信息。

4）适应能力强。毫米波具有很强的穿透能力，在雨、雪、大雾等恶劣天气依然可以正常工作，而且不受颜色和温度的影响。

5）抗干扰能力强。毫米波雷达一般工作在高频段，而周围的噪声和干扰处于中低频区，基本上不会影响毫米波雷达的正常运行。因此，毫米波雷达具有抗低频干扰的特性。

（2）缺点　毫米波雷达具有以下缺点：

1）覆盖区域呈扇形，有盲点区域。

2）无法识别交通标志。

3）无法识别交通信号。

### 4. 毫米波雷达的安装数量和安装位置

（1）安装数量　根据车辆驾驶辅助系统功能配置的不同，安装在车辆上的毫米波雷达类型和数量都有所不同。一般而言，驾驶辅助系统功能和配置越高的车所使用的毫米波雷达类型和数量就越多，如图4-149所示。

| 车型 | 自适应巡航控制系统型号 |
| --- | --- |
| A3、S3 |  ** |
| A4、S4、RS4 |  |
| A5、S5、RS5 |  |
| A6、S6、RS6 |  *** |
| A7、S7、RS7 |  |
| A8、S8 |  |
| Q5、SQ5 |  |
| Q7 |  |

** 自适应巡航控制系统带一个控制器及一个雷达单元(右侧车距调节传感器G259和车距调节控制器J428)

*** 自适应巡航控制系统带两个控制器及各一个雷达单元(右侧车距调节传感器G259和车距调节控制器 J428-主控单元-左侧车距调节传感器G258和车距调节控制器2 J850-副控单元)

图 4-149 配置驾驶辅助系统功能和配置对比

（2）安装位置 以宝马 G30 为例，毫米波雷达传感器的安装位置如图 4-150 所示。

## 二、毫米波雷达的结构与工作原理

### 1. 毫米波雷达的结构

毫米波雷达硬件核心是单片微波集成电路（MMIC）芯片和天线印制电路板（PCB）。以博世（BOSCH）第二代和第三代远程车载雷达系统为例介绍毫米波雷达的内部结构，主要包括天线、收发模块、信号处理模块，如图 4-151 所示。

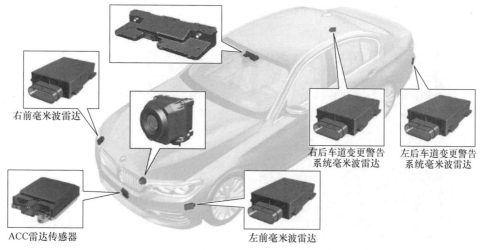

图 4-150　宝马 G30 上毫米波雷达传感器的安装位置

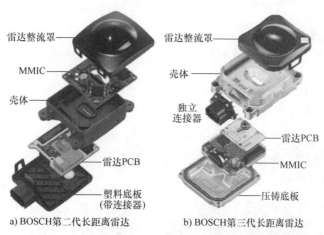

a) BOSCH第二代长距离雷达　　b) BOSCH第三代长距离雷达

图 4-151　BOSCH 第二代和第三代远程车载雷达

（1）前端单片微波集成电路（MMIC）　前端 MMIC（供应商：英飞凌、飞思卡尔、厦门意行和南京米勒）包括多种功能电路，如低噪声放大器（LNA）、功率放大器、混频器、甚至收发系统等功能，如图 4-152 所示。

它具有电路损耗小、噪声低、频带宽、动态范围大、功率大、附加效率高、抗电磁辐射能力强等特点。

（2）雷达天线高频 PCB　毫米波雷达天线的主流方案是微带阵列，即将高频 PCB 集成在普通的 PCB 基板上实现天线的功能，需要在较小的集成空间中保持天线足够的信号强度，如图 4-153 所示。

图 4-152　前端单片微波集成电路

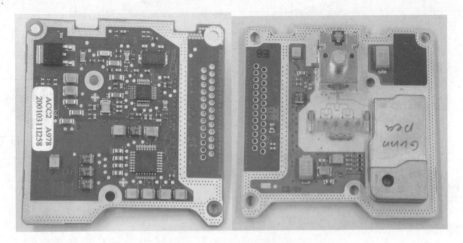

图 4-153 雷达天线高频 PCB

**2. 毫米波雷达的工作原理**

毫米波雷达基本工作原理如图 4-154 所示。

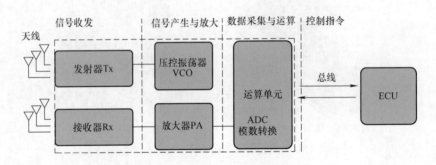

图 4-154 毫米波雷达基本工作原理

利用高频电路产生特定调制频率的电磁波,并通过天线发送电磁波和接收从目标反射回来的电磁波,通过发送和接收电磁波的参数来计算目标的各个参数。

可以同时对多个目标进行测距、测速以及方位测量;测速是根据多普勒效应,而方位测量(包括水平角度和垂直角度)是通过天线的阵列方式来实现的。

**3. 毫米波雷达的工作体制**

根据辐射电磁波方式不同,毫米波雷达主要工作体制有脉冲体制和连续波体制两种,如图 4-155 所示。两种工作体制对比见表 4-15。

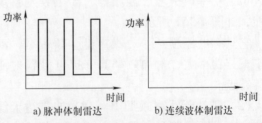

a) 脉冲体制雷达    b) 连续波体制雷达

图 4-155 毫米波雷达主要工作体制

表 4-15 脉冲体制和连续波体制对比

| 工作方式 | 脉冲体制（脉冲多普勒雷达） | 连续波体制 | | |
| --- | --- | --- | --- | --- |
| | | 恒频连续波（CW） | 频移键控（FSK）连续波 | 调频连续波（FMCW） |
| 特点 | 1. 多用于近距离目标信息测量<br>2. 技术比较成熟<br>3. 测量过程简单，测量精度较高 | 可探测目标速度 | 1. 可探测移动目标的位置与速度信息<br>2. 探测时间短，精度高 | 1. 能同时测出多个目标的距离和速度信息，可对目标连续跟踪，系统敏感性高，错误报警率低<br>2. 不易受外界电磁噪声的干扰<br>3. 测量距离远，分辨率高<br>4. 所需发射功率低<br>5. 成本较低<br>6. 信号处理难易程度及实时性可达到系统要求 |
| 不足 | 1. 当目标近距离时，脉冲收发时间短，需要采用高速信号处理技术，结构要求复杂，成本大幅上升<br>2. 高分六率需要占用较大带宽<br>3. 发射功率限制导致作用距离近 | 不能测量距离 | 不能同时测量多个目标 | |

其中，连续波又可以分为频移键控（FSK）连续波、相移键控（PSK）、恒频连续波（CW）、调频连续波（FMCW）等方式。

**4. 毫米波雷探测原理**

（1）距离测量 从信号发射到反射信号的捕捉之间的时间间隔取决于到物体间的距离。发射出去的雷达波束碰到物体表面后会被反射回来。接收到的反射波束与发射波束进行对比并分析得出发射器/接收器与物体之间距离。

图 4-156 所示是发射器/接收器与物体之间距离同信号传递时间的关系：图 4-156b 中的距离是图 4-156a 中的两倍，那么图 4-156b 中反射信号到达接收器所需时间就是图 4-156a 中的两倍。

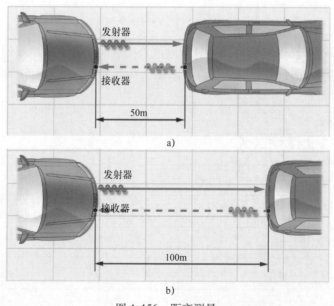

图 4-156 距离测量

直接的往返时间测量十分复杂。因此我们运用 FMCW 测量方法对往返时间进行测量，将其作为持续发射并即时变频的高频振荡电波来使用，变频（调制）为 1ms 内 200MHz。图 4-157 所示的是 ±200MHz 的载波信号通过频率调制时的频率变化。

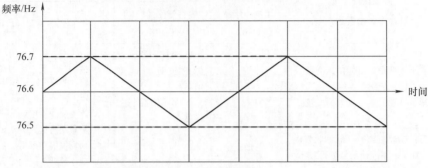

图 4-157　载波信号

在调频信号振幅（信号强度）几乎保持恒定不变时，频率（单位时间内振动次数）却是在变化着的。在图 4-158 中，标有 A 的时间点的信号频率达到最大值（单位时间内振动次数最多）；标有 B 的时间点的信号频率达到最小值（单位时间内振动次数最少）。

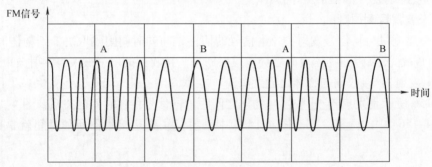

图 4-158　调频信号

发射信号与接收（反射）信号间的频率差值直接取决于和物体之间的距离，如图 4-159 所示。距离越大，则发射信号接收的往返时间越长并且发射频率与接收频率间的差值越大。

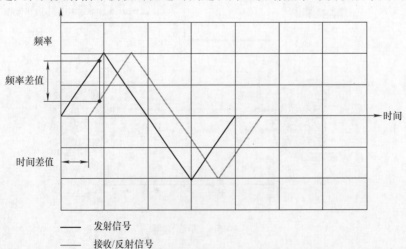

图 4-159　发射信号与接收（反射）信号间的频率差值

（2）确定前车车速　为了获得前方行驶车辆的车速信息，应用了一种物理效应，即"多普勒效应"。此处的区别在于：反射发出的雷达波的物体相对发射器是否相对静止。

如果发射器和物体之间的距离缩小，则反射电波的频率就升高。如果距离扩大，则频率就会下降。电子部件分析该频率的移动信息，从而提供前方行驶车辆的车速数据。

例如，当一辆警车驶近时，行人听到的是近似恒定的高音警报信号声（高音频），如图4-160所示。当警车驶离时，行人听到的是低音的警报声（频率跃变 – 低音频）。

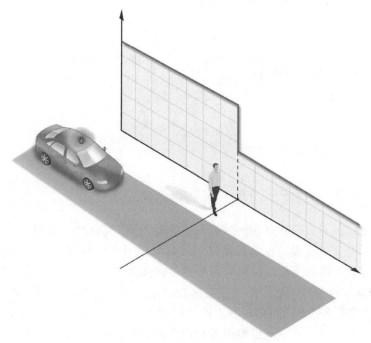

图4-160　多普勒效应的应用示例

（3）确定前方行驶车辆的位置　雷达信号呈波瓣形向外扩散。随着与发射器之间的距离加大，信号强度（振幅）在车辆纵向（$x$）和横向（$y$）上减弱，如图4-161所示。

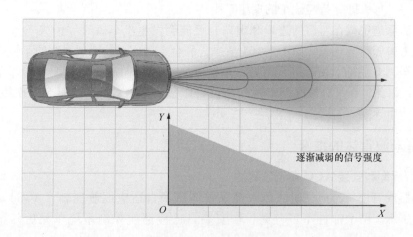

图4-161　雷达信号扩散

要确定车辆位置时,必须确定前方行驶车辆与自身车辆的角度。为获取该信息,奥迪车型上都采用了各配有四个发射/接收器的发射和接收单元。

图 4-161 展示了信号强度与发射器距离的关系,利用该原理并结合四个雷达波瓣(图 4-162),可精确地确定前方行驶车辆的位置。雷达波瓣在边缘范围相互重叠。

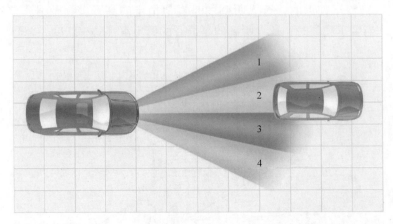

图 4-162　雷达波瓣

在图 4-162 中,前方行驶的车辆同时被雷达波瓣 2 和 3 探测到。在所示的例子中,如果车体大部分位于信号 2 的范围内,那么接收(反射)信号 2 的信号强度(振幅)就大于接收信号 3。各个雷达波瓣的接收(反射)信号的振幅强度关系可提供角度信息。

(4) 确定作为控制参照物的车辆　在实际交通中(比如在高速公路、多车道道路或弯道上行驶时),经常是多辆车同时出现在雷达的探测范围内。这时,就必须要识别哪辆车与本车行驶在同一车道上或本车应与哪辆车保持选择的车距。其前提是由车距调节控制器来确定车道走向。

从装有自适应巡航控制系统的车辆目前行驶的弯道半径 $R$ 和确认的行驶车道平均宽度数据中,控制器测算出"大致的"车道信息,如图 4-163 所示。

在该车道上,被雷达感应器探测到的最近的物体(汽车)将被确定为参照车辆。如果满足调节条件,那么即保持与该车的期望车距。

在变换的弯道中或在弯道的进口和出口,可能会发生汽车短时"消失"或将相邻车道上的汽车视为参照物的现象。如图 4-164 所示,装有自适应巡航控制系统的车辆 A 行驶在同一车道上的车辆 B 后面。由于进入弯道,车辆 A 的行驶方向似乎径直朝着相邻车道上行驶着的车辆 C,因此,在某种情况下车辆 C 会被当作参照车辆对待。这时会出现短时的调节,而让驾驶人产生迷惑。

### 三、毫米波雷达的维修

**1. 更换/拆卸和安装 ACC 毫米波雷达**

当传感器或者控制器损坏时,每次都要整体更换自适应巡航控制(ACC)系统单元,如图 4-165 所示。两个部件不可分离!在安装自适应巡航控制系统单元后,需要调校传感器。

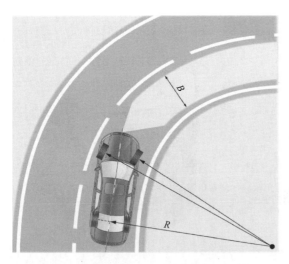

图 4-163 测算出"大致的"车道信息

图 4-164 确定作为控制参照物的车辆示例

注意：在安装 ACC 毫米波雷达单元前，重要的是要对双头螺栓长度进行精确的基础调整。

## 2. 校准 ACC 毫米波雷达

为准确地进行调节，必须精确校准传感器。只有这样，才能将同在一条车道上行驶的前方车辆识别为参照车辆，如图 4-166 所示。

如果传感器在水平方向上调整得不精确，那么可能会出现根据相邻车道上的车辆进行错误调节的情况。

在以下情况下，必须每次都重新校准传感器：

图 4-165 ACC 毫米波雷达单元

图 4-166 识别为参照车辆

1)调节或更改过后桥前束。
2)拆卸和安装过自适应巡航控制系统单元(传感器和控制器)。
3)拆卸和安装过前保险杠。
4)松开或移动过前保险杠。
5)由于受到强力影响而导致前保险杠损坏。
6)水平失调角度在 -0.8°~0.8°范围以外。

校准 ACC 毫米波雷达方法:

自适应巡航控制系统单元是用三个双头螺栓固定在支撑板上,如图 4-167 所示。支撑板与保险杠呈刚性螺栓连接。双头螺栓的末端为球头。球头被用塑料球节套固定在支撑板的孔眼中。螺栓螺纹旋紧在传感器的塑料元件(卡夹)中。三个螺栓中的两个(A、B)螺栓用于调节传感器,第三个(C)螺栓与传感器外壳连接在一起,不可调节。

旋转螺栓(A 或 B),传感器与支撑板的间距就改变,传感器围绕着由不可调节的螺栓(C)和第二个未被操控的、可调节的螺栓(B 或 A)形成的轴线摆动。由此可对传感器单独

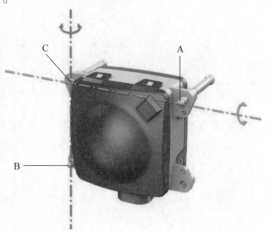

图 4-167 校准 ACC 毫米波雷达

进行水平方向和垂直方向上的调整。在(旋转螺栓)调整时,必须使用调整专用工具。

校准过程的基本原理与 ACC 控制系统和车型无关。

必须将反射镜在车辆前面定位在与车辆几何行驶轴线垂直的位置上(几何行驶轴线显示的是后桥的转动方向,因此也是车辆直行时的运动方向。)精确定位反射镜时,需要使用一台四轮定位仪并进行相应的车轮基础定位。

确定雷达感应器的位置是否在规定范围时不需要进行完整的车轮定位测试,只需进行一次"快速启动"(进行轮辋跳动补偿和测量后桥前束)。

接着,车距调节控制器指令雷达感应器发射雷达波并接收通过镜面反射信号。

机修人员使用车辆诊断测试仪触发该过程。当传感器调整最佳时,反射回来的雷达波会重新准确地击中发射的起始点。控制器对偏离起始点的尺度进行分析并据此测定当时的失调角。机修人员通过车辆诊断测试仪得到信息:如何在相应的调节螺栓上进行改动,如图 4-168 所示。

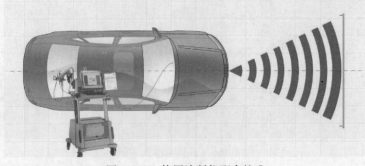

图 4-168 使用诊断仪配合校准

注意：每次校准传感器之后都应检查 ACC 毫米波雷达螺栓是否正确固定。

1. 毫米波雷达有什么作用？
2. 毫米波雷达安装在哪里？
3. 毫米波雷达由什么组成，是怎样工作的，怎样检测？

## 第36天 激光雷达

1. 了解激光雷达的作用和特性。
2. 了解激光雷达系统的组成和测距原理。
3. 了解激光雷达的类型。
4. 了解激光雷达的主要参数指标。
5. 了解奥迪A8上激光雷达的安装位置、结构和工作原理、连接电路、维修与保养。

### 一、激光雷达概述

**1. 激光雷达的作用**

激光雷达是工作在光波频段的雷达，它利用光波频段的电磁波先向目标发射探测信号，然后将其接收到的回波信号与发射信号相比较，从而获得目标的位置（距离、方位和高度）、运动状态（速度、姿态）等信息，实现对目标的探测、跟踪和识别。

激光雷达最大的优势就是"精准"和"快速、高效作业"，它是一种用于精确获得三维位置信息的传感器，其在机器中的作用相当于人类的眼睛，能够确定物体的位置、大小、外部形貌甚至材质。

**2. 激光雷达的特性**

（1）单色性　光的颜色是由光的波长（或频率）决定的，频率宽度越小，光的单色性越强。普通光源发射的光波频率宽度较大，而激光频率宽度仅为 $10^{-9}$m，仅是氦灯的1/5。它极高的单色性，保证了光束能精确地聚集到焦点上，得到很高的功率密度，可以探测很远的距离。

（2）高亮度　固体激光器的亮度可高达 $1011W/(sr·cm^2)$，不仅如此，具有高亮度的激光束经透镜聚焦后，能在焦点附近产生数千度乃至上万度的高温。

（3）高方向性　激光的高方向性使其能在有效地传递较长距离的同时，还能保证聚焦时得到极高的功率密度。

（4）偏振性　激光是一种偏振光，偏振光在前进时周围带有电磁场力，能够重新排列液晶分子。但是它的振动只发生在一个平面内（共振），且方向固定，所以激光遇水不发生折射。

（5）相干性　光波由无数个光量子组成，由激光器发射出来的光量子由于共振原理，其波长、频率、偏振方向都是一致的，因此具有非常强的干涉力。

由于激光的特性，激光雷达非常适合远距离、高精度的测距要求，但是容易受到大气条件以及工作环境烟尘的影响，要实现全天候工作非常困难。

**3. 激光雷达系统的组成**

智能网联汽车激光雷达系统由收发天线、收发前端、信号处理模块、汽车控制装置和报警模块组成，如图4-169所示。

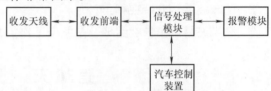

图4-169　智能网联汽车激光雷达系统的组成

（1）收发天线　对于少线束激光雷达，收发天线可安装于车辆保险杠内，向车辆前方发出发射信号，并接收反射信号。

（2）收发前端　收发前端是雷达系统的核心部件，负责信号调制、射频信号的发射接收及接收信号解调。

（3）信号处理模块　信号处理模块自动分析、计算出与前方车辆的距离和相对速度，并且防止转弯时错误测量临近车道车辆的情况发生。

（4）汽车控制装置　汽车控制装置是控制汽车的自动操作系统，能够自动减速或紧急制动。通过限制发动机输出转矩、调节制动力及变速器档位，控制汽车的行驶速度。

（5）报警模块　根据设定的安全车距和报警距离，以适当的方式给驾驶人报警，保障汽车安全行驶。

**4. 激光雷达的测距原理**

激光雷达的测距原理是通过测算激光发射信号与激光回波信号的往返时间，从而计算出目标的距离。首先，激光雷达发出激光束，激光束碰到障碍物后被反射回来，被激光接收系统进行接收和处理，从而得知激光从发射至被反射回来并接收之间的时间，即激光的飞行时间。根据飞行时间，可以计算出障碍物的距离。

根据基本原理，实现激光测距的方法主要有有脉冲测距法、干涉测距法、相位测距法和三角测距法。

（1）脉冲测距法　用脉冲法测量距离时，首先激光器发出一个光脉冲，同时设定的计数器开始计数，当接收系统接收到经过障碍物反射回来的光脉冲时停止计数。计数器所记录的时间就是光脉冲从发射到接收所用的时间。光速是一个固定值，只要得到发射到接收所用的时间就可以算出所要测量的距离，如图4-170所示。

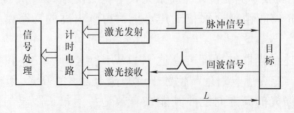

图4-170　脉冲法激光的测距原理

（2）干涉测距法　干涉测距法的基本原理是利用光波的干涉特性而实现距离测量的方

法。根据干涉原理,产生干涉现象的条件是两列有相同频率、相同振动方向的光相互叠加,并且这两列光的相位差固定。

干涉法激光的测距原理如图 4-171 所示。激光器发射出一束激光,通过分光镜分为两束相干光波,两束光波各自经过反射镜 M1 和 M2 反射回来,在分光镜处又汇合到一起。由于两束光波的路程差不同,通过干涉后形成的明暗条纹也不同,所以传感器将干涉条纹转换为电信号之后,就可以实现测距。

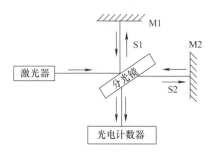

图 4-171　干涉法激光的测距原理

干涉法测距技术虽然已经很成熟,并且测量精度也很好,但是它一般是用在测量距离的变化中,不能直接用于测量距离。因此,干涉测距一般应用于干涉仪、测振仪和陀螺仪中。

(3) 相位测距法　相位法激光的测距原理是利用发射波和返回波之间所形成的相位差来测量距离的。首先,经过调制的频率通过发射系统发出一个正弦波的光束,然后,通过接收系统接收经过障碍物之后反射回来的激光。只要求出这两束光波之间的相位差,便可通过此相位差计算出待测距离。相位法激光的测距原理如图 4-172 所示。

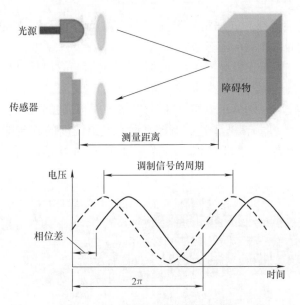

图 4-172　相位法激光的测距原理

(4) 三角测距法　三角测距法即光源、被测物面、光接收系统三点共同构成一个三角形光路,由激光器发出的光线,经过汇聚透镜聚焦后入射到被测物体表面上,光接收系统接收来自入射点处的散射光,并将其成像在光电位置探测器敏感面上,通过光点在成像面上的位移来测量被测物面移动距离的一种测量方法,如图 4-173 所示。

距离表示如下

$$L = f(B + X)/X$$

式中, $L$ 是测量距离; $f$ 是传感器与透镜中心的距离; $X$ 是反射光斑与传感器中心的距离; $B$ 是发射光与传感器中心的距离。

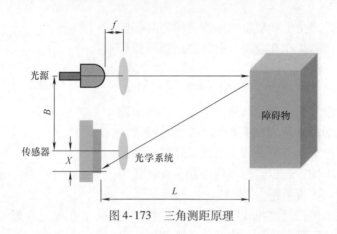

图 4-173 三角测距原理

激光三角测距法具有结构简单、测试速度快、使用灵活方便等诸多优点,但由于激光三角测距系统中,光接收器件接收的是待测目标面的散射光,所以对器件灵敏度要求很高。另外,如果激光亮度高、单色性好、方向性强,则在近距离的测量中较为容易测量出光斑的位置。

**5. 激光雷达的类型**

(1)按有无机械旋转部件(电机)分类 激光雷达按有无机械旋转部件,可分为机械激光雷达、固态激光雷达和混合固态激光雷达。

机械式激光雷达与固态式激光雷达判断的依据为是否包含电机结构。由电机带动光机结构整体或者转镜做机械运动的方案为机械式激光雷达;与之对应,没有采用电机结构的微型谐振镜方案、光学相控阵(OPA)方案、Flash方案为固态式激光雷达。

1)机械激光雷达。机械激光雷达带有控制激光发射角度的旋转部件,体积较大,价格昂贵,测量精度相对较高,一般置于汽车顶部,如图 4-174 所示。

图 4-174 机械激光雷达置于汽车顶部

图 4-175 所示为激光雷达厂商威力登(Velodyne)的 HDL-64E 机械激光雷达,它采用 64 线束激光规格,性能出众,能够描绘出周围空间的 3D 形态,精度极高,甚至能够探测出百米内人类的细微动作。

HDL-64E 机械激光雷达的缺点是体积大，装配复杂，成本高，机械旋转部件在行车环境下的可靠性不高，难以符合车规的严苛要求。HDL-64E 机械激光雷达已经在谷歌、百度等公司生产的无人驾驶汽车上使用。

2）固态激光雷达。固态激光雷达依靠电子部件来控制激光发射角度，无须机械旋转部件，故尺寸较小，可安装于车体内，如图 4-176 所示。

为了降低激光雷达的成本，也为了提高可靠性，满足车规的要求，激光雷达的发展方向从机械激光雷达转向固态激光雷达。

3）混合固态激光雷达（MEMS）。混合固态激光雷达没有大体积旋转结构，采用固定激光光源，通过内部玻璃片旋转的方式改变激光光束方向，实现多角度检测的需要，如图 4-177 所示。混合固态激光雷达常采用嵌入式安装。

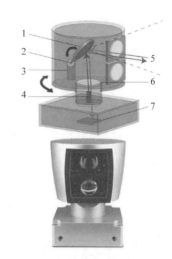

图 4-175　机械激光雷达
1—反射镜　2—MEMS 单元　3—伺服电机
4—激光源　5—障碍物　6—光学编码器
7—接收器

图 4-176　固态激光雷达

（2）根据发出激光线束量分类　根据发出激光线束数量的多少，激光雷达又可分为单线束激光雷达与多线束激光雷达。

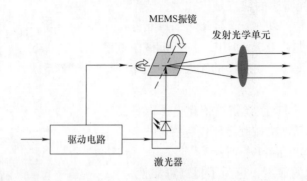

图 4-177　MEMS 激光雷达工作原理示意图

1）单线束激光雷达。单线束激光雷达扫描一次只产生一条扫描线，其所获得的数据为 2D 数据，因此无法区别有关目标物体的 3D 信息。如图 4-178 所示，红色的线就是单线激光雷达扫描的平面。从图中可以知道，个子高的成人可以轻易被激光扫描到，但是个子较矮的小孩不会被识别到。因此，单线激光雷达只是扫描到一个平面。

图 4-178　单线束激光雷达扫描（见彩插）

不过，由于单线束激光雷达具有测量速度快、数据处理量少等特点，多被应用于安全防护、地形测绘等领域。

单线束激光雷达成本低，只能测量距离。北汽福田自动驾驶汽车就使用了 4 个单线束激光雷达，分别布置于车辆的前后左右，用于车身周围障碍物的检测，如图 4-179 所示。

2）多线束激光雷达。多线束激光雷达扫描一次可产生多条扫描线。

图 4-180 使用 VERP 模拟了多线激光雷达的识别，可以看到，多线激光雷达可以识别出很多断面，每一个断面其实就是一束激光识别出的二维平面信息，然后通过一定的算法进行三维重建，得到激光点云。

图 4-179　单线束激光雷达的应用

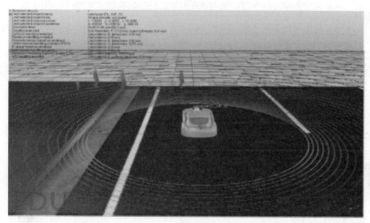

图 4-180　多线激光雷达的识别（见彩插）

图 4-181 则是真实场景中的感知，可以看到红色圈对应的是行人在真实场景多线激光雷达中的感知，蓝色圈则是汽车。

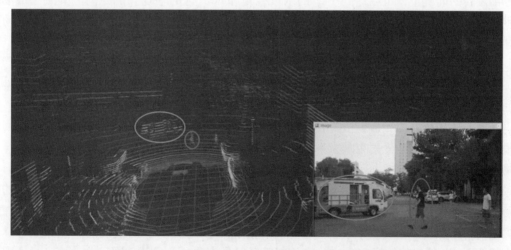

图 4-181　多线束激光雷达真实场景中的感知（见彩插）

目前市场上多线束激光雷达产品包括4线束、8线束、16线束、32线束、64线束等，其细分可分为2.5D激光雷达及3D激光雷达。2.5D激光雷达与3D激光雷达最大的区别在于激光雷达垂直视野的范围，前者垂直视野范围一般不超过10°，而后者可达到30°甚至40°以上，这也就导致两者对于激光雷达在汽车上的安装位置要求有所不同。

**6. 激光雷达的主要参数指标**

激光雷达主要参数指标有距离分辨率、最大探测距离、测距精度、测量帧频、数据采样率、角度分辨率、视场角、波长等，见表4-16。

表4-16 激光雷达主要参数指标

| 参数 | 说明 |
| --- | --- |
| 距离分辨率 | 距离分辨率是指两个目标物体可区分的最小距离 |
| 最大探测距离 | 最大探测距离通常需要标注基于某一个反射率下的测得值，例如白色反射体大概有70%的反射率，黑色物体有7%~20%的反射率 |
| 测距精度 | 测距精度是指对同一目标进行重复测量得到的距离值之间的误差范围 |
| 测量帧频 | 测量帧频与摄像头的帧频概念相同，激光雷达成像刷新帧频会影响激光雷达的响应速度，刷新率越高，响应速度越快 |
| 数据采样率 | 数据采样率是指每秒输出的数据点数，等于帧率乘以单幅图像的点云数目，通常数据采样率会影响成像的分辨率，特别是在远距离，点云越密集，目标呈现就越精细 |
| 角度分辨率 | 角度分辨率是指扫描的角度分辨率，等于视场角除以该方向所采集的点云数目，因此本参数与数据采样率直接相关 |
| 视场角 | 视场角又分为垂直视场角和水平视场角，是激光雷达的成像范围 |
| 波长 | 激光雷达所采用的激光波长，会影响雷达的环境适应性和对人眼的安全性 |

## 二、激光雷达的应用

**1. 安装位置**

全新奥迪A8保险杠处有一个圆弧状的4线束激光雷达传感器，如图4-182所示。在外形不需旋转的前提下，可以达到145°的水平视角和80m远的平均探测距离。其激光二极管每秒可发射近10万次红外线脉冲，控制系统会根据红外线脉冲的反射情况计算出前方物体的详细轮廓。

**2. 结构与工作原理**

奥迪A8激光雷达主要由二极管激光器、旋转镜、接收单元、加热前屏幕和FlexRay总线的连接器等构成，如图4-183所示。

激光雷达传感器的二极管激光器发射出激光束，光束照射到其他物体表面后会反射回到接收单元。通过测量激光射束从发射到接收所需要花费的时间长度，就可以确定出本车与相应物体之间的距离。

激光雷达传感器与雷达传感器的根本区别在于辐射的传播特性。雷达传感器发射出的是锥形雷达波来覆盖较大的空间，而激光扫描装置是将单个激光束集中到一个点上。要想探测较大空间，那么就必须向多个水平面水平发射很多"单束激光"。所使用的激光脉冲（脉冲宽度约为4ns）的波长约为905nm。这种电磁辐射是人眼所不能看到的（红外线），且因强

图 4-182 奥迪 A8 上激光雷达的安装位置

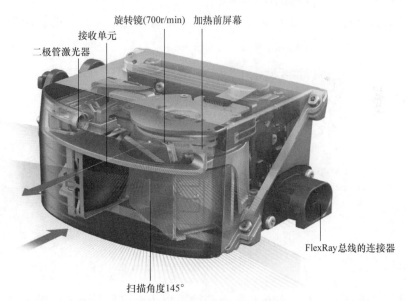

图 4-183 奥迪 A8 激光雷达结构与工作原理

度很低,也就不会造成伤害(激光等级 1)。

激光雷达有一个可回转的反射镜(700r/min),该反射镜会把激光束以扇形散发出去。发射单元发出的激光碰到镜面并被散发出去,如图 4-184 所示。该反射镜是由一个电机来驱动的。

例如,100m 远的物体反射回来的红外线激光脉冲,在发射后不到 $0.7\mu s$ 就会到达激光扫描装置的接收二极管(接收单元)。反射的激光脉冲碰到反光镜的下部并从这里到达光电二极管,光电二极管会把这个光学信息转换成电信号。

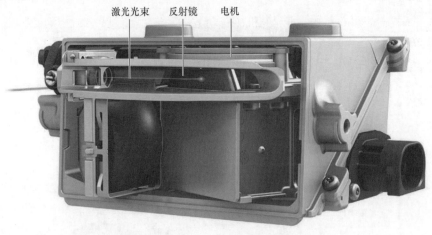

图 4-184 发射激光光束

水平探测范围覆盖了约 145°的角度，作用距离平均约为 80m。车距为 10cm 时仍能对物体做出识别。水平分辨率为 0.25°，比毫米波雷达技术更为精准。

该激光雷达为 4 线束激光雷达。扇形的激光束在垂直方向分布在 4 个平面内，每个平面的辐射角为 0.8°。垂直方向总角约为 3.2°。

接收到的被反射回来的激光束（图 4-185）是这样的：约 145°的总探测角度被细分成

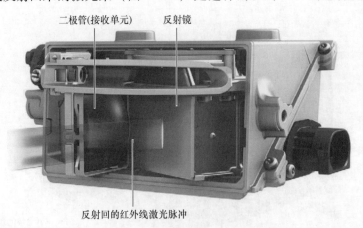

图 4-185 反射回来的激光束

10 个同等大小的扇形区。内部的软件运算规则可以识别出反射镜上的脏污或者损坏以及作用距离，以调整不当这些情况。

除了作用距离这个信息外，FlexRay 总线信息中还包括识别出的物体信息、其坐标连同相应的标准差、物体的速度以及相应物体可被识别并分类的概率。

激光雷达装置还配备有加热系统，以便清洁屏幕。如果激光雷达控制单元识别出屏幕水珠和雪花时，就会发送一个信息至供电控制单元 J519，J519 随后给屏幕加热丝供电以加热屏幕，将屏幕表面的雨雪清除干净。

也有的激光雷达配备的是清洗系统，以便清洁镜头，如图 4-186 所示。伸缩式清洗喷嘴安装在该装置的两侧，相应的电动泵直接安装在清洗液罐上，该泵为激光雷达的清洗喷嘴和后部摄像头的清洗喷嘴供液，根据泵电机的转动方向来清洗雷达或者后部摄像头。如果激光雷达控制单元识别出镜头脏污，那么相应的信息就会被送至供电控制单元 J519，J519 随后给前风窗玻璃清洗泵控制单元 J1100 发送命令去执行清洗工作。

图 4-186　激光雷达清洗系统

### 3. 连接电路

奥迪 A8 激光雷达（激光车距控制单元 J1122）的连接电路如图 4-187 所示。

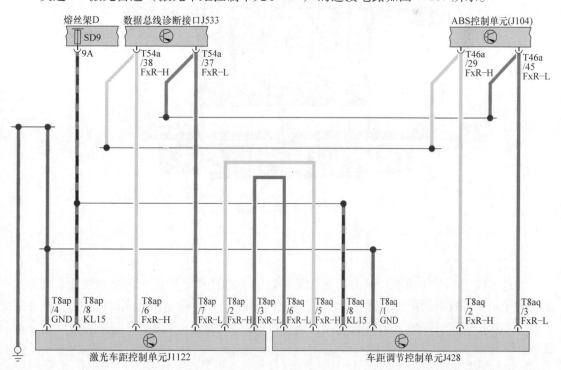

图 4-187　奥迪 A8 激光雷达（激光车距控制单元 J1122）的连接电路

**4. 维修与保养**

奥迪 A8 车辆可通过车辆诊断仪用"车距调节 CD – 激光"这个诊断地址来调用激光雷达系统的通信,它通过 FlexRay 总线的通道 B 来完成。

由于激光扫描装置的安装位置是存在偏差的,需要进行调整。在下述情况下需要调整激光扫描装置:

1) 在拆、装以及更换激光扫描装置后。
2) 在松开并再次固定前保险杠后。
3) 车轮定位发生改变(尤其是后轮前束)。
4) 在完成了自适应空气悬架基本设定(车辆高度自适应)后。

激光雷达系统的调整方法与 ACC 系统的调整方式是一样,使用的校准设备(图 4-188)也是一样的,连调节样板以及将样板与车辆几何轴对齐的方式也是相同的,为此需要使用车轮定位装置。调节激光雷达使用了一种新的光靶(校准装置)。

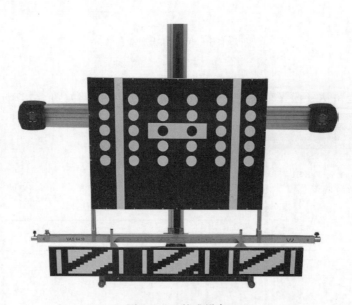

图 4-188　校准设备

在诊断仪引导下(功能"校准激光扫描装置"),会让激光雷达发出激光脉冲。激光束射到光靶上并被反射回来,通过分析接收到的反射信号,就可确定出激光雷达是否已对齐了车桥。如果需要进行调整,则可通过改变调节螺栓的转动方向和转动角度来实施调节,如图 4-189 所示。

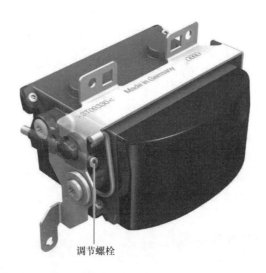

图 4-189 调节螺栓的位置

你学会了吗?

1. 激光雷达有什么作用?
2. 激光雷达有哪些特性?
3. 激光雷达由什么组成,是怎样工作的,主要参数指标有哪些?

## 第37天  其他位置传感器

学习目标

  掌握怠速电动机位置传感器、制动踏板位置传感器、制动行程传感器、乘员位置传感器、溢流环位置传感器、方位传感器、氮气惯性式方向传感器、离合器踏板位置传感器、车轴传感器、转向轮角度传感器和发动机偏心轴位置传感器的作用、安装位置、结构、工作原理、连接电路及检测方法。

### 一、怠速电动机位置传感器

**1. 作用**

怠速电动机位置传感器用于检测电动机的实际位置,并向发动机 ECU 提供反馈信号,

以判断电动机是否正常工作。

**2. 结构**

三菱 4G63 发动机采用了双向直流可逆电动机怠速控制（ISC）系统，双向直流可逆电动机采用 5V 电压的可逆式直流电动机，直流 ISC 电动机不是直接推动节气门打开，而是控制怠速旁通空气道的大小。该发动机的怠速电动机位置传感器由两个霍尔效应传感器组成，其结构如图 4-190 所示。

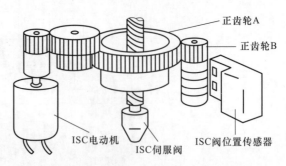

图 4-190　怠速电动机位置传感器的结构

**3. 连接电路**

怠速电动机位置传感器与 ECU 的连接电路如图 4-191 所示。

**4. 怠速电动机位置传感器的工作原理**

发动机 ECU 向两个霍尔效应传感器提供 5V 参考电压。当电动机旋转时，正齿轮 B 上的磁体在齿转传动下也旋转。这些磁体向 ISC 阀位置传感器提供脉冲。电磁脉冲由霍尔效应传感器接收，根据电动机位置的变化将 5V 参考电压搭铁或不搭铁时，被转化为 5V 或 0V 脉冲信号，该信号被发动机 ECU 用于监测 ISC 阀位置。正齿轮 B 每旋转一周，每一个霍尔效应传感器产生 4 个 5V 方波输入脉冲，被输送至发动机 ECU。

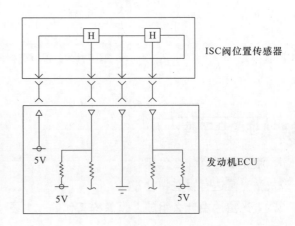

图 4-191　怠速电动机位置传感器与 ECU 的连接电路

但由于两个霍尔效应传感器存在相位上的差异，第一个被触发的霍尔效应传感器使发动机 ECU 能够确定电动机的方向。其输出脉冲信号如图 4-192 所示。

正齿轮的运行范围为 24 周，可使伺服阀从全闭状态转变为全开状态。该 24 周运行范围可换算为 96 步运行范围（24 周×4 个脉冲/转）。因此，ISC 电动机的运行范围为 0（全闭）~96 步（全开）。

**5. 怠速电动机位置传感器的检测**

（1）故障检测　ISC 电动机有故障会导致发动机怠速不稳（怠速过高、怠速过低、加速或减速熄火）以及开空调和开前照灯、转向时发动机不提速等现象。

（2）检测供电电源　由于霍尔式传感器在工作时需要提供工作电压和参考电压，因此需要对传感器的工作电压线路和参考电压进行测量。

（3）解码器检测　使用三菱专用检测仪 MUT 可对阀位置传感器信号进行检测。检测工具的显示单位为步，并且在怠速的情况下应该随发动机负荷的变化而变化。

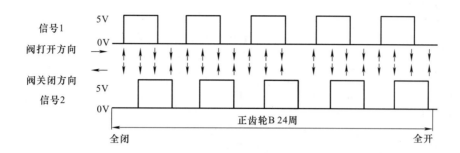

图 4-192 输出脉冲信号

如果发动机 ECU 要求改变怠速电动机的位置,而发动机 ECU 在电动机位置传感器的反馈中并未检测到该变化,或者位置传感器未提供正确的反馈,那么发动机 ECU 将设置一个诊断故障码为"25"。电动机或电动机位置传感器所产生的故障均会导致出现这种情况。

当 ISC 电动机位置传感器出现故障时,即使实际位置不是 0 步,检测工具上也可能显示 0 步或者 120 步。

(4) 示波器检测 可以使用示波器验证电动机位置传感器输出波形,判断其工作是否正常。使用示波器检测,可以在点火开关打开、线路连接正常的情况下,将示波器探针从两个信号端分别拾取信号,信号输出波形应该是 5V 高电位和 0V 低电位交替出现,正齿轮 B 旋转一周,两个传感器都应有 4 个高电位脉冲出现。

## 二、制动踏板位置传感器

丰田雷克萨斯 RX 400h 的电子制动控制(ECB)系统中安装有制动踏板位置传感器,安装于制动踏板上部,如图 4-193 所示。

制动踏板位置传感器一般使用滑动电阻传感器,滑动触点跟随制动踏板的摆动而旋转,使输出电压发生变化,根据输出电压的大小和变化的速率,可以反映驾驶人所需求的制动强度和制动速率。其工作原理与节气门位置传感器相似。

新型的制动踏板位置传感器采用两路滑动变阻电路,主传感器与副传感器输出反向,制动踏板位置传感器电路组成如图 4-194a 所示。两个传感器共用一个电源和搭铁回路,中间的 SKS1 和 SKS2 为信号输出。

图 4-194b 为传感器输出线性电压特性图,其检测方法可以参照双滑动电阻式节气门位置传感器。

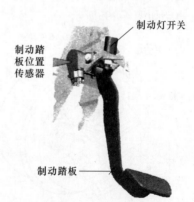

图 4-193 制动踏板位置传感器的位置

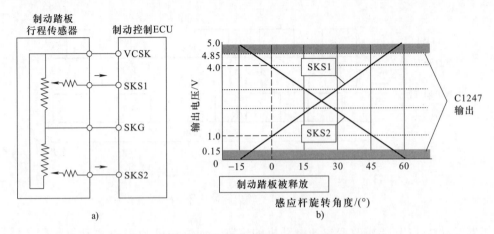

图 4-194 制动踏板位置传感器的电路组成和输出信号

## 三、制动行程传感器

制动行程传感器用于制动辅助系统（BAS），当驾驶人在紧急制动的情况下，BAS 控制模块根据传感器的信号控制制动系统制动压力，增加制动行程，使之在紧急制动时更加安全。

制动踏板位置传感器和制动行程传感器主要有两点不同：一是安装位置的不同，制动踏板位置传感器安装于制动踏板处，制动行程传感器安装于制动主缸处的真空助力器内，用于感测膜片的运动；二是感测的运动部位不同，制动踏板位置传感器感测制动踏板的位置和运动，而制动行程传感器检测的是制动主缸的动作。

BAS 制动行程传感器 b1 用于感测膜片的运动，因此也称为膜片行程传感器，它使用滑动电阻式传感器，需要输入 5V 参考工作电压，滑动触点根据制动助力器膜片的移动而滑动，因此滑动电阻的输出信号就反映了制动主缸动作的幅度和速度。制动行程传感器的位置和连接电路如图 4-195 所示。

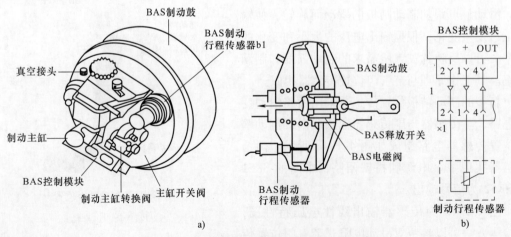

图 4-195 制动行程传感器的位置和连接电路

## 四、乘员位置传感器

智能安全气囊系统区别于以前一般的安全气囊系统重要的一点,就在于智能安全气囊系统采用了乘客位置感知系统(OPDS)。

OPDS 由 OPDS 传感器和 OPDS 装置组成,如图 4-196 所示。在乘客座椅内暗藏了 7 个传感器,即 6 个高度传感器和 1 个位置传感器,这些传感器和 OPDS 装置一起隐藏在前排乘员座椅内部。OPDS 传感器中,座椅靠背内的 6 个传感器负责检测乘员的坐姿高度,以此来判断坐着的是儿童还是成年人;靠背侧边的 1 个传感器则专门检查儿童是不是侧着头打瞌睡,以此判断儿童的头部是不是处于侧气囊展开的范围内。

OPDS 传感器的感测原理是检测放射电波因电介质的存在而发生输出电流增加或减少。在 OPDS 装置内有高频振荡回路,发射频率为 120kHz,并设有输出监视回路。高度传感器(天线)则位于前排乘员座椅的靠背中央,座椅和乘员都可以看成是特定的电介质,具有一定的导电体量。因为儿童的导电体量比成年人少,所以儿童乘坐时,传感器的输出电流也会减少。另外,当乘员远离传感器时,虽然乘员本身没有变化,但是乘员的实际导电体量变少,因而传感器的输出电流也会减少。这样,OPDS 传感器就把乘员的导电体量转化成电信号。OPDS 装置根据输出电流的变化,判断出乘客的身高、坐姿和头部位置等,从而知道乘员是大人还是儿童或幼儿,知道其头部是否处于侧气囊的引爆范围。OPDS 的感知原理简图如图 4-197 所示。

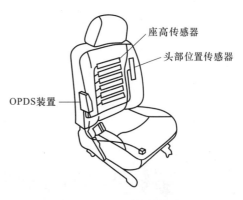

图 4-196 OPDS 的构成

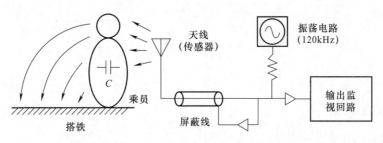

图 4-197 OPDS 的感知原理简图

## 五、溢流环位置传感器

溢流环位置传感器用在电控柴油喷射装置上,用来检测溢流环的位置,实现电子控制喷油量。溢流环位置传感器的工作原理如图 4-198 所示,在线圈内部有铁心,铁心与被检测位置的部件一起动作,当铁心上下移动时,线圈的电感发生变化,输出的信号也发生变化。根据输出信号的大小,即可检测出被测部件的位置。

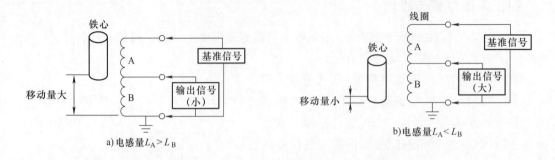

图 4-198 溢流环位置传感器的工作原理

为保证电子控制的精确性、准确性,根据位置传感器检测出溢流环的位置,即实际的喷油量,再反馈到 ECU 中。电子控制柴油喷射系统原理如图 4-199 所示。

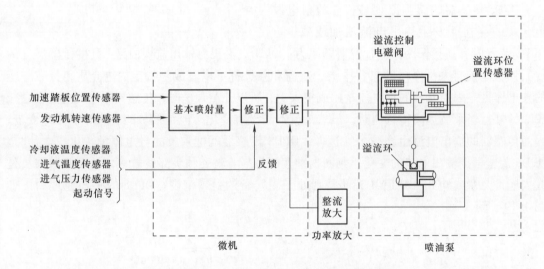

图 4-199 电子控制柴油喷射系统原理

## 六、方位传感器

### 1. 磁通量闸门式方位传感器

丰田轿车的导航系统中主要采用磁通量闸门式方位传感器。

磁通量闸门式方位传感器是利用地磁产生电信号进行检测的传感器,主要应用于车辆的导航系统以指示方向偏差。方位传感器方向指示的原理如图 4-200a 所示,励磁线圈可在环状磁心上产生方向、强度呈周期变化的交变磁场,若测定检测线圈 X、Y 的输出电压,就可知道如图 4-200b 所示的方位了。

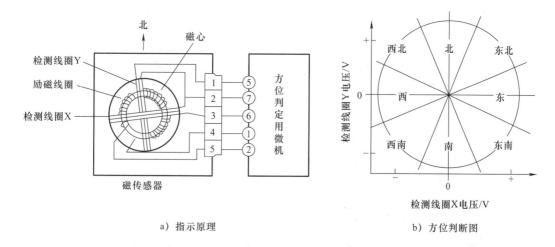

a) 指示原理　　　　　　　　　　　b) 方位判断图

图 4-200　方位偏差指示原理

皇冠轿车导航系统的方位传感器安装在车顶上，如图 4-201 所示。导航系统由操纵部分、显示部分、地磁方位传感器和行驶距离传感器等组成，它通过电控单元完成显示功能、方位的距离计算和修正计算，其电路如图 4-202 所示。

导向系统的工作过程：首先从地图上找出从出发地到目的地的东西方向距离 $a$ 和南北方向距离 $b$，输入系统的操纵部分，同时也把到目的地的直线距离 $L_0$ 输入电控单元中，如图 4-203 所示。当车辆行驶后，无论车辆在哪个方向上移动，地磁方位传感器都能检测出绝对方向 $\theta_1$，并将其显示在仪表板上，而且通过电控单元计算距离目的地的方向 $\theta_2$ 和距离 $L$，并显示出来。

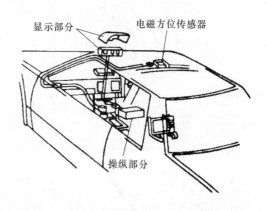

图 4-201　丰田皇冠轿车方位传感器的安装位置

**2. 双线圈发电机型地磁矢量方位传感器的识别**

日产轿车的导向系统使用双线圈发电机型地磁矢量方位传感器，如图 4-204 所示。

双线圈发电机型地磁矢量方位传感器的上、下线圈的相位相反，垂直方向的磁感应电动势互相抵消。若改用电动机转动线圈和铁心，地磁的水平分量如图 4-200 所示，使铁心中的磁通密度发生变化，从而建立磁场。在图 4-205a 所示的位置，磁场方向向内；在图 4-205b 所示位置，磁场强度为零；在图 4-205c 所示位置，磁场方向向外。因此，在地磁检测线圈中，产生一个正弦交变电压，其相位由地磁场的方位决定。此外，由光电断续器发出相位固定的脉冲信号，根据这两个输出信号的相位差，可以检测出地磁的方向，由此可检测出汽车的方位。

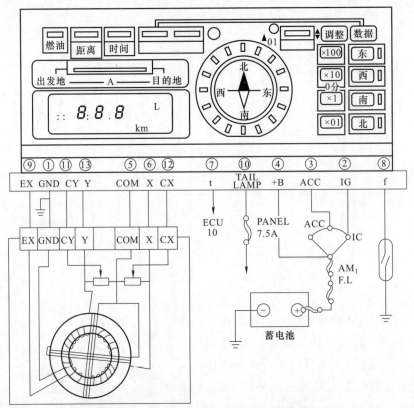

图 4-202 丰田皇冠轿车导航系统电路

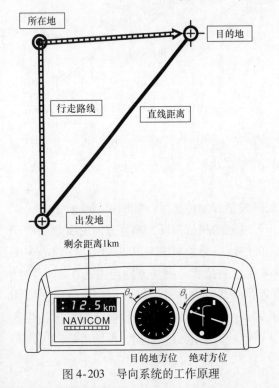

图 4-203 导向系统的工作原理

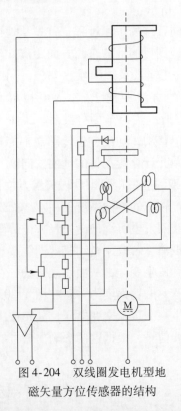

图 4-204 双线圈发电机型地磁矢量方位传感器的结构

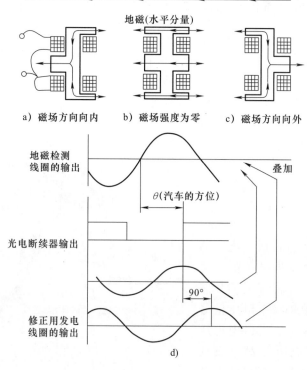

图 4-205 方位传感器的原理

## 七、氮气惯性式方向传感器

本田汽车的惯性行驶系统，是采用氮气惯性式方向传感器，而不是利用电磁。这种传感器是利用氮气的惯性制成的。其结构如图 4-206a 所示，密封在容器中的氮气，在压电振子一侧，使固定在汽车上的检测器的两根热线冷却程度不同，结果产生温度差，并以电位差的形式表现。由于两热线构成电桥电路，如图 4-206b 所示，所以可检测出 A、B 两点间的电位差。其输出电压与汽车偏转率成正比。ECU 可以根据传感器输出的电压信号，判断出汽车的方向。

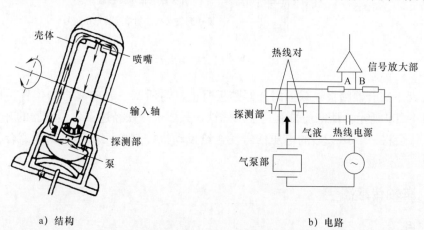

图 4-206 氮气惯性式方向传感器

## 八、离合器踏板位置传感器

### 1. 安装位置

离合器位置传感器用卡子卡在离合器主缸上,如图4-207所示。借此可以识别是否踩下了离合器踏板。

### 2. 作用

踩下离合器踏板时,车辆会进行以下操作:

1)定速巡航装置关闭。

2)喷油量短时降低并借此防止换档过程中发动机转速迅速提高。

### 3. 工作原理

(1)未踩下离合器踏板 离合器踏板未踩下时推杆和活塞处于静止位置,如图4-208所示。离合器位置传感器内的电子分析装置将一个电压信号发送给发动机控制单元,有供电电压(蓄电池电压)时该电压为2V。发动机控制单元凭此信号识别是否踩下了离合器踏板。

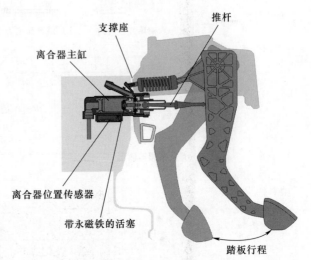

图4-207 离合器位置传感器的位置

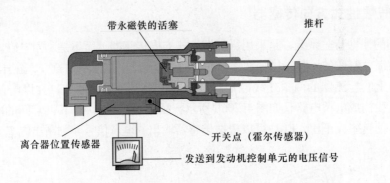

图4-208 离合器踏板未踩下

(2)踩下离合器踏板 踩下离合器踏板时推杆与活塞一起向离合器位置传感器方向移动,如图4-209所示。活塞前端有一个永磁铁,只要永磁铁经过霍尔传感器的开关点,电子分析装置就会将一个0~2V的电压信号发送给发动机控制单元。借此识别离合器踏板是否踩下。

## 九、车轴传感器

### 1. 作用

车轴传感器可以很精确地检测车体的倾斜角度,照明距离自动调节(ALWR)系统凭此

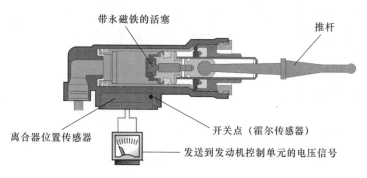

图 4-209 踩下离合器踏板

信号可以自动校正汽车前照灯的照明距离。在接入近光灯时，ALWR 可以适应汽车的倾斜，以保证驾驶人有足够的视野，对迎面车辆没有盲区。静态的照明距离自动调节可以适应由于汽车负载引起的车身倾斜。动态的汽车照明距离自动调节可适应由于制动、加速引起的汽车俯仰运动。

**2. 车轴传感器的结构和工作原理**

安装在车体前、后的车轴传感器（转角传感器）可检测汽车的倾斜。通过与车轴或车轮悬架装置相连接的传动杆上的转动杆可以检测汽车的跳动。这样，前、后车轴传感器间检测到的电压差可计算出汽车的俯仰情况。

车轴传感器是利用霍尔效应原理制成。霍尔传感器集成在转子上，转子处于均匀的磁场中。磁场在霍尔传感器中产生霍尔电压，如图 4-210 所示。该电压与磁通密度成正比。当环形永磁铁随轴转动时，通过霍尔传感器的磁通密度发生变化。

汽车将因受载和/或加速、制动引起的跳动传到车轴传感器的转动杆上，并将它转换成与转角成比例的电信号。

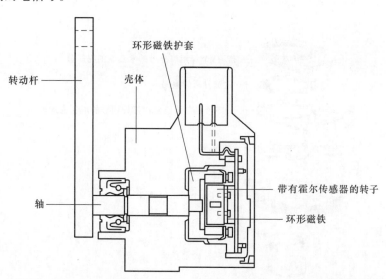

图 4-210 车轴传感器的结构

ECU 接收来自车轴传感器的电信号，并得到前、后车轴间的电压差。在考虑了汽车行驶速度后，可计算出伺服电动机位置的设定值。当车辆等速行驶时，动态照明距离自动调节保持在大阻尼状态，伺服电动机的位置，即照明距离调节位置只是慢慢地与汽车俯仰状况相协调，以免遇到路面不平或凹坑冲击时不断校正照明距离。当车辆加速或制动时，照明距离自动调节马上进入动态工作方式，伺服电动机位置在几毫秒内就与汽车俯仰相协调，然后又自动回到大阻尼的慢速调节状态。

### 十、转向轮角度传感器

#### 1. 作用

转向轮角度传感器主要应用在电子稳定控制系统中，该系统的任务是在制动作用下将汽车保持在驾驶人设定的行驶道路上。在控制单元中将转向轮调整角度和给定的制动压力与汽车实际的转向和行驶速度进行比较，必要时制动车轮。这样不仅保证车轴与转向的偏差，还可防止不希望的过度转向，保证适度的不足转向。

电子稳定控制系统中的角度传感器主要有两个作用：一是用于检测转向轮角度，二是用于检测传感器测量的可信度或者在理想情况下还可自诊断。常用的转向轮角度传感器有电位器式、光代码式和磁电式三种。

#### 2. 结构与工作原理

博世（BOSCH）电子稳定控制系统的电控单元配用的测量绝对角度的电磁式角度传感器有两种。它们可在任何时间，在整个角度范围内测出转向轮角度。

（1）LWS 1 型霍尔转向轮角度传感器 LWS 1 型霍尔转向轮角度传感器有 14 个霍尔传感器检测角度和转向轮的转动，如图 4-211 所示。每个霍尔传感器都像 1 个光栅，用来检测相邻永磁铁的磁场。磁场由于被与转向柱一起转动的金属编码盘阻挡而大为减弱，甚至屏蔽。这样，9 个霍尔传感器得到转向轮角度的编码（数字）信息，剩下的 5 个霍尔传感器记录转向轮的转动。通过 4:1 的减速比，将该转动变为 360°，即 4 转变 1 转。

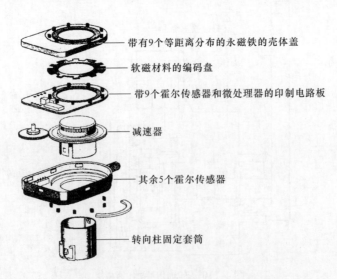

图 4-211 LWS 1 型霍尔转向轮角度传感器的结构

从 LWS 1 型转向轮角度传感器结构图可知，上面 9 个永磁铁，根据转向轮转向位置，被放在它下面的软磁材料的编码盘逐个屏蔽。在印制电路板上有霍尔传感器和微处理器。在微处理器中可检测传感器的可信度，并对检测的角度进行译码，并为 CAN 总线传输数据做准备。LWS 1 型转向轮角度传感器的下半部分是减速器和 5 个传感器。LWS 1 型转向轮角度传感器因为元件众多，需等距离安装永磁铁及对准，而被 LWS 3 型转向轮角度传感器代替。为使成本更便宜，LWS 4 型转向轮角度传感器代替了 LWS 3，提高了 ESP 系统的安全性。

（2）LWS 3 型磁阻式转向轮角度传感器　LWS 3 型磁阻式转向轮角度传感器带有各向异性的磁阻式（Anisotrop Magnetoresistiven Sensoren，AMR）传感器。磁阻式传感器电阻随外部磁场方向（即磁通密度）的变化而改变，其结构原理如图 4-212 所示。通过测量两个齿轮的角度就可得到转向轮在 4 整圈的角度信号。齿轮 3 和齿轮 7 由转向轴上的齿轮 6 驱动。这两个齿轮差 1 个齿，这样，从两个齿轮的一对角度值就可知道转向转的每个可能的位置。永磁铁 5 放在齿轮 3 和齿轮 7 中，在两个永磁铁上面是两个 AMR 传感器 2 和求值电路 4。

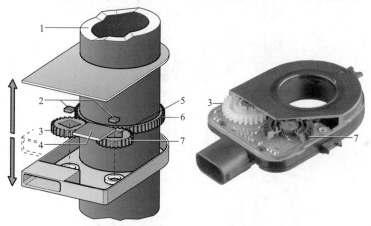

图 4-212　LWS 3 型 AMR 转向轮角度传感器结构原理
1—转向轴　2—AMR 传感器　3—$m$ 个齿的齿轮　4—求值电路
5—永磁铁　6—$n$ 个齿的齿轮，$n > m$　7—$m+1$ 个齿的齿轮

利用"游标原理"的数学算法（按一定的计算流程）可在微处理器中算出转向轮角度。同时两个 AMR 传感器的测量精度还可校正，另外还有自身控制的可能性。这样，通过 CAN 总线可将非常可信的测量值传输给电控单元。

（3）LWS 4 型转向轮角度传感器　为降低成本，采用装在转向轴轴端的单个 AMR 角度传感器，即 LWS 4 型转向轮角度传感器（图 4-213），以确保 ESP 系统的安全性。但它有一个缺点，只能测量 360°的角度范围。

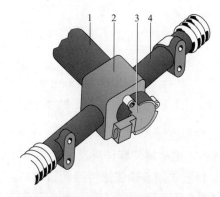

图 4-213　LWS 4 型 AMR 转向轮角度传感器
1—转向柱　2—转向变速器
3—转向角度传感器　4—齿条

### 十一、发动机偏心轴位置传感器

在宝马发动机 Valvetronic 系统中,为了精确控制进气门的升程,需要对偏心轴旋转角度进行监测,这就需要用到发动机偏心轴位置传感器。

宝马 Valvetronic 系统现已发展到第Ⅳ代,打开进气门的方式没有改变,但从第Ⅲ代 Valvetronic 系统开始,对偏心轴旋转角度的监测从外部偏心轴位置传感器移到偏心轴电动机总成内,从检测偏心轴的旋转变为检测偏心轴电动机的旋转。

在目前的汽车售后市场上,第Ⅱ代 Valvetronic 系统采用的外置式偏心轴位置传感器比较普及,故障率也比较高,所以这里主要以第Ⅱ代 Valvetronic 系统(图4-214)为例,介绍外置式偏心轴位置传感器的安装位置、结构、工作原理和信号波形,从而能够快速判断偏心轴位置传感器的好坏。

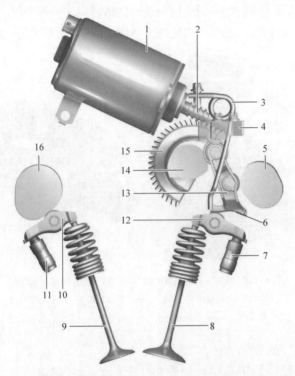

图4-214 第Ⅱ代 Valvetronic 系统组成
1—伺服电动机 2—蜗杆 3—扭转弹簧 4—固定架 5—进气凸轮轴 6—斜台 7、11—HVA
8—进气门 9—排气门 10、12—滚子式气门压杆 13—中间推杆
14—偏心轴 15—涡轮 16—排气凸轮轴

**1. 安装位置**

外置式偏心轴位置传感器的安装位置如图4-215所示。

**2. 外置式偏心轴位置传感器结构**

如图4-216所示,在偏心轴末端安装了1个信号靶轮,为高磁性永磁铁材质,用于产生磁场。偏心轴位置传感器内部有磁阻效应元件,磁阻效应元件的电阻取决于磁力线的方向。

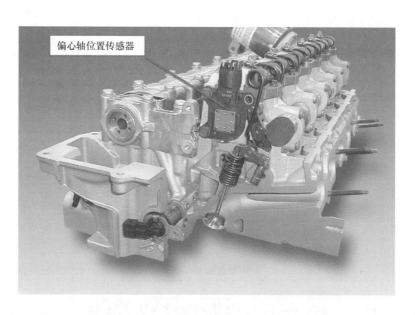

图 4-215 外置式偏心轴位置传感器的安装位置

### 3. 外置式偏心轴位置传感器工作原理

如图 4-217 所示，当偏心轴旋转时，穿过磁阻效应元件的磁力线方向会发生变化，由此产生的电阻变化便可反映偏心轴的位置变化。

 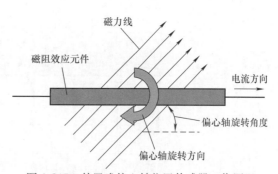

图 4-216 外置式偏心轴位置传感器结构　　图 4-217 外置式偏心轴位置传感器工作原理
　　1—磁轮　2—固定螺栓
　　3—偏心轴传感器

磁阻效应元件类似于霍尔效应元件，均是感应磁场的变化，不同在于，当磁场变化时，霍尔效应元件会产生电压的变化，而磁阻效应元件会产生电阻的变化。利用磁阻效应元件的传感器在车辆上广泛应用，用于监测转速或位置变化，如轮速传感器和非接触式的节气门位置传感器。

### 4. 外置式偏心轴位置传感器电气连接与信号波形

不同于其他传感器，偏心轴位置传感器与发动机控制单元（DME）之间传递的不是简单的电压或电流信号,而是一种串行数据,同时还使用了冗余设计,即用2套传感器同时监控偏心轴的旋转。

偏心轴位置传感器上共有9个端子(表4-17),其中端子1和端子7是相同类型信号,端子3和端子9是相同类型信号,端子6是5 V电源,端子8是节拍时钟信号,端子4是屏蔽线,端子5是搭铁线。

表4-17 偏心轴位置传感器电气连接端子及各端子的含义

| 端子号 | 含 义 |
| --- | --- |
| 端子1 | 角传感器1的触发信号(P-CS1S)线 |
| 端子2 | 空位 |
| 端子3 | 传感器1的数据信号(T-DAT1S)线 |
| 端子4 | 屏蔽线 |
| 端子5 | 搭铁线 |
| 端子6 | 5V电源线 |
| 端子7 | 角传感器2的触发信号(P-CS2S)线 |
| 端子8 | 传感器的节拍时钟信号(P-CLKS)线 |
| 端子9 | 传感器2的数据信号(T-DAT2S)线 |

偏心轴位置传感器控制电路如图4-218所示。

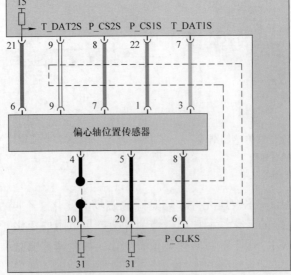

图4-218 偏心轴位置传感器控制电路

由用示波器同时测量偏心轴位置传感器端子 1 和端子 7 上的信号波形（图 4-219）可知，该信号是由 DME 发送至偏心轴传感器的触发信号，占空比为 7%，周期为 1 ms，幅值从 5V 拉低至 0V。

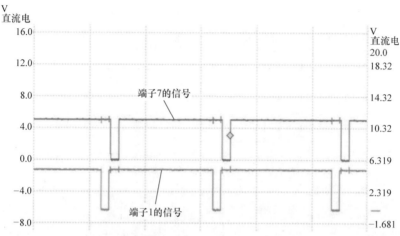

图 4-219　偏心轴位置传感器端子 1 和端子 7 上的信号波形（截屏）

由用示波器同时测量偏心轴位置传感器端子 3 和端子 9 上的信号波形（图 4-220）可知，该信号是由偏心轴位置传感器发送至 DME 的串行数据信号，其中高电位和低电位形成了 0 和 1 之间的组合，将转角位置以数字信号的方式传递给 DME。分析上述 2 组波形的组合波形（图 4-221）可知，偏心轴位置传感器只在触发信号内发送数据信号，且每 1ms 进行 1 次位置更新。

由用示波器同时测量偏心轴位置传感器端子 8 上的信号波形（图 4-222）可知，节拍时钟信号的频率为 250kHz。分析偏心轴位置传感器端子 3、端子 8 和端子 9 的组合波形（图 4-223）可知，串行数据的振荡频率是由节拍时钟信号决定的，它为串行数据提供一个节拍器。

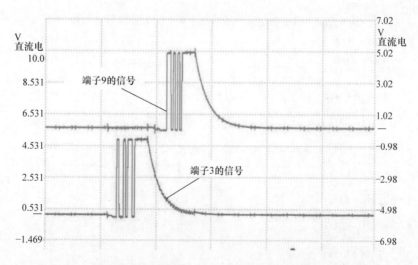

图 4-220　偏心轴位置传感器端子 3 和端子 9 上的信号波形（截屏）

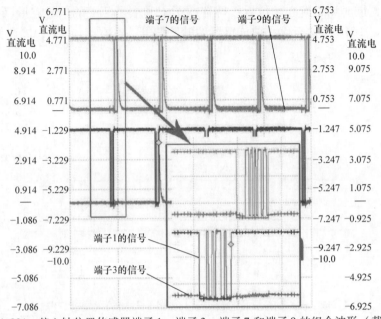

图 4-221　偏心轴位置传感器端子 1、端子 3、端子 7 和端子 9 的组合波形（截屏）

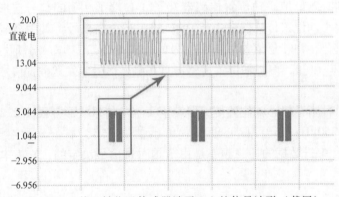

图 4-222　偏心轴位置传感器端子 8 上的信号波形（截屏）

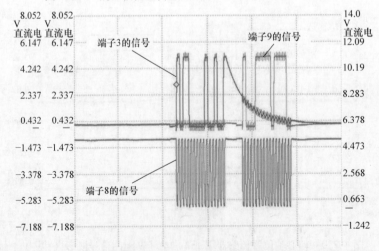

图 4-223　偏心轴位置传感器端子 3、端子 8 和端子 9 的组合波形（截屏）

**你学会了吗?**

  1. 怠速电动机位置传感器有什么作用,由什么组成,是怎样工作的,与 ECU 的电路如何连接,怎样检测?
  2. 制动踏板位置传感器安装在什么地方,是怎样工作的?
  3. 制动行程传感器安装在什么地方,是怎样工作的,连接电路如何?
  4. 乘员位置传感器有什么作用,安装在什么地方,由什么组成,是怎样工作的?
  5. 溢流环位置传感器有什么作用,安装在什么地方,由什么组成,是怎样工作的?
  6. 方位传感器有什么作用,安装在什么地方,由什么组成,是怎样工作的,电路如何连接?
  7. 氮气惯性式方向传感器有什么作用,由什么组成,是怎样工作的?
  8. 离合器踏板位置传感器有什么作用,安装在什么地方,是怎样工作的?
  9. 车轴传感器有什么作用,安装在什么地方,由什么组成,是怎样工作的?
  10. 转向转角度传感器有什么作用,安装在什么地方,由什么组成,是怎样工作的?
  11. 发动机偏心轴位置传感器有什么作用,安装在什么地方,由什么组成,是怎样工作的?

# 第五章

# 空气流量传感器

## 第38天 空气流量传感器基本知识

**学习目标**

1. 了解空气流量传感器的作用。
2. 了解空气流量传感器的安装位置。
3. 了解空气流量传感器的类型。

### 一、作用

空气流量传感器又称空气流量计,其作用是检测发动机进气量的大小,并将进气量信息通过电路的连接转化为电信号输入ECU,以供ECU确定喷油量和点火时间。空气流量传感器获得的进气量信号是ECU进行喷油控制的主要依据,若其损坏或其电路连接出现故障,则会使发动机的进气量测量不准确,使进入气缸的混合气过浓或过稀,从而导致ECU无法对喷油量进行准确控制,导致发动机运转不正常、排放超标。

### 二、安装位置

空气流量传感器一般安装在进气管道上,如图5-1所示。

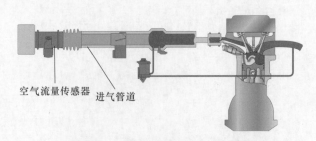

图5-1 空气流量传感器的安装位置

### 三、类型

空气流量传感器可分为体积式和质量式,其中体积式又分为叶片式、卡曼涡流式和量芯式;质量式分为热线式和热膜式。

**你学会了吗?**

1. 空气流量传感器有什么作用?
2. 空气流量传感器安装在哪里?
3. 空气流量传感器主要有有哪些类型?

## 第39天　热膜式空气流量传感器

**学习目标**

1. 掌握热膜式空气流量传感器的结构。
2. 掌握热膜式空气流量传感器的工作原理。
3. 掌握热膜式空气流量传感器与ECU的连接电路。
4. 掌握热膜式空气流量传感器的检测方法。

**基础知识**

### 一、结构

热膜式空气流量传感器是热丝式传感器的改进产品,其发热元件采用平面形铂金属膜电阻器,故称热膜电阻。热膜电阻的制作方法:首先在氧化铝陶瓷基片上采用蒸发工艺沉积金属薄膜,然后通过光刻工艺制作成梳状图形电阻,将电阻值调节到设计要求的阻值后在其表面覆盖一层绝缘保护膜,再引出电极引线而制成。

热膜式空气流量传感器的结构如图5-2所示。

在传感器内部的进气通道上设有一个矩形护套(相当于取样套),热膜电阻设在护套中(图5-3)。为了防止污物沉积到热膜电阻上影响测量精度,在护套的空气入口一侧设有空气过滤层,用以过滤空气中的污物。为了防止进气温度变化使测量精度受到影响,在热膜电阻附近的气流上游设有铂金属膜式温度补偿电阻。温度补偿电阻和热膜电阻与传感器内部控制电路连接,控制电路与线束插接器插座连接,线束设在传感器壳体中部。与热丝式流量传感器相比,热膜电阻的阻值较大,消耗电流较小,使用寿命较长。但是由于其发热元件表面制作有一层保护薄膜,存在辐射热传导作用,因此响应特性稍差。

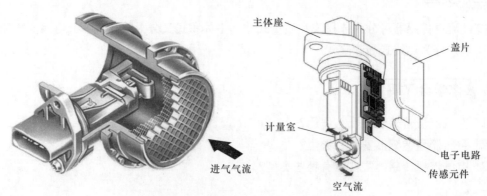

图 5-2 热膜式空气流量传感器

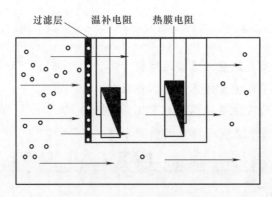

图 5-3 热膜式空气流量传感器的内部元件示意图

## 二、工作原理

在热膜式流量传感器中,采用了恒温差控制电路来实现流量检测,电路原理如图 5-4 所示,发热元件电阻 $R_H$ 和温度补偿电阻(进气温度传感器)$R_T$ 分别连接在惠斯通电桥电路的两个臂上。当发热元件的温度高于进气温度时,电桥电压才能达到平衡,并由具有电流放大作用的控制电路 A 控制加热电流(50~120mA)来使发热元件温度 $T_H$ 与补偿电阻温度升之差保持恒定(即 $\Delta T = T_H - T_T = 120$℃)。

当空气流经发热元件并使其受到冷却时,发热元件温度降低,阻值减小,电桥电压失去平衡,控制电路将增大供给发热元件的电流,使其温度保持高于温度补偿电阻温度 120℃。电流增量的大小,取决于发热元件受到冷却的程度,即取决于流过传感器的空气量。当电桥电流增大时,取样电阻 $R_S$ 上的电压就会升高,从而将空气流量的变化转化为电压信号 $U_S$ 的变化。输出电压与空气流量之间近似于 4 次方根的关系,其特征曲线如图 5-5 所示。信号电压输入 ECU 后,ECU 可根据信号电压的高低计算出空气质量流量 $Q_M$ 的大小。

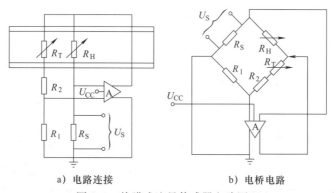

a) 电路连接　　　　　　　b) 电桥电路

图 5-4　热膜式流量传感器电路原理

$R_T$—温度补偿电阻（进气温度传感器）　$R_H$—发热元件（热丝或热膜）电阻
$R_S$—信号取样电阻　$R_1$、$R_2$—精密电阻　$U_{CC}$—电源电压　$U_S$—信号电压　A—控制电路

当发动机怠速或空气为热空气时，因为怠速时节气门关闭或接近全闭，所以空气流速低，空气量少；又因空气温度越高，空气密度越小，所以在体积相同的情况下，热空气的质量小，因此发热元件受到冷却的程度小，阻值减小的幅度小，所以电桥平衡需要的电流小，故取样电阻上的信号电压低。控制单元 ECU 根据信号电压即可计算出空气量。

当发动机负荷增大或空气为冷空气时，因为节气门开度增大，空气流速加快使空气流量增大；而冷空气密度大，在体积相同的情况下冷空气质量大，所以发热元件受到冷却的程度增大，阻值减小幅度大，保持电桥平衡需要的电流增大，如图 5-6 所示。因此，当发动机负荷增大时，信号电压升高。

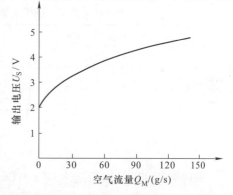

图 5-5　热膜式空气流量传感器输出特性曲线

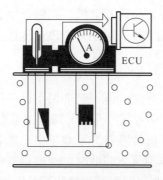 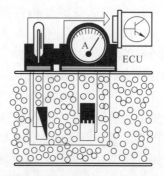

a) 怠速或热空气时　　　　　　b) 负荷增大或冷空气时

图 5-6　热膜式空气流量传感器测量原理

## 实际操作

### 一、与 ECU 的连接电路

大众轿车上使用的热膜式空气流量传感器与 ECU 的连接电路如图 5-7 所示。热膜式空气流量传感器的插接器插头各端子的含义见表 5-1。

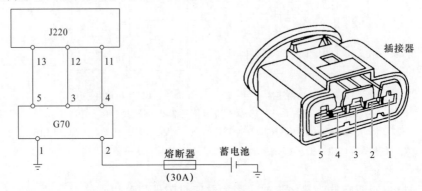

图 5-7 热膜式空气流量传感器与 ECU 的连接电路

表 5-1 热膜式空气流量传感器的插接器插头各端子的含义

| 空气流量传感器 5 芯插头各端子号 | 含义 | 空气流量传感器 5 芯插头各端子号 | 含义 |
| --- | --- | --- | --- |
| 1 | 空 | 4 | 5V 电源 |
| 2 | 12V 电源 | 5 | 正信号线 |
| 3 | 负信号线 | | |

### 二、检测

桑塔纳 2000GSi 以及捷达 GT、GTX 轿车发动机使用同一种热膜式空气流量传感器计量发动机的进气量，现以其为例进行介绍。对此热膜式空气流量传感器的检测可从电源电压、信号电压及线束的导通性几个方面进行，具体方法如下。

**1. 电源电压检测**

关闭点火开关，拔下空气流量传感器的插头，起动发动机。先用万用表电压档测量插头的 2 号端子与搭铁间的电压值，标准值应为 12V。再用万用表电压档测量插头 4 号端子与搭铁间的电压值，标准值应为 5V。

**2. 信号电压检测**（单件检测）

关闭点火开关，拆下空气滤清器，打开点火开关，但不起动发动机。用万用表的电压档测量空气流量传感器插头中的 5 号端子（正信号线）与 3 号端子（负信号线）之间的电压值，如图 5-8 所示。用红表笔插入空气流量传感器 5 号端子中，黑表笔插入 3 号端子中。然后用电吹风（冷风档）向流量传感器空气入口吹气，观察信号电压的变化值（标准值：2.0~4.0V）。如果信号电压不变化，则说明空气流量传感器失效，须更换。

### 3. 检测线束导通性（断路）

用万用表电阻档检测热膜式空气流量传感器线束导通性的方法如图 5-9 所示。

关闭点火开关，拔下电控单元 ECU 的线束插接器，用万用表电阻档检测线束插头 3 号端子与 ECU 插接器的 12 号端子间的电阻值，标准值应小于1Ω。用万用表电阻档检测线束插头 4 号端子与 ECU 插接器的 11 号端子间的电阻值，标准值应小于1Ω。用万用表电阻档检测线束插头 5 号端子与 ECU 插接器的 13 号端子间的电阻值，标准值应小于1Ω。

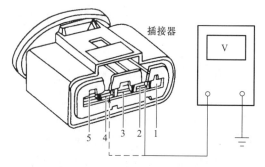

图 5-8 电源电压检测

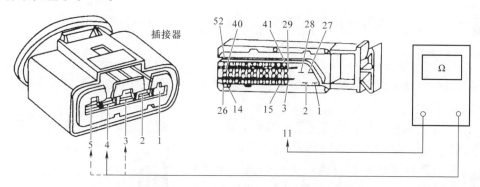

图 5-9 检测热膜式空气流量传感器线束的导通性

### 4. 检测线束内的导线间电阻

检测热膜式空气流量传感器导线间的电阻，从而判断导线间是否短路。

关闭点火开关，拔下空气流量传感器的插头和电控单元的线束插接器，用万用表电阻档分别检测流量传感器插头 2 号端子与 ECU 插接器的 11 号、12 号、13 号端子间的电阻值，标准值均为∞。用万用表电阻档检测流量传感器插头 4 号端子与 ECU 插接器的 12 号、13 号端子间的电阻值，标准值均为∞。用万用表检测流量传感器插头 5 号端子与 ECU 插接器的 11 号、12 号端子间的电阻值，标准值均为∞。如果检测结果不符合上述标准值，则说明导线间存在短路，须更换空气流量传感器的线束。

 **你学会了吗?**

1. 热膜式空气流量传感器由什么组成?
2. 热膜式空气流量传感器是怎样工作的?
3. 热膜式空气流量传感器与 ECU 的电路是如何连接的?
4. 热膜式空气流量传感器怎样检测?

# 第40天 热线式空气流量传感器

**学习目标**

1. 掌握热线式空气流量传感器的结构。
2. 掌握热线式空气流量传感器的工作原理。
3. 掌握热线式空气流量传感器与ECU的连接电路。
4. 掌握热线式空气流量传感器的检测方法。

热线式空气流量传感器属质量型流量传感器，能直接测量被发动机吸入空气的质量，不需要温度传感器进行修正，因此精度更高。它能在短时间内反映空气的流量，且响应速度快、无运动组件、进气阻力小、不易磨损、测量范围大，因此被广泛应用。

## 一、结构

热线式空气流量传感器按其铂金热线安装位置的不同可分为主流测量方式及旁通测量方式两种。

主流测量方式的热线式空气流量传感器主要由铂金热线、温度补偿电阻（冷线）、取样管、控制线路板、防护网及插接器等组成，如图5-10所示。热线是一根直径约为0.07mm的铂金丝，它装在取样管内的支承环上，其阻值随温度变化而变化，当传感器工作时，它能被控制电路提供的电流加热到120℃左右，因此称为热线；取样管由一个热线支承环和两个塑料护套组成，它置于空气流量传感器主空气道的中央，两端有防护网，防护网通过卡箍固定在流量传感器的壳体上；温度补偿电阻（冷线）安装在热线附近，且靠近进气口一侧，当传感器工作时，控制电路向其提供一个电流使

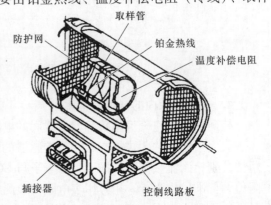

图5-10 主流测量方式的热线式空气流量传感器

其温度始终低于热线温度100℃，这样冷线温度可以起到参考标准的作用，使进气温度的变化不会影响到热线测量进气量的精度；控制线路板上有插座与发动机的ECU相连，用于输入信号。

旁通测量方式热线式空气流量传感器与主流测量方式热线式空气流量传感器的主要区别在于，它把铂金热线和温度补偿电阻（冷线）安装在旁通气道上，且热线和补偿电阻用铂丝缠绕在陶瓷螺旋管上，其结构如图5-11所示。

## 二、工作原理

热线式空气流量传感器的工作原理如图5-12所示。在进气道上放置一热线电阻$R_H$，当

空气流经热线时，热线的热量被空气带走，使其冷却。热线周围流过的空气质量越大，被带走的热量越多。热线式空气流量传感器就是利用热线与空气之间的热传递现象，进行空气质量流量测定的。铂金丝由控制电路提供的电流加热到120℃左右，为解决进气温度变化使热线温度发生变化而影响进气量的测量精度，在热线附近安置一个温度补偿电阻。该电阻被安置在进气口一侧，它的电阻也随温度变化而变化。当传感器工作时，控制电路向温度补偿电阻提供的电流使温度补偿电阻温度始终低于热线温度10℃。这样温度补偿电阻温度可以起到参考标准的作用，使进气温度的变化不会影响热线测量进气量的精度。

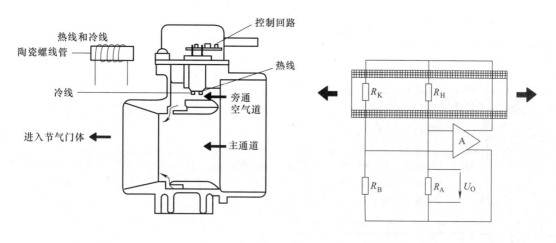

图 5-11　旁通测量方式的热线式
空气流量传感器

图 5-12　热线式空气流量传感器工作原理
A—混合集成电路　$R_H$—热线电阻
$R_K$—温度补偿电阻　$R_A$—精密电阻　$R_B$—电桥电阻

当空气质量增大时，由于空气带走的热量增多，为保持热线温度，集成电路应使热线 $R_H$ 通过的电流增大，反之，则应减小。这样，使通过热线 $R_H$ 的电流随空气质量流量的增大而增大，反之，随空气质量的减小而减小。热线电流 $I_H$ 在 50～120mA 之间变化，大小取决于空气质量流量。热线加热电流给出输出信号，大小为通过惠斯通电桥电路中精密电阻 $R_A$ 上的电压降。在惠斯通电桥的另一端有温度补偿电阻 $R_K$ 和电桥电阻 $R_B$，为了减少电能消耗，它的电阻值较高，通过的电流仅有几毫安。补偿电阻 $R_H$ 用于测量进气温度。

热线式空气流量传感器有两种自洁方式：一种是当发动机熄火时，电路会把热线自动加热至1000℃，以清洁流量传感器；另一种方式是将热线的保持温度提高，一般保持温度设在200℃以上，以便烧掉粘附的污物。

### 三、与 ECU 的连接电路

现以日产千里马轿车发动机的热线式空气流量传感器与 ECU 的连接电路为例，对此类型流量传感器的电路连接进行介绍，如图 5-13 所示。

在图 5-13 中，热线式空气流量传感器上各端子的功能见表 5-2。

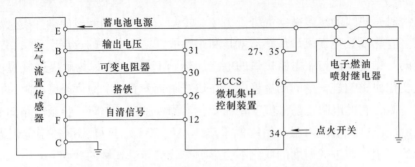

图 5-13 热线式空气流量传感器与 ECU 的连接电路

表 5-2 热线式空气流量传感器上各端子的功能

| 端子 | 功能 |
|---|---|
| E 端子 | 蓄电池供电电压输入端，一般为 12V |
| B 端子 | 热线式空气流量传感器信号输出端，输出的信号提供给发动机电子集中控制系统（ECCS）作为控制检测信号 |
| D 端子 | 为热线式空气流量传感器搭铁端 |
| C 端子 | 搭铁 |
| F 端子 | 自清信号输入端，信号来自 ECCS 控制电路。每当点火开关关闭后，ECCS 通过 F 端子向传感器输入一个自清信号，使传感器内的加热电阻在 5s 内升温至 1000℃ 左右，并保持 1s 时间后停止，以便将残留在热线上的污垢和油渍等烧掉，保证传感器的准确性 |
| A 端子 | 调整 CO（一氧化碳）的可变电阻输出端子 |

## 四、检测

现以日产千里马轿车发动机的热线式空气流量传感器为例，对此类型流量传感器的检测方法进行说明，其他车型装用的热线式空气流量传感器接线及电路结构与此基本相同，检测方法差别不大。日产千里马轿车发动机的热线式空气流量传感器与 ECU（图 5-13 中的 ECCS）的连接如图 5-13 所示。此传感器的检测方法分为开路和在路检测两种。

**1. 开路检测**

1）清除空气流量传感器外部的尘垢，拔下其线束插头，拆下空气流量传感器。

2）外观检查：对空气流量传感器进行外观检查，检查其护网有无堵塞或破裂，并从进口处查看铂丝热线是否脏污或折断。

3）静态测量（图 5-14）：将蓄电池正极与空气流量传感器插座内的 E 端子相接，负极与插座内的 D 端子相接，并将万用表置于 10V 直流电压档，两表笔测量插座的 B、D 两端子间的电压，其值应为 (1.6 ± 0.5) V。如果不符合，则说明传感器有损坏，须更修理或换传感器。

4）动态测量（图 5-15）：保持静态检查的接线状态不变，用电风扇向空气流量传感器进口吹入空气的同时，用电

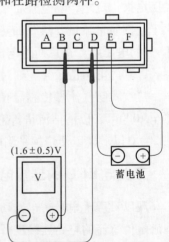

图 5-14 静态测量热线式空气流量传感器接线图

压表测量 B、D 端子间的电压，正常值应为 2~4V。如果测得值与规定值不符，则应更换空气流量传感器。

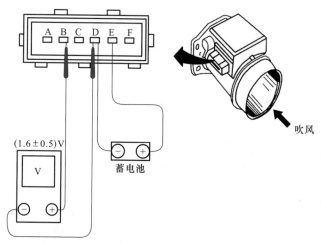

图 5-15 动态测量热线式空气流量传感器接线图

**2. 在路检测**

1）打开点火开关，不起动发动机。用万用表电压档测量插座内 E 端子与 D 端子之间的电压，应为 12V 左右。

2）如果测量 E 端子与 D 端子间无电压，再测量 E 端子与 C 端子之间的电压，其值若为 12V，则说明 D 端子搭铁不良，应检查 D 端子与 ECCS 端子之间的导线或 ECCS 的搭铁线是否良好。

3）测量 B 端子与 D 端子之间的电压，应为（1.6±0.5）V。起动发动机，测量 B 端子与 D 端子之间的电压，应在 2~4V 之间变化。

4）检查自洁电路有直观检查和万用表测量两种方法，具体操作如下。

① 直观检查法：起动发动机，并使其以 2500r/min 以上的转速运转；使发动机怠速运转，拆下空气滤清器和空气流量传感器进口处的管道；关闭点火开关，从空气流量传感器进口部位查看空气流量传感器内的铂丝热线是否在熄灭 5s 内被加热至发出红光，并持续 1s 时间。

② 万用表测量法：使发动机冷却液温度上升至 60℃ 以上，发动机转速超过 1500r/min；将万用表 10V 直流档的两表笔接在插座的 F 端子与 D 端子之间；关闭点火开关，万用表上的电压指示值应回零并在 5s 后又跳跃上升，1s 后再回到零。

如果万用表检测或直观检查结果与以上要求不符，且进一步检查微电脑与空气流量传感器连接导线均无问题的话，则应更换新的空气流量传感器。

 ▶**你学会了吗?**

1. 热线式空气流量传感器由什么组成？
2. 热线式空气流量传感器是怎样工作的？
3. 热线式空气流量传感器与 ECU 的电路如何连接？
4. 热线式空气流量传感器怎样检测？

# 第41天 叶片式空气流量传感器

> **学习目标**
> 1. 掌握叶片式空气流量传感器的结构。
> 2. 掌握叶片式空气流量传感器的工作原理。
> 3. 掌握叶片式空气流量传感器的检测方法。

## 一、结构

叶片式空气流量传感器又称翼片式或活门式空气流量传感器。它是运用力矩平衡原理和电位计原理制成的机械式传感器,已生产使用多年,具有结构简单、价格便宜、可靠性高的优点,得到了广泛的运用。它主要由叶片、电位计和接线插头等组成,其结构如图5-16所示。

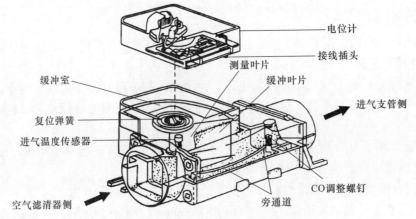

图5-16 叶片式空气流量传感器的结构

### 1. 叶片

叶片式空气流量传感器的叶片部分包括测量叶片和缓冲叶片,两者铸成一体,如图5-17所示。测量叶片在主空气道内旋转;缓冲叶片在缓冲室内偏转,对叶片起阻尼作用,当发动机吸入的空气量急剧变化和气流脉动时,减小叶片的脉动。

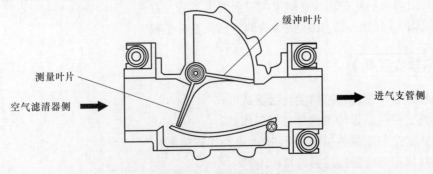

图5-17 叶片部分的构造

叶片转轴的下端与空气流量传感器的壳体相连，上端通过螺旋回位弹簧固定在电位计的调整齿圈上。发动机工作时，空气经过滤清器后进入流量传感器推动测量叶片，使其旋转开启，开启的角度由进气量的推力大小和回位弹簧的弹力作用决定。进气气流随节气门开度增大而增大，进气气流对叶片的推力随之增大，且当此推力大于回位弹簧的弹力时，叶片开启，且开启的角度随节气门的增大而增大。

在空气流量传感器主空气道下方设有空气旁通通道，在旁通通道的一侧设有可改变空气量的 CO 调整螺钉，用于调整发动机怠速时混合气的空燃比。通过对旁通通道面积进行调整，从而使空气流量传感器的输出与目标值保持一致。

### 2. 电位计

电位计位于空气流量传感器的壳体上方，主要由平衡配重调整齿圈、燃油泵接点、复位弹簧和印制电路板等组成，其结构如图 5-18 所示。

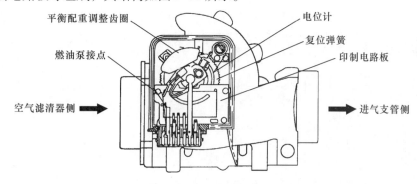

图 5-18 叶片式空气流量传感器电位计的构造

### 3. 接线插头

叶片式空气流量传感器的接线插头共有 7 个接线端子，如图 5-19 所示（以日产和丰田为例），在插头护套上一般标有接线端子名称。

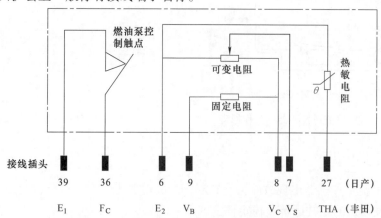

图 5-19 叶片式空气流量传感器的电路原理

由图可知，可变电阻的滑臂与叶片转轴相连，滑臂通过导线与接线 7 号端子连接，故接线 7 号端子为电压信号输出端。燃油泵控制触点为一个开关触点，它受叶片转轴的控制，当叶片处于静止位置时，燃油泵控制触点断开，燃油泵停止工作；当叶片偏转时，触点闭合，燃油泵工作，这样可防止燃油外溢。

用于测量进气温度的热敏电阻安装在空气流量传感器主空气道的进气口上，用导线分别连接在电位计部分的 6 号和 27 号两接线端子上，向外输出不同进气温度的信号。

## 二、工作原理

当空气通过叶片式空气流量传感器的主通道时，叶片将受到空气气流的压力和回位弹簧的弹力共同作用，空气流量随节气门开度增大而增大，气流压力随之增大，此压力作用在叶片上使其偏转，并使其转角 α 逐渐增大，直到气流的压力和回位弹簧的弹力保持平衡。与此同时，电位计的滑臂与叶片转轴同轴旋转，使接线端子"$V_C$"与"$V_S$"之间的电阻减小，使其分压电压 $U_S$ 的电压降低；当吸入空气的空气流量减小时，叶片转角 α 减小，接线端子"$V_C$"与"$V_S$"之间的电阻增大，$U_S$ 电压升高。叶片式空气流量传感器的工作原理如图 5-20 所示。发动机电控单元 ECU 根据空气流量传感器输出的 $U_S/U_B$ 电压比值信号，计算空气流量的大小。$U_S/U_B$ 的电压比值与空气流量成反比，其变化关系如图 5-21 所示。

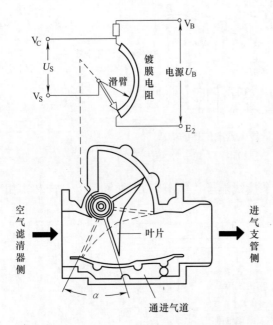

图 5-20 叶片式空气流量传感器的工作原理

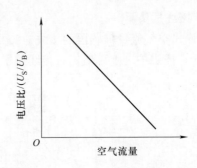

图 5-21 $U_S/U_B$ 与空气流量的关系

## 三、检测

叶片式空气流量传感器出现故障会导致混合气的空燃比过大或过小，使混合气过稀或过浓，直接影响发动机的正常运转及稳定性。

叶片式空气流量传感器的常见故障有：①叶片摆动卡滞；②电位计滑动触点磨损或腐蚀而使滑动电阻片与触点接触不良；③油泵触点接触不良导致的电动燃油泵供油不稳等。

如果空气流量传感器出现故障需要进行检修时，首先应检测其机械部分是否工作良好。具体方法：用手拨动叶片，使其转动，检查叶片是否运转自如，复位弹簧是否良好。若触点无磨损、叶片摆动平稳、无卡滞和破损，则说明其机械部分完好。

其次，应检测传感器的空气流量传感器各端子与搭铁间的电阻、油泵触点与搭铁间的电阻、进气温度传感器与搭铁端子间的电阻和信号输出电压，检测方法如下：

**1. 检测电动燃油泵电阻**

用万用表的电阻档测量电动燃油泵两信号端子间的电阻值，叶片关闭时，应为∞；叶片开启后，任一位置的电阻值都应为0，否则说明有故障，须更换空气流量传感器。

**2. 检测流量传感器的电阻**

检测流量传感器的电阻有静态和动态测量两种方法。

（1）静态检测　先关闭点火开关，拔下传感器线束连接插头，用万用表电阻档测量各端子间的电阻，与标准参考值对比，应该相差不大，否则说明空气流量传感器有故障。

（2）动态检测　关闭开点火开关，拔下传感器各线束连接的插头，用万用表电阻档测量各端子电阻的同时用螺钉旋具拨动叶片，在叶片摆动的过程中，电阻值应连续变化，否则说明有故障，须更换空气流量传感器。

**3. 检测进气温度传感器电阻**

用万用表测电阻档测量进气温度传感器的电阻值，应符合标准参考值大小，否则说明有故障，须更换空气流量传感器。

1. 叶片式空气流量传感器由哪些部件组成？
2. 叶片式空气流量传感器是怎样工作的？
3. 叶片式空气流量传感器怎样检测？

## 第42天　量芯式空气流量传感器

1. 掌握量芯式空气流量传感器的结构。
2. 掌握量芯式空气流量传感器的工作原理。
3. 掌握量芯式空气流量传感器的检测方法。

### 一、结构

量芯式空气流量传感器由翼片式空气流量传感器改进而成，由量芯、电位计、进气温度传感器、线束插座等组成，其结构如图5-22所示。量芯安装在进气道内并可沿进气道移动，即用量芯代替了叶片式传感器的叶片，电位计滑臂的一端与量芯连接，另一端设有滑臂触点，量芯在进气气流的推动下向后移动时，带动电位计滑动触点在印制电路板的镀膜电阻上滑动，使进气量的大小转变为电位计电阻的大小，ECU 根据电位计电阻的变化或电压的变化来测量进气量的变化。量芯式空气流量传感器没有设置旁道进气道和怠速混合气调整螺钉，发动机怠速时，混合气的浓稀由电子控制单元根据氧传感器的反馈信号进行调整。

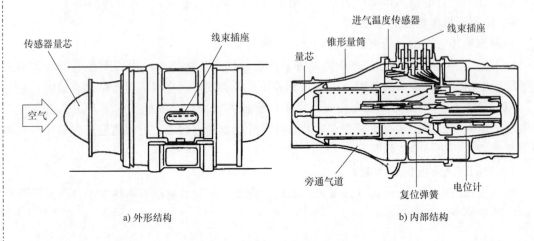

图 5-22　量芯式空气流量传感器结构

## 二、工作原理

马自达 929 小轿车采用的量芯式空气流量传感器电路如图 5-23 所示，其工作原理如下：

$V_C$ 端子为传感器 5V 参考电压端子，$E_2$ 端子为搭铁端子，$V_S$ 为信号输出端。当发动机进气量增大时，进气道内空气气流对量芯产生的推力增大，气流推力克服复位弹簧的弹力力矩，使量芯移动的距离增大，从而带动电位计滑臂转动的角度增大，传感器 $V_S$ 与 $E_2$ 之间的电阻值减小，输出的信号电压将降低。反之，当发动机进气量减小时，输出的信号电压就会升高。ECU 根据传感器信号电压的高低，就可计算出进气量的大小。

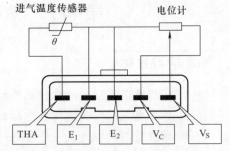

图 5-23　量芯式空气流量传感器电路

### 实际操作

量芯式空气流量传感器常见故障有：量芯卡滞、移动不灵活、电位计滑动触点磨损或接触不良、量芯复位弹簧的弹性变弱及电位计的电阻不准确等。各种故障对发动机工作的影响见表 5-3。

表 5-3 量芯式空气流量传感器的常见故障及影响

| 故障部位 | 对汽油喷射系统的影响 | 对发动机的影响 |
| --- | --- | --- |
| 量芯移动不灵活、卡滞 | 传感器空气流量信号不正确 | 发动机功率下降、起动后熄火、运转不平稳、加速不畅、油耗增加 |
| 电位计电阻值不准确 | 传感器空气流量信号不正确 | 发动机功率下降、运转不平稳、油耗增加 |
| 电位计滑动触点磨损或接触不良 | 传感器空气流量信号时通时断 | 发动机间断运行或不工作 |
| 量芯复位弹簧弹力减弱 | 喷油量过多 | 发动机间断运行或不工作 |

量芯式空气流量传感器的检测方式有单件检测和就车检测两种。

**1. 单件检测**

关闭点火开关,断开空气流量传感器插头,拆下空气流量传感器。首先,检查机械部分,检查量芯式空气流量传感器是否开裂,量芯是否发卡等,如有,则需更换。第二步做电气检测,用万用表电阻档测量量芯式空气流量传感器插接器上各端子之间的电阻值,如果不符合正常值,则应更换量芯式空气流量传感器。在测量空气流量传感器信号端子 Vs 与搭铁端子 $E_2$ 间的电阻时,还需缓慢移动量芯,观察电阻的变化情况,其变化应呈摆动变化;如果电阻忽大忽小,或者间断出现∞的情况,都说明空气流量传感器有故障,需要更换。

**2. 就车检测**

打开点火开关,拔下量芯式空气流量传感器导线插接器,用万用表电压档测量 $V_C$ 与 $E_2$ 端子间的电压,观察测量电压是否为5V左右,如果相差很大,则为导线或ECU故障,应检修(更换导线或ECU)。用万用表电阻档测量空气流量传感器插接器上 THA 与 $E_1$ 端子间以及 $V_C$ 与 $E_2$ 端子间的电阻值,应符合标准规定值,否则需更换量芯式空气流量传感器。

检测进气温度传感器热敏电阻端子的电阻方法与负温度系数的温度传感器一样,在此不再赘述。

**你学会了吗?**

1. 量芯式空气流量传感器由哪些部件组成?
2. 量芯式空气流量传感器是怎样工作的?
3. 量芯式空气流量传感器怎样检测?

# 第43天　卡曼涡流式空气流量传感器

**学习目标**

1. 了解卡曼涡流式空气流量传感器的类型。
2. 掌握超声波检测式涡流空气流量传感器和光敏检测式涡流空气流量传感器的结构、工作原理、与ECU的连接电路和检测方法。

涡流式空气流量传感器是根据卡曼涡流理论，利用超声波或光敏信号，通过检测涡流频率来测量空气流量的一种传感器。

根据涡流频率的检测方式不同，分为超声波检测式涡流空气流量传感器和光敏检测式涡流空气流量传感器两种。

## 一、超声波检测式涡流空气流量传感器

### 1. 结构

超声波检测式涡流空气流量传感器主要由涡流发生器、超声波发生器、超声波接收器、控制电路、进气温度传感器和大气压力传感器组成，如图5-24所示。

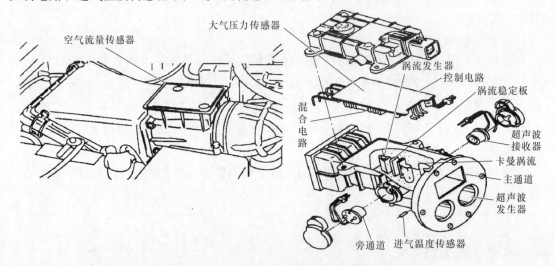

图5-24　超声波检测式涡流空气流量传感器的安装位置与结构

### 2. 工作原理

超声波检测式涡流空气流量传感器测量空气流量的工作原理如图5-25所示。

当发动机运转时，超声波发生器发出的超声波通过发射器不断向接收器发出一定频率（40kHz）的超声波。当超声波通过进气气流到达接收器时，由于受到气流移动速度及压力变化的影响，接收到的超声波信号的相位（时间间隔）以及相位差（时间间隔之差）就会发生变化，控制电路根据相位或相位差的变化就可计算出涡流的频率。

计算进气量的方法：涡流频率信号输入ECU后，ECU就可计算出进气量，如图5-26

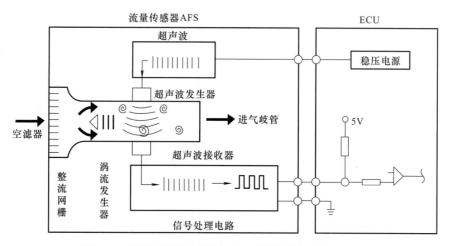

图 5-25 超声波检测式涡流空气流量传感器工作原理电路

所示。

超声波发生器之所以设定 40kHz 的超声波，这是因为在没有涡流的通道上，发送的超声波与接收到的信号相位和相位差完全相同，如图 5-27b 所示。

当进气通道上有涡流时，在接收到的超声波信号中，有的受加速作用而超前，有的受减速作用而滞后，如图 5-27c 和图 5-27e 所示，因此其相位和相位差就会发生变化。集成控制电路在信号相位超前时输出一个正向脉冲信号，在信号相位滞后时输出一个负向脉冲信号，如图 5-27d 和图 5-27f 所示，从而表明涡流的产生频率。

当发动机转速低时，进气量小，因此产生涡流的频率低；反之，当发动机转速高时，进气量大，产生涡流的频率就高。

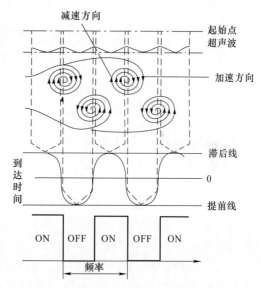

图 5-26 超声波通过卡曼涡流后的加、减速情况

**3. 与 ECU 的连接电路**

三菱轿车的超声波检测式涡流空气流量传感器与 ECU 的连接电路如图 5-28 所示。

**4. 检测**

现以三菱轿车为例对其检测方法进行介绍。

由图 5-28 可知，传感器的电源由燃油继电器通过 2 号端子提供，4 号端子与 ECU 的 14 号端子接搭铁；5 号端子是大气压力传感器输出信号，由 16 号端子输入 ECU；6 号端子与 ECU 的 8 号端子相连，ECU 通过 8 号端子向传感器内的温度传感器提供 5V 电压；1 号端子与 ECU 的 10 号端子相连，向 ECU 输入空气流量信号。空气流量传感器的信号电压平均值为 2.2~3.2V。

空气流量传感器的检测方法如下：

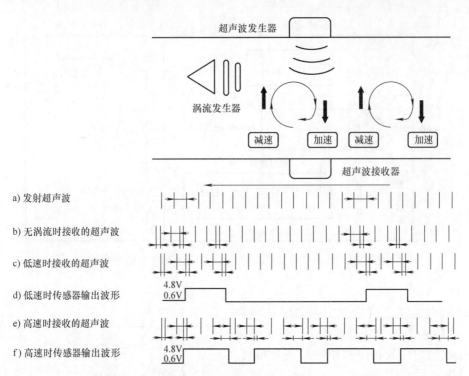

图 5-27 超声波检测涡流式空气流量传感器输出波形图

1) 点火开关转至"ON"位置,用万用表电压档测量传感器 1 号端子与搭铁间电压,正常应为 5V。

2) 点火开关转至"STAR"位置,起动发动机,并使发动机转到 3000r/min,这时再用万用表电压档测量 1 号端子与搭铁间电压,正常应为 2.2~3.2V。

3) 点火开关转至"OFF"位置,用万用表电阻档测量传感器的 4 号端子与搭铁间电阻,正常应为 0Ω。

如果与上述检测结果不符,则须更换传感器。

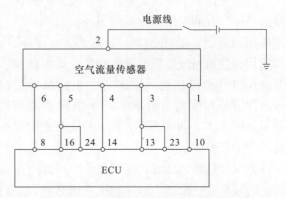

图 5-28 三菱轿车的超声波检测式涡流空气流量传感器与 ECU 的连接电路

## 二、光敏检测式涡流空气流量传感器

### 1. 结构

光敏检测式涡流空气流量传感器也称为反光镜式卡曼涡流空气流量传感器,它主要由涡流发生器、发光二极管 LED、光电晶体管、反光镜、张紧带、厚膜集成(IC)电路和进气温度传感器组成,其结构如图 5-29 所示。

在传感器气流入口处设有蜂窝状整流网栅,其作用是使吸入的空气在涡流发生器上游形成比较稳定的气流,从而保证涡流发生器产生与流速成正比的涡流。涡流发生器用合成树脂

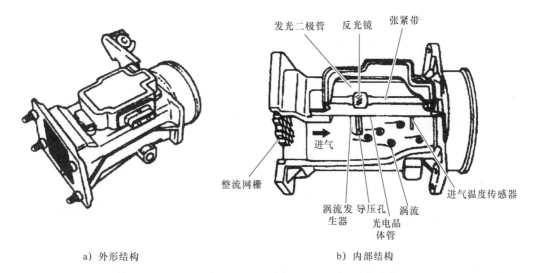

a) 外形结构　　　　　　　　　　b) 内部结构

图 5-29　光敏检测式涡流空气流量传感器的结构

与厚膜集成（IC）电路封装成一体，剖面图如图 5-30 所示。

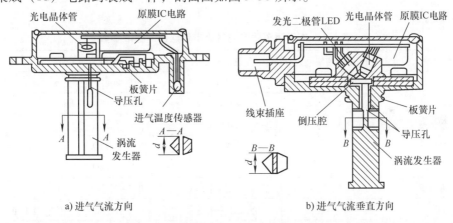

a) 进气气流方向　　　　　　　　b) 进气气流垂直方向

图 5-30　光电检测涡流式空气流量传感器剖面图

## 2. 工作原理

当进气气流流过涡流发生器时，发生器两侧就会交替产生涡流，两侧的压力就会交替发生变化。进气量越大，涡流数量越多，压力变化频率就越高。导压孔将变化的压力引导至导压腔中，反光镜和张紧带就会随着压力变化而产生振动，振动频率与单位时间内产生的涡流数量（即涡流频率 $f$）成正比。反光镜将 LED 的光束反射到光电晶体管上，因为光电晶体管受到光束照射时导通，不受光束照射时截止，所以光电晶体管导通与截止的频率与涡流频率成正比。信号处理电路将频率信号转换成方波信号输入 ECU 后，ECU 便可计算出进气流量的大小。

## 3. 与 ECU 的连接电路

丰田雷克萨斯 LS400 轿车和丰田皇冠 3.0 轿车发动机均采用光敏检测式涡流空气流量传感器，与 ECU 的连接电路如图 5-31 所示。

## 4. 检测

丰田轿车的光敏检测式涡流空气流量传感器的检测方法如下：

（1）静态检测　拆下空气流量传感器线束插头，用万用表测量传感器插座上端子"THA"与"$E_2$"之间的阻值，检测结果应当符合标准参考值（表5-4）。若阻值不符，则须更换空气流量传感器。

（2）动态检测　将空气流量传感器线束插接器插好，用万用表直流电压档测量传感器插接器端子"THA"与"$E_2$"、"$V_C$"与"$E_1$"和"KS"与"$E_1$"之间的电压，电压值应当符合标准参考值（表5-4）。若检测结果与标准电压值不符，则应首先检查传感器与ECU之间

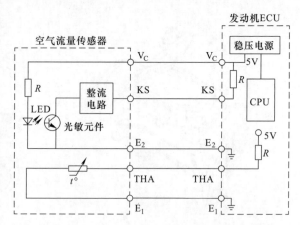

图5-31　丰田轿车空气流量传感器与ECU的连接电路

的线束是否断路；若线束良好，则接下来拔下传感器插头并接通点火开关，检查电源端子"$V_C$"与"$E_1$"和信号输入端子"KS"与"$E_1$"之间的电压是否在4.5~5.5V内，若在则说明ECU工作正常，应当更换空气流量传感器，若不在，则说明ECU有故障，应对ECU进行检修或更换。

表5-4　丰田轿车涡流空气流量传感器的标准参数

| 检测对象 | 端子名称 | 检测条件 | 标准参数 | 备注 |
|---|---|---|---|---|
| 进气温度传感器 | THA－$E_2$ | －20℃ | 10~20kΩ | — |
| | | 0℃ | 4~7kΩ | — |
| | | 20℃ | 2~3kΩ | — |
| | | 40℃ | 0.9~1.3kΩ | — |
| | | 60℃ | 0.4~0.7kΩ | — |
| 进气温度传感器 | THA－$E_2$ | 怠速进气温度20℃ | 0.5~3.4V | — |
| 空气流量传感器 | $V_C$－$E_1$ | 点火开关接通 | 4.5~5.5V | 检测电源电压 |
| | KS－$E_1$ | 点火开关接通 | 4.5~5.5V | 检测电源电压 |
| | | 怠速 | 2.0~4.0V | 信号电压跳跃变化 |

你学会了吗?

1. 卡曼涡流式空气流量传感器主要有什么类型？

2. 超声波检测式涡流空气流量传感器由哪些部件组成，是怎样工作的，与ECU的电路如何连接，怎样检测？

3. 光敏检测式涡流空气流量传感器由哪些部件组成，是怎样工作的，与ECU的电路如何连接，怎样检测？

# 第六章

# 速度与减速度传感器

## 第44天　发动机转速传感器

**学习目标**

1. 了解柴油发动机用转速传感器的作用。
2. 掌握柴油发动机用转速传感器与舌簧开关式发动机转速传感器的安装位置、结构、工作原理和检测方法。

电控发动机出现后，ECU用发动机转速信号取自曲轴位置传感器，而发动机转速表用转速信号，既有使用曲轴位置传感器的，也有使用点火信号的。前面的章节已对曲轴位置传感器做过介绍，在此不再赘述。下面介绍其他发动机传感器的各种形式及测量原理。

### 一、柴油发动机用转速传感器

这里以三菱4D56柴油机的转速传感器为例进行介绍。

**1. 安装位置**

在电控柴油发动机上使用的电磁感应式转速传感器是从喷油泵处获取转速信号的，三菱4D56柴油发动机转速传感器的安装位置如图6-1所示。

**2. 结构与工作原理**

柴油发动机用转速传感器的结构如图6-2所示。

柴油发动机用转速传感器的工作原理：在永磁铁的周围绕有线圈，线圈周围有铁质的齿轮，当齿轮旋转时，齿轮的齿顶和齿谷与永磁铁之间的空气隙不断变化，使通过线

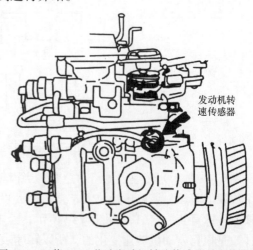

图6-1　三菱4D56柴油发动机转速传感器的安装位置

圈的磁力线也发生了变化，于是在线圈中便产生交变电压，输出波形如图 6-3 所示。

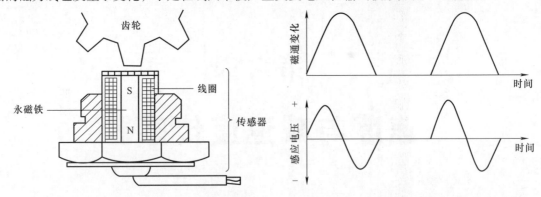

图 6-2　柴油发动机用转速传感器的结构　　图 6-3　柴油发动机用转速传感器的输出波形

当柴油机的喷油泵工作时，传感器的齿轮被带动旋转，由于交流电压的频率与发动机的转速成正比，在线圈中便有交流电压产生。该交变电压作为输入信号，经转速表内的 IC 电路放大、整形后就可使转速表指示出发动机的实际转速，如图 6-4 所示。

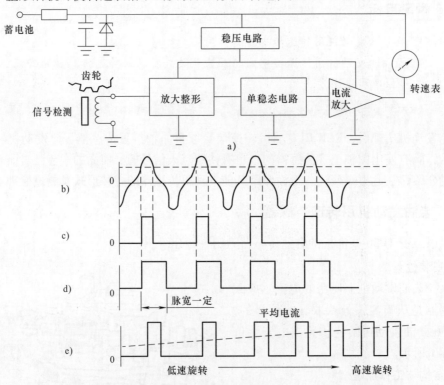

图 6-4　柴油机电磁感应式转速表内部电路及电路中各部位波形

图 6-4a 所示为转速表电路示意图，当齿轮转动时，每一个齿可以产生如图 6-4b 所示的一个周期的电压，该电压经放大、整形后，可变成图 6-4c 所示的矩形波。再经单稳态电路变换，使脉宽为一定值，如图 6-4d 所示，经电流放大器放大后输入转速表中。因为输出的脉冲数是根据发动机转速变化的，所以转速表按照脉冲电流的平均值来指示发动机转速，如图 6-4e 所示。

## 二、舌簧开关式发动机转速传感器

### 1. 安装位置与结构

舌簧开关式转速传感器可用于检测发动机转速,传感器既可以装在组合仪表内,也可以安装在分电器内部,如图 6-5 所示。

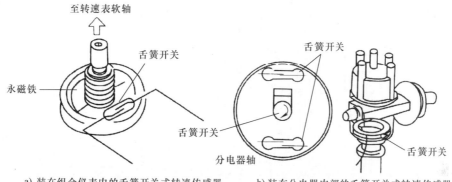

图 6-5  舌簧开关式转速传感器的安装位置及结构

### 2. 工作原理

舌簧开关触点由强磁体制成,在装于分电器轴上的永磁铁的作用下动作,舌簧开关触点不直接与大气接触,其容器内充有惰性气体。

舌簧开关式发动机转速传感器的工作原理如图 6-6 所示。曲轴转两圈、分电器轴转一圈,分电器内的永磁铁也转一圈。当永磁铁靠近舌簧开关时,在磁力线的作用下,使触点带磁性。触点的磁性与永磁铁近侧极性相同,从而使舌簧开关触点靠本身磁性吸引使开关导通。永磁铁随分电器轴转动后,磁极远离或只有一端靠近舌簧开关时,触点不受磁力线的影响,触点分开。

这样,两个舌簧开关在分电器轴上的永磁铁作用下,相互以 180°的相位差进行通、断变换,把发动机转速信号输入 ECU。

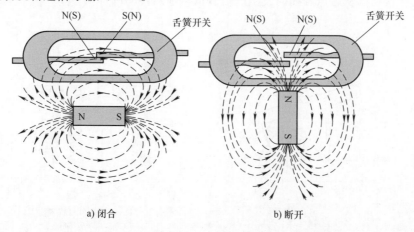

图 6-6  舌簧开关式发动机转速传感器的工作原理图

### 3. 检测

舌簧开关式发动机转速传感器的检测，主要检查其信号输出端子是否有脉冲信号产生，如图6-7所示。

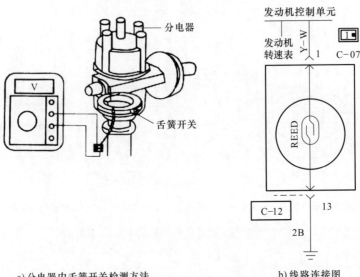

a) 分电器内舌簧开关检测方法　　　　b) 线路连接图

图6-7　舌簧开关式转速传感器的检测

将分电器从发动机上取下，用万用表电阻档检测，把两表笔放在信号输出端，用手转动分电器轴，观察是否有导通和断开两种状态交替出现。如果没有，则应更换舌簧开关式转速传感器。

另外一种形式的舌簧开关式传感器是阻断型，如图6-8a所示，为使舌簧开关能闭能开，永磁铁必须装在一个转动的轴上，使永磁铁转动或用一个转动的齿轮来隔断其磁通。当齿轮的齿处于永磁铁和舌簧管之间时，磁通离开簧片，这时触点弹开，如图6-8b所示。无论采取哪种方法，都可以从触点开闭时发出的信号指示轴的转动位置。

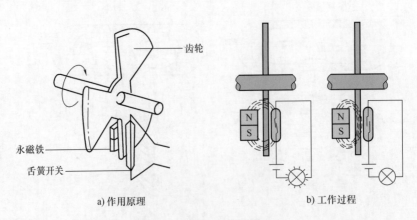

a) 作用原理　　　　　　　　b) 工作过程

图6-8　阻断型电磁舌簧开关

**你学会了吗?**

1. 发动机转速传感器有什么作用?
2. 柴油发动机用转速传感器安装在什么地方,由什么组成,是怎样工作的?
3. 舌簧开关式发动机转速传感器安装在什么地方,由什么组成,是怎样工作的,怎样检测?

## 第45天 轮速传感器

 **学习目标**

1. 了解轮速传感器的作用和安装位置。
2. 掌握电磁感应式轮速传感器、励磁式轮速传感器、霍尔效应式轮速传感器、磁阻式轮速传感器、电涡流式轮速传感器的结构、工作原理、连接电路和检测方法。

### 一、轮速传感器概述

**1. 作用**

轮速传感器即车轮速度传感器,用于检测车轮旋转速度,并将其转化为电信号输入控制单元(ECU)。现今的车辆上,轮速传感器使用在制动防抱死系统(ABS)、牵引力控制系统(TCS)、电子制动力分配(EBD)系统、电子稳定程序(ESP)系统中,各个控制单元根据其信号,通过与轮速传感器信号的对比,确定车辆是否发生抱死和滑移,从而决定执行器是否做出制动干预。

**2. 安装位置**

一般来讲,齿圈安装在随车轮或传动轴一起转动的部件上,如驱动车轮、从动车轮、半轴、轮毂或制动盘、主减速器或变速器的输出轴上;传感器本体安装在车轮附近不随车轮转动的部件上,如半轴套管、转向节、制动底板等位置,如图6-9所示。

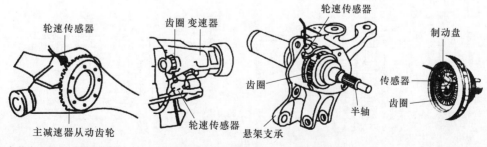

a) 安装在后桥主减速器壳体上　b) 安装在变速器输出轴上　c) 安装在驱动轮上　d) 安装在从动轮上

图6-9 轮速传感器的安装位置

**3. 类型**

目前，轮速传感器主要有电磁感应式、励磁式、霍尔效应式、电涡流式、磁阻元件式等几种。

## 二、电磁感应式轮速传感器

### 1. 结构

电磁感应式轮速传感器由传感头和齿圈两部分组成，结构如图 6-10 所示。传感头由永磁体、极轴和感应线圈等组成，齿圈由铁磁性材料制成。

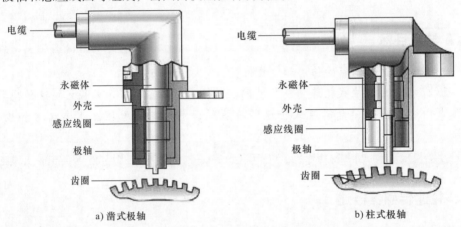

a) 凿式极轴　　　　b) 柱式极轴

图 6-10　电磁感应式轮速传感器传感头的结构

### 2. 工作原理

电磁感应式轮速传感器的工作原理如图 6-11 所示。当齿圈旋转时，齿顶与齿隙轮流交替对向磁心，当齿圈转到齿顶与传感头磁心相对时，传感头磁心与齿圈之间的间隙最小，由永久磁心产生的磁力线就容易通过齿圈，感应线圈周围的磁场就强，如图 6-11a 所示。当齿圈转动到齿隙与传感头磁心相对时，传感头磁心与齿圈之间的间隙最大，由永久磁心产生的磁力线就不容易通过齿圈，感应线圈周围的磁场就弱，如图 6-11b 所示。此时，磁通迅速交替变化，在感应线圈中就会产生交变电压，交变电压的频率将随车轮转速成正比例变化。ECU 可以通过处理转速传感器输入的电压脉冲频率来确定车轮的转速、汽车的参考速度等。

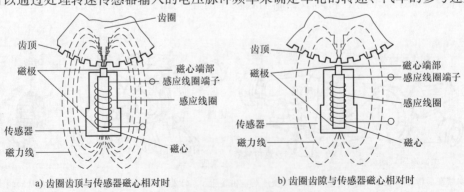

a) 齿圈齿顶与传感器磁心相对时　　　　b) 齿圈齿隙与传感器磁心相对时

图 6-11　电磁感应式轮速传感器的工作原理

**3. 检测**

这里以使用 MK20-Ⅰ型 ABS 的桑塔纳时代超人轿车、捷达轿车为例，说明电磁感应式轮速传感器的检测方法。

电磁感应式轮速传感器的常见故障主要是传感器本身的感应电路（感应线圈）断路或短路、传感器头和齿圈沾染油污或其他脏物、因振动或敲击造成传感器发生消磁现象等。除此之外，轮速传感器松动，脉冲齿圈距离、车轮轴承、制动轮缸、制动蹄片等出现问题，也会造成轮速传感器没有信号输出的故障。

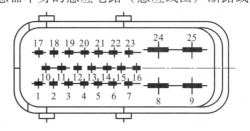

图 6-12  ABS ECU 插接器端子排列

（1）电阻检测  关闭点火开关，断开 ABS ECU 插头（图 6-12），用万用表电阻档测量不同端子之间的电阻，其测量值应符合表 6-1 规定的电阻值。

表 6-1  轮速传感器标准电阻值

| 轮速传感器 | ABS ECU 端子 | 标准电阻值/kΩ |
|---|---|---|
| 左前轮速传感器电阻值 | 11-4 | |
| 右前轮速传感器电阻值 | 18-3 | 1.0~1.3 |
| 左后轮速传感器电阻值 | 2-10 | |
| 右后轮速传感器电阻值 | 1-17 | |

若测量的电阻值不符合要求，则可直接从所对应的轮速传感器处拔下导线，用电阻表直接测量。若达到上述标准电阻值，说明线路有故障；如果仍达不到上述标准值，则说明传感器有故障。

如果检测的任何一个轮速传感器的电阻值不在规定范围内，首先应检查与该传感器连接的导线是否发生断路及其插头是否松动。如果经过检查未发现导线中有断路现象，且插头连接牢固，就应更换该轮速传感器。

（2）输出电压检测  用千斤顶顶起前轮，使被检车轮离地，松开驻车制动，拆下 ABS 线束，在线束插接器处测量。以 30r/min 的转速转动前轮，用万用表或示波器测量传感器输出电压，其测量值应符合表 6-2 的规定值。当输出电压不符合规定时，在齿圈上取 4 点，检查齿圈与轮速传感器之间的间隙是否过大，检查线束安装是否有误差。传感器输出电压标准值见表 6-2。

表 6-2  传感器输出电压标准值

| 轮速传感器 | 点火开关位置 | ABS ECU 端子 | 输出电压/mV |
|---|---|---|---|
| 左前轮速传感器输出电压 | | 11-4 | 3.4~14.8（脉冲输出） |
| 右前轮速传感器输出电压 | OFF | 18-3 | 3.4~14.8（脉冲输出） |
| 左后轮速传感器输出电压 | | 2-10 | >12.2 |
| 右后轮速传感器输出电压 | | 1-17 | >12.2 |

（3）检测传感器头与齿圈的间隙  用塞尺测量传感器头与齿圈之间的间隙，间隙值应满足表 6-3 规定的标准值。

表 6-3 轮速传感器与齿圈之间的标准间隙

| 检查项目 | 标准值/mm |
| --- | --- |
| 前轮速传感器与齿圈之间的间隙 | 1.10~1.97 |
| 后轮速传感器与齿圈之间的间隙 | 0.42~0.80 |

### 三、励磁式轮速传感器

东风 EQ1090 E 型载货汽车的 FKX 型 ABS 使用励磁式轮速传感器,其电路如图 6-13 所示。

在图 6-13 中,晶体管 VT、电阻 $R_1$、电阻 $R_2$、电容 $C_1$ 组成恒流电路给电磁式传感器提供约 40mA 的直流电流,以便使传感器铁心建立起工作磁场。当车轮转动时,引起磁阻变化,线圈中便产生感应电动势。由于恒流电路具有较高的动态阻抗,使感应信号幅度不致大幅度衰减。电容器 $C_2$ 用来旁路高频成分,以便减少电磁干扰。

### 四、霍尔效应式轮速传感器

霍尔效应式轮速传感器是利用霍尔效应原理制成的,霍尔效应式轮速传感器有以下几个优点:①传感器产生数字信号,ECU 可以直接使用,信号不需要进行转换;②传感器电压不受车轮转速影响;③传感器信号不易受外界干扰。

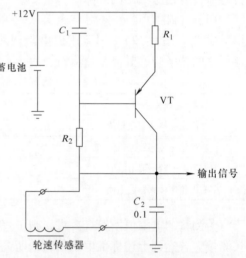

图 6-13 传感器励磁电路

按照信号检出形式,可以分为三线制和两线制霍尔效应式轮速传感器两种。三线制传感器为一根电源线、一根搭铁线、一根信号线;两线制传感器为一根电源线、一根信号兼搭铁线。

#### (一)三线制霍尔效应式轮速传感器

**1. 结构与工作原理**

三线制霍尔效应式轮速传感器由传感头和触发齿圈组成。传感头由永磁体、霍尔元件和电子电路等组成,永磁体的磁力线穿过霍尔元件通向触发齿轮,齿轮相当于一个集磁器,其结构如图 6-14 所示。

齿圈随车轮一起转动,当齿轮位于图 6-14a 所示的位置时,穿过霍尔元件的磁力线分散,磁场相对较弱。当齿轮位于图 6-14b 所示的位置时,穿过霍尔元件的磁力线集中,磁场相对较强。这样,霍尔元件的磁力线密度发生变化,随齿圈的转动而引起霍尔电压的变化,霍尔元件将输出一个 mV 级的正弦波电压 $U_1$。经放大器放大成电压 $U_2$ 信号后,输入施密特触发器中将正弦波信号转换成标准的脉冲电压 $U_3$ 信号,最后再经输出极放大成电压 $U_4$ 信号后输出。电子线路原理框图与各波形如图 6-15 所示。

电子线路原理如图 6-16 所示,其工作电压为 8~15V,负载电流为 100mA,工作频率为 20kHz,输出电压幅值为 7~14V。

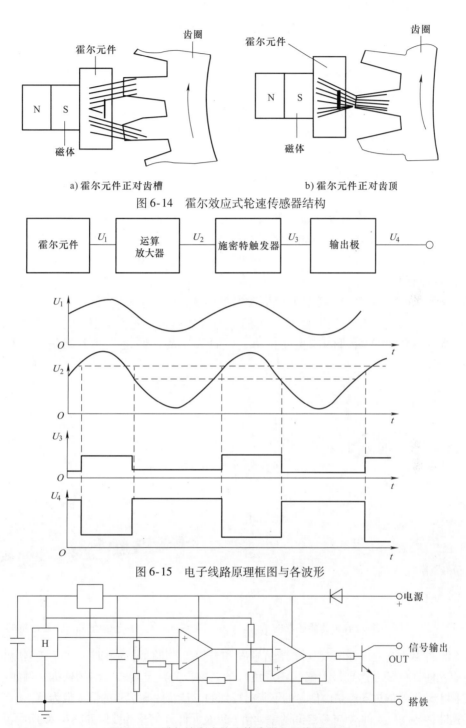

a) 霍尔元件正对齿槽　　　　b) 霍尔元件正对齿顶

图 6-14　霍尔效应式轮速传感器结构

图 6-15　电子线路原理框图与各波形

图 6-16　霍尔效应式轮速传感器电子线路原理

**2. 检测**

可用检测输出电压信号的方法来判断霍尔效应式轮速传感器的工作状况，方法如下：

1）将点火开关转至"OFF"位置。
2）用举升机将车辆举起，使四个轮胎离地 10cm 左右。

3）拔下轮速传感器的导线插接器插头，并用导线将线束插头与轮速传感器插头的电源端子相连。

4）用万用表的交流电压档检测轮速传感器的信号输出端子间的输出电压，注意：红表笔连接"+"端子，黑表笔连接"-"端子。

5）打开点火开关，松开驻车制动器，用手转动车轮，万用表应显示交流电压在7~14V之间。若电压不在规定范围，则应检查传感器与齿圈之间的间隙，标准值为0.2~0.5mm，否则应对间隙进行调整。

### （二）大众二线制霍尔效应式轮速传感器

**1. 结构**

二线制霍尔效应式轮速传感器的测量元件是霍尔传感器，它包括三个霍尔元件。传统的传感器齿圈（脉冲感知环）被车轮轴承上的磁密封圈所取代，这个密封圈上布置有48对南/北磁极（多极）。二线制霍尔效应式轮速传感器的结构如图6-17所示。

**2. 工作原理**

当车轮转动时，轮速传感器感知磁圈磁通量的变化。三个霍尔元件是错开布置的，元件之间的距离是这样选择的：当元件C测出的磁通量最小时，元件A测出的磁通量最大，如图6-18所示。传感器内部会产生元件A、C的信号及它们之间的差动信号，其波形如图6-19所示。

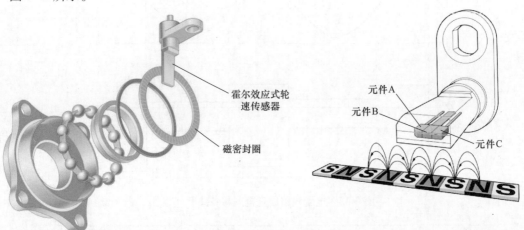

图6-17　二线制霍尔效应式轮速传感器的结构　　图6-18　轮速传感器感知磁圈磁通量的变化

霍尔元件B布置在A和C之间。当信号A和C以及差动信号为零时，元件B测出的磁通量最大。以元件B的信号达到最大值（正或负）的时刻作为判定旋转方向的依据。例如：如果A与C之间差动信号的过零点是由信号的下降沿得到的，且元件B信号的最大值为负，那么就认为车轮在逆时针转动。元件A与C之间的差动信号以及元件B信号的波形如图6-20所示。

**3. 与ESP控制单元的连接电路**

图6-21所示是二线制霍尔效应式轮速传感器与ESP控制单元的连接电路。轮速传感器通过一个电流接口与ESP控制单元相连，ESP控制单元内装有一个低阻值的测量电阻$R$。传感器有两个电插头，它与测量电阻一起构成一个分压器。插头1和2之间的电压就是蓄电池电压$U_B$。传感器信号在测量电阻上会产生一个电压降$U_S$。这个信号电压由控制单元来进行分析。

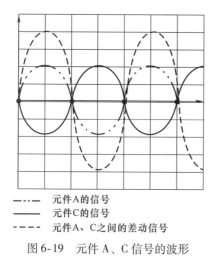

——·—— 元件A的信号
———— 元件C的信号
— — — 元件A、C之间的差动信号

图 6-19 元件 A、C 信号的波形

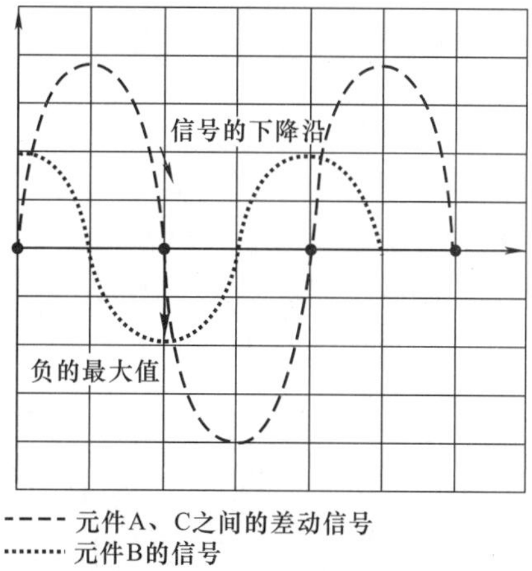

— — — 元件A、C之间的差动信号
········· 元件B的信号

图 6-20 元件 A 与 C 之间的差动信号以及元件 B 信号的波形

### (三) 宝马二线制霍尔效应式轮速传感器

宝马 E38 型轿车采用了二线制霍尔效应式轮速传感器。当车轮旋转时，传感器就会发出方波脉冲电压，发送到 ECU，主动牵引力和稳定控制系统 ECU 接收轮速传感器信号，并发送给仪表 ECU，用来计算车辆行驶速度。

传感器只有两条线，其中一条是电源线，由 ECU 为传感器提供 8V 的电源电压；另一条线是信号与搭铁线。由于霍尔元件独特的性能，使传感器的搭铁线和信号线共用一条线。当转子旋转时，传感器产生 0.75~2.5V 的方波脉冲信号。轮速传感器电路原理如图 6-22 所示。

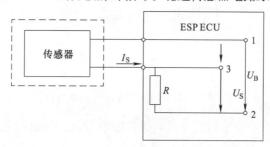

图 6-21 二线制霍尔效应式轮速传感器与 ESP 控制单元的连接电路

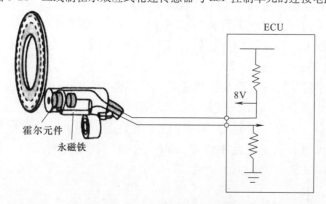

图 6-22 轮速传感器电路原理

### 五、磁阻式轮速传感器

磁阻式轮速传感器除了具备主动型轮速传感器的功能外，还能够检测出车轮的旋转方向，如图 6-23 所示。磁阻式轮速传感器内部有两个磁阻，在车轮转动时产生两个信号，把这两个信号叠加在一起后，再发送到 ECU。由于车辆向前或者向后行驶时，两个磁阻发出的信号是不同的，因此 ECU 可根据传感器信号来判断车轮的旋转方向和车辆的实际行驶方向，其输出波形如图 6-24 所示。

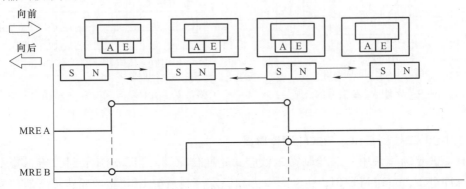

图 6-23　磁阻式轮速传感器检测车轮旋转方向的原理

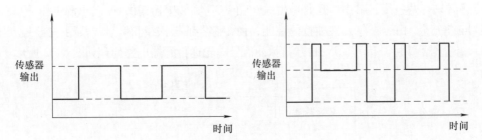

图 6-24　车轮不同旋转方向时的输出波形

这里以丰田皇冠轿车上使用的磁阻式轮速传感器为例，说明其构造、原理及检测方法。

**1. 结构与工作原理**

丰田皇冠轿车的轮速传感器，采用磁阻型半导体传感器，简称 MRE 传感器。磁性转子是由内置带磁性粒子的橡胶制成的磁极（南北共 48 极）按圆周方向均匀分布的环状垫片，镶嵌在后轮轴承内圈上，与车轮同速旋转。MRE 传感器则安装在轮毂上固定不动，与磁性转子间存在 0.5 ~ 0.8mm 的空气间隙。

当磁性转子随车轮旋转时，产生磁场变化，传感器内的磁阻值相应变化，经电路处理以脉冲信号输出给 ABS ECU。MRE 传感器与广泛采用的其他方式轮速传感器比较，能检测到从 0km/h 开始的车速，此外，还能够检测到转子的旋转方向，因此系统可以区分车辆向前还是向后运动，为坡道起步辅助控制系统（HAC）提供制动控制信号。其工作原理示意图如图 6-25 所示。

**2. 检测**

这里以左前轮速传感器为例说明检测方法。左前轮速传感器与 ABS 牵引力执行器总成（制动防滑控制 ECU）的连接线路和端子位置如图 6-26 所示。

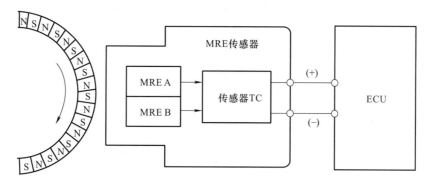

图 6-25　丰田皇冠轿车的 MRE 传感器工作原理示意图

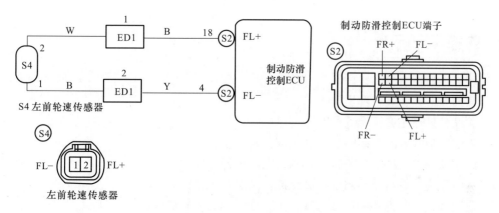

图 6-26　左前轮速传感器与制动防滑控制 ECU 的连接线路和端子位置

(1) 输入电压检测　关闭点火开关，断开轮速传感器插接器，打开点火开关，用万用表电压档检测 S4-2（FL+）与车身搭铁的电压，其值应在 7.5~12V 之间。若测量值不在规定范围之内，则进一步检查导线和 ECU 是否有故障。

(2) 线路导通性检测　关闭点火开关，断开轮速传感器插接器和制动防滑控制 ECU 插接器，用万用表电阻档测量左前轮速传感器 S4-2（FL+）与 S2-18（FL+）、S4-1（FL-）与 S2-4（FL-）之间的电阻，其值应小于 1Ω。若测量值不在规定范围之内，则说明导线有故障，应对导线进行维修或更换。

(3) 绝缘性检测　关闭点火开关，断开制动防滑控制 ECU 插接器，用万用表电阻档测量 S2-18（FL+）与搭铁、S2-4（FL-）与搭铁之间的电阻，其值应大于 10kΩ。若测量值不在规定范围之内，则说明 ECU 有故障，应对 ECU 进行维修或更换。

## 六、电涡流式轮速传感器

电涡流式轮速传感器的工作原理如图 6-27 所示。在软磁材料制成的输入轴上加工一键槽，在距输入表面 $d_0$ 处设置电涡流传感器，输入轴与被测旋转轴相连。当被测旋转轴转动时，输出轴的距离发生 $\Delta d$ 的变化。因为电涡流效应，所以将导致振荡谐振回路的品质因数变化，使传感器线圈电感随 $\Delta d$ 的变化发生变化，它们将直接影响振荡器的电压幅值和振荡频率。因此，随着输入轴的旋转，从振荡器输出的信号中包含有与转数成正比的脉冲频率信号。该信号由检波器检出电压幅值的变化量，然后经整形电路输出脉冲频率信号 $f_n$，经电路处理便可得到被测转速。这种轮速传感器可实现非接触式测量，抗污染能力很强，可安装在旋转轴附近长期对被测转速进行监视。最高测量转速可达 600000r/min。

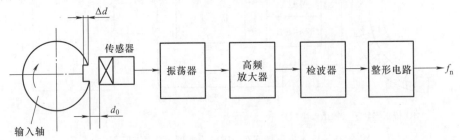

图 6-27　电涡流式轮速传感器工作原理

 **你学会了吗？**

1. 轮速传感器有什么作用？
2. 轮速传感器安装在哪里？
3. 轮速传感器主要有哪几种？
4. 电磁感应式轮速传感器由什么组成，怎样检测？
5. 励磁式轮速传感器是怎样工作的，电路如何连接？
6. 霍尔效应式轮速传感器由什么组成，是怎样工作的？
7. 磁阻式轮速传感器由什么组成，是怎样工作的，怎样检测？
8. 电涡流式轮速传感器是怎样工作的？

## 第46天　车速传感器

 **学习目标**

1. 了解车速传感器的作用。
2. 了解车速传感器安装位置。
3. 掌握舌簧开关式车速传感器、可变磁阻式车速传感器、电磁感应式车速传感器、光敏式车速传感器、霍尔式车速传感器的结构、工作原理和检测方法。

### 一、车速传感器

**1. 作用**

对于自动变速器汽车，车速传感器也叫作变速器输出轴转速传感器，用于检测汽车的车速信号，并将车速信号输入 ECU，实现 ECU 对变速器的换档控制及对发动机的巡航控制；同时将车速信号提供给车速里程表，用以指示汽车的行驶速度，记录汽车的行驶里程。而对于手动变速器汽车,车速传感器则仅仅将检测到的车速信号提供给车速里程表,用于指示汽车的行驶速度,记录汽车的行驶里程。

**2. 安装位置**

车速传感器一般安装在变速器输出轴附近的壳体上或速度表内。

**3. 类型**

车速传感器常见的有舌簧开关式、可变磁阻式、电磁感应式、光电式和霍尔式几种,在这一节中将对它们进行介绍。

## 二、舌簧开关式车速传感器

**1. 结构与工作原理**

舌簧开关式车速传感器是车速报警系统中常用的信息传感器。

舌簧开关式传感器是在小玻璃管内装有两个细长的触点构成的,触点由铁、镍等容易被永磁铁吸引的强磁性材料制成,受玻璃管外磁板的控制,有时触点互相吸引而闭合,有时互相排斥而断开,从而形成了触点的开关作用。

舌簧开关式车速传感器置于车速表的转子附近,当车速表驱动轴回转时,永磁铁也回转,永磁铁的N、S极将靠近或远离舌簧开关的触点,如图6-28所示。

如图6-29a所示,当N、S磁极从接近舌簧开关到逐渐离开时,上、下两个触点变为不同极性的磁极,互相吸引,开关变为闭和状态。

如图6-29b所示,当N或S极接近触点时,触点变为同一极性的磁极,互相排斥,舌簧开关断开。因为永磁铁一般是四极的,控制部分连续工作时,车速表驱动轴每回转一圈,就会输出四个脉冲。

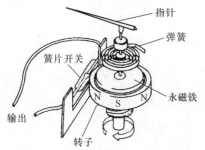

图6-28 舌簧开关式车速传感器的结构

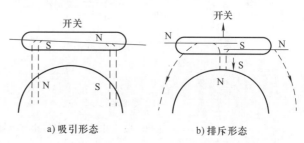

图6-29 舌簧开关式车速传感器的工作原理

**2. 检测**

可用指针式万用表的电压档检测舌簧开关式车速传感器的输出电压信号,即把万用表的两个表笔接在传感器插接器的两插头端子上,转动发动机1~2s,观察电压表指针是否有脉冲电压产生,如果无脉冲电压产生,则表示传感器有故障,应当更换。

## 三、可变磁阻式车速传感器

**1. 安装位置**

可变磁阻式车速传感器的安装位置如图6-30所示,它一般安装在变速器壳体上,直接由变速器齿轮驱动。

## 2. 结构

可变磁阻式车速传感器主要由磁阻元件、转子、印制电路板和磁环等构成，如图 6-31 所示。

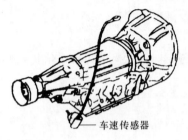
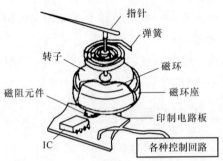

图 6-30　可变磁阻式车速传感器的安装位置　　图 6-31　可变磁阻式车速传感器的结构

## 3. 工作原理

当齿轮驱动传感器轴旋转时，与轴连在一起的多极磁环也同时旋转，磁环旋转引起磁通变化，使集成电路内的磁阻元件的阻值发生变化，如图 6-32 所示。

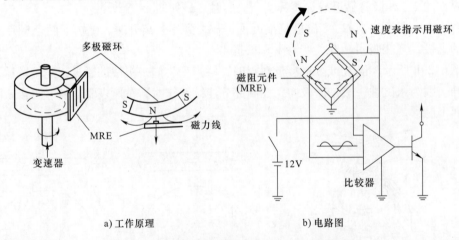

a) 工作原理　　　　　　　　　　　b) 电路图

图 6-32　可变磁阻式车速传感器的工作原理与电路

当流向磁阻元件（MRE）的电流方向与磁力线方向平行时，其电阻值最大；电流方向与磁力线方向垂直时，其电阻值最小，如图 6-32 所示。在磁环上，N 极与 S 极交替排列，随着磁环的回转使其磁力线方向不断地变化，伴随其每一回转，在内置磁阻元件的集成电路中发生 20 个脉冲信号，该信号作为车速信号送入车速表和 ECU。磁通量的变化与磁环旋转速度成正比，利用磁阻元件的阻值变化就可以检测出磁环旋转引起的磁通变化，将电压的变化输入比较器中进行比较，再由比较器输出信号控制晶体管的导通和截止，这样就可以检测出车速。

## 4. 检测

检测可变磁阻式车速传感器时，可用手转动传感器轴，在转动的同时，用万用表测量传感器两端子间输出的电压信号，如果有脉冲信号输出，则说明传感器良好；如果无脉冲信号产生，则说明传感器已失效，应当更换。

## 四、电磁感应式车速传感器

**1. 结构与工作原理**

电磁感应式车速传感器由永磁铁和电磁感应线圈组成,如图6-33a所示。它固定在自动变速器输出轴附近的壳体上,靠近输出轴上的停车锁止齿轮或感应转子安装。当输出轴转动时,停车锁止齿轮或感应转子的凸齿不断地靠近或离开车速传感器,使感应线圈内的磁通量发生改变,从而产生交流感应电压,如图6-33b所示。车速越高,输出轴的转速也越高,感应电压的脉冲频率也越大。ECU根据感应电压脉冲频率的大小计算出车速。

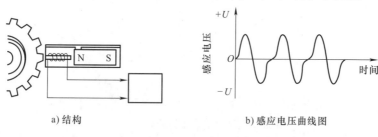

a) 结构　　　　　　　b) 感应电压曲线图

图6-33　电磁感应式车速传感器的结构与工作原理

**2. 变速器输入轴电磁感应式车速传感器的结构与工作原理**

自动变速器输入轴转速传感器一般安装在与行星齿轮变速器输入轴连接的离合器鼓附近的壳体上,如图6-34所示。

电磁感应式变速器输入轴转速传感器主要由传感头和磁性转轮构成,其结构如图6-35所示。

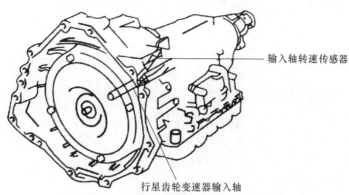

图6-34　变速器输入轴转速传感器的安装位置

变速器输入轴转速传感器的工作原理,如图6-36所示。

当齿轮的齿隙与传感器的磁心顶部相对时,磁心顶部与齿圈之间的空气间隙最大,输入轴转速传感器永磁性磁心所产生的磁力线就不容易通过齿圈,感应线圈周围的磁场较弱,如图6-36a所示;而当齿圈的齿顶与传感器的磁心顶部相对时,磁心顶部与齿圈之间的空气间隙最小,传感器永磁性磁心所产生的磁力线就容易通过齿圈,感应线圈周围的磁场较强,如图6-36b所示。

当齿圈随变速器输入轴转动时,齿圈的齿顶和齿隙就交替地与传感器磁心顶部相对,传

· 233 ·

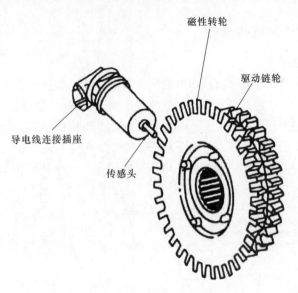

图 6-35 变速器输入轴转速传感器的结构

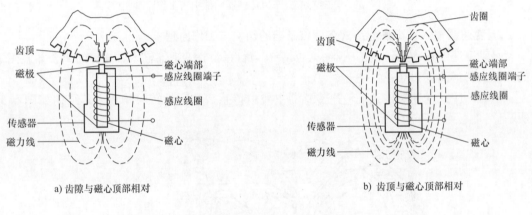

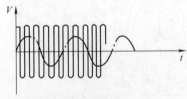

c) 传感器输出电压

图 6-36 变速器输入轴转速传感器的工作原理

感器感应线圈周围的磁场随之发生强弱交替的变化,在感应线圈中就会产生交变电压,交变电压的频率与齿圈的齿数和转速成正比,因此转速传感器输出的交变电压频率与相应变速器输入轴的转速成正比。另外,变速器输入轴的转速也会影响变速器输入轴传感器输出交变电压的幅值,如图 6-36c 所示,转速高幅值大;反之,转速低幅值小。产生的交变电压由感应线圈引线通过导线送至电控单元(ECU),通过电压变化的频率便能精确地反映出变速器输入轴转速的变化。

### 3. 电磁感应式车速传感器的检测

（1）开路检测　拔下车速传感器插接器插头，用万用表测量传感器两接线端子间的电阻。不同车型自动变速器的这种车速传感器感应线圈的电阻值不同，一般为几百到几千欧姆。

（2）模拟检测　将车支起，用手转动悬空的驱动车轮，同时用指针式万用表测量车速传感器的两接线端子间有无脉冲感应电压。如果万用表指针有摆动，则说明传感器有输出脉冲电压，传感器工作正常；否则，说明传感器有故障，应进一步检查传感器转子及感应线圈是否脏污。如果脏污，则应进行清洁，然后再进行测试。如果传感器仍无脉冲电压产生，则说明传感器已经损坏，应进行更换。车速传感器脉冲电压的测量如图6-37所示。

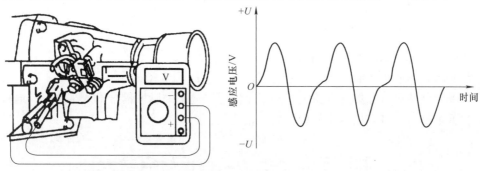

图6-37　车速传感器脉冲电压的测量

（3）单体检测　拆下车速传感器，测量传感器的输出脉冲电压。具体方法：用一根铁棒或一块永磁铁迅速靠近或者离开传感器，同时用万用表测量传感器两接线端子间有无脉冲电压产生，如图6-38所示。

如果没有感应电压或感应电压很微弱，则说明传感器已失效，要进一步检查，再试验，确认有故障后，应进行更换。

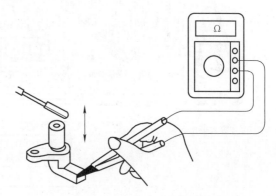

图6-38　单体检测车速传感器的脉冲电压

## 五、光敏式车速传感器

### 1. 结构

光敏式车速传感器用于数字式速度表上，由发光二极管（LED）、光电晶体管以及装在速度表驱动轴上的遮光板构成，如图6-39所示。

### 2. 工作原理

当遮光板不能遮断光束时，发光二极管的光射到光电晶体管上，光电晶体管的集电极中有电流通过，该管导通，这时晶体管VT1也导通，因此在$S_i$端子上就有5V电压输出。脉冲频率取决于车速，例如在车速为60km/h时，仪表挠性

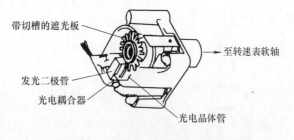

图6-39　光敏式车速传感器的结构

驱动轴的转速为 637r/min，仪表软轴每转一圈，传感器就有 20 个脉冲输出，如图 6-40 所示。

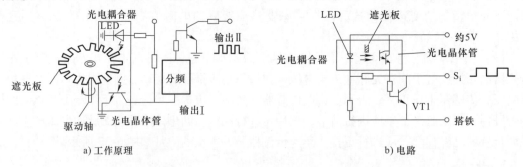

图 6-40 光敏式车速传感器的工作原理

**3. 数字式车速表结构和工作原理**

采用光敏式车速传感器的数字式车速表的结构与原理框图如图 6-41 所示。它主要由荧光显示屏、微型计算机和集成电路组成。车速传感器输出的脉冲信号输入车速表，通过荧光显示屏显示车速，并将其信号输入里程表、燃油表、温度表等。

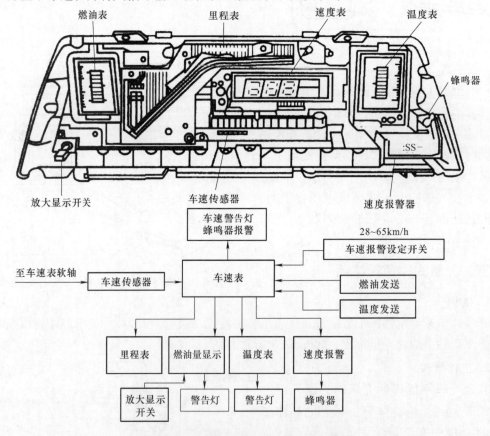

图 6-41 数字式车速表的结构与原理框图

光敏式车速传感器发出的脉冲信号经整形后输入记忆电路，在记忆电路中留下记录。而定时电路输出信号决定计数器的记忆时间和记忆电路的记忆时间。记忆电路的输出信号加到显示电路上，荧光显示屏根据光敏式车速传感器输出的脉冲数显示车速。车速表的电路框图如图 6-42 所示。

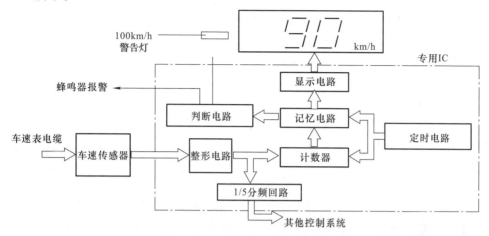

图 6-42 车速表的电路框图

车速表显示的最小值为 1km/h，显示值经过一定时间更新一次，但不会超过 1km/h 的间隔。如果其显示的车速超过 101km/h，则速度判断回路输出报警信号，点亮车速警告灯；如果车速超过 105km/h，则蜂鸣器发出警报。

**4. 检测**

（1）测量传感器两端子间的电压　检测光敏式车速传感器时，应在发动机起动后怠速运转的情况下，用万用表电压档测量传感器的输出和搭铁端子间的电压值，正常值应为 1.8～2.5V。如果电压不正常，则应检查传感器和搭铁电路的连接情况；若都无问题，则应检查发光二极管和光电晶体管。

（2）检测发光二极管　用万用表电阻档检测正、反向电阻来判别其极性的好坏。在切断电源和外电路的情况下，用万用表的电阻档测其正、反电阻值，一般正向电阻小于 50kΩ、反向电阻大于 200kΩ 以上为正常。如果正、反电阻中的一个为 0 或 ∞，则说明被测发光二极管损坏，应更换。

（3）检测光电晶体管　光电晶体管也可以用万用表测量。将万用表置于电阻档，红与黑表笔随意接光电晶体管的两个管脚。这时万用表指示值如为几千欧左右，则黑表笔所接的是光电晶体管的正极，红表笔所接的是负极（这里正向电阻是不随光照而变化的阻值）。然后将万用表的表笔调换一下再接光电晶体管的管脚，测量反向电阻，这时读数一般在 200kΩ 以上（注意测量时，光电晶体管不可以对着光）。接着用相匹配的光源去照射光电晶体管的窗口，此时电阻值应变小，光线越强，其电阻也越小。关掉光源，电阻值立即恢复到原来的阻值，则说明光电晶体管是好的。否则，说明光电晶体管已损坏，应更换。

## 六、霍尔式车速传感器

**1. 结构**

霍尔式车速传感器主要由触发轮、带导板的永磁铁、霍尔元件及集成电路组成，其结构如图 6-43 所示。

## 2. 工作原理

霍尔式车速传感器也是利用霍尔效应的原理制成的，即触发叶轮转动时，其叶片在永磁铁与霍尔元件间转动，从而使通过霍尔元件的磁通量发生变化，因为霍尔元件用导线连接在电路中，所以在霍尔元件上产生一个霍尔电压，经集成电路放大整形后输出矩形方波信号输入 ECU，如图 6-44 所示。车速传感器有 3 个接线端子，其中 1 号端子为蓄电池的供电端子；2 号端子为信号输出端子；3 号端子为搭铁。

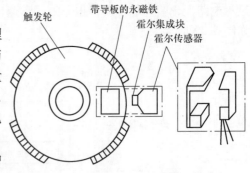

图 6-43　霍尔式车速传感器的结构

## 3. 检测

（1）检测传感器的电压　关闭点火开关，拔下车速传感器插头后，再打开点火开关，检测线束侧插接器 1# 端子的电压，其标准值应为 12V，即蓄电池电压；否则，应检查熔断器、点火开关以及它们之间的连接导线。

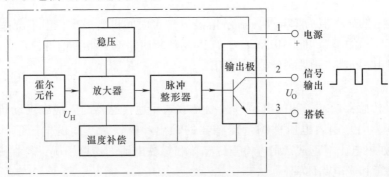

图 6-44　霍尔集成电路的电路框图

（2）检测传感器的输出信号　当车辆行驶时，用示波器检测车速传感器插座 3 号和 2 号端子之间有无方波信号输出（测试时，车速传感器的插头不能拔下）。如果无信号，则说明车速传感器损坏或相应的连接电路发生故障。

 ▲你学会了吗？

1. 车速传感器有什么作用？
2. 车速传感器安装在哪里？
3. 车速传感器主要有哪几种？
4. 舌簧开关式车速传感器由什么组成，是怎样工作的，怎样检测？
5. 可变磁阻式车速传感器安装在哪里，由什么组成，是怎样工作的，怎样检测？
6. 电磁感应式车速传感器由什么组成，是怎样工作的，怎样检测？
7. 光敏式车速传感器由什么组成，是怎样工作的，怎样检测？
8. 霍尔式车速传感器由什么组成，是怎样工作的，怎样检测？

# 第七章

# 爆燃与碰撞传感器

## 第47天 爆燃传感器

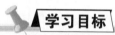

掌握爆燃传感器的作用、安装位置、类型、结构、工作原理和检测方法。

### 一、作用

爆燃传感器主要感应发动机各种不同频率的振动,并将振动转化为不同的电压信号。当发动机发生爆燃时,爆燃传感器感应到此变化并产生较大振幅的电压信号,如图7-1所示。它检测到爆燃信号并作为点火提前角的反馈信号输入 ECU,实现 ECU 对点火提前角的修正,使其保持最佳,从而实现点火提前角的闭环控制。

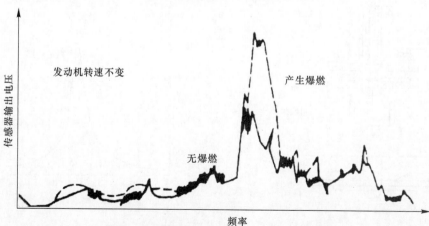

图 7-1 爆燃传感器的检测频率与输出电压

## 二、安装位置

爆燃传感器一般安装在发动机气缸体、火花塞或进气歧管上。

## 三、类型

爆燃传感器按发动机缸体振动频率的检测方式不同,可分为共振型和非共振型两种;按爆燃传感器结构的不同,分为压电式、磁致伸缩式及火花塞金属垫型几种。

## 四、结构与原理

共振型爆燃传感器的显著特点是传感器的共振频率与发动机爆燃的固有频率一致,因此其内部设有共振体,并且共振体的共振频率与爆燃频率协调一致。其优点是输出电压高,不需要滤波,此信号处理比较方便。由于机械共振体的频率特性尖且频带窄,因此无法响应发动机条件变化引起的爆燃频率变化,即共振型爆燃传感器只能用于特定的发动机,不能与其他发动机互换使用,装车自由度很小。

非共振型爆燃传感器的突出优点是适用于所有的发动机,装车自由度很大。但其输出电压较低,频率特性平且频带较宽,需要配用带通滤波器(只允许特定频带的信号通过,对其他频率的信号进行衰减的电路组成的滤波器称为带通滤波器,带通滤波器一般由线圈和电容器组合而成),信号处理比较复杂。

**1. 共振型压电式爆燃传感器**

共振型压电式爆燃传感器的结构如图7-2所示。

共振型压电式爆燃传感器中的压电元件紧密地贴合在振荡片上,振荡片固定在传感器的基座上。振荡片随发动机的振动而振荡,压电元件随振荡片的振荡而发生形变,进而在其上产生一个电压信号。当发动机爆燃时的气缸振动频率与传感器振荡片的固有频率相符合时,振荡片产生共振。这时,压电元件将产生最大的电压信号,即该类型爆燃传感器在发动机爆燃时输出的电压比较高,因此无须使用滤波器即可区分有无爆燃产生,如图7-3所示。

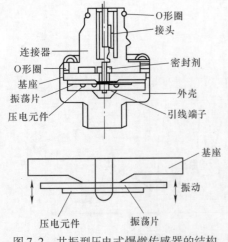

图7-2 共振型压电式爆燃传感器的结构

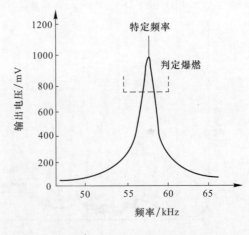

图7-3 共振型压电式爆燃传感器的输出特性

## 2. 共振型磁致伸缩式爆燃传感器

共振型磁致伸缩式爆燃传感器主要由感应线圈、磁致伸缩杆、永磁铁和外壳组成，其结构如图 7-4 所示。

当发动机因爆燃而使缸体产生振动时，传感器的伸缩杆就会随之产生振动，感应线圈中的磁通量变化率会发生变化。根据电磁感应原理可知，在感应线圈内会产生一个交变电动势，即传感器有一个信号电压输出，输出电压的高低取决于发动机缸体的振动强度和振动频率。当传感器的固有振动频率和发动机缸体的振动频率相同时，即当发动机缸体的振动频率达到 6~9kHz 时，传感器将产生共振，此时振动强度最大，传感器的感应线圈中产生的感应电压最高，输出特性如图 7-5 所示。

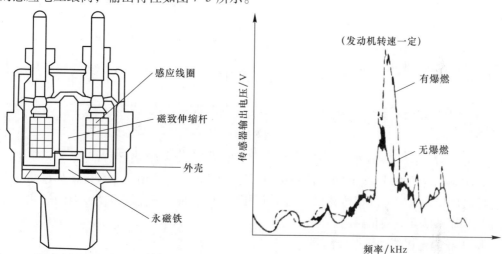

图 7-4　共振型磁致伸缩式爆燃传感器的结构　　图 7-5　共振型磁致伸缩式爆燃传感器的输出特性

## 3. 非共振型压电式爆燃传感器

非共振型压电式爆燃传感器一般也安装在发动机的气缸体上，如图 7-6a 所示。传感器由平衡重（配重）、压电晶体、壳体、引出线等组成，如图 7-6b 所示。两个压电晶体同极性相向对接，平衡重由螺钉固定在壳体上。

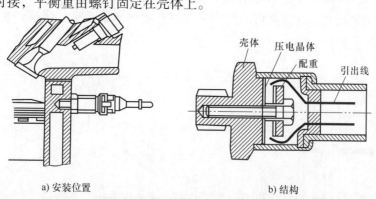

a) 安装位置　　　　　　　　　　　b) 结构
图 7-6　非共振型压电式爆燃传感器的安装位置及结构

当发动机产生爆燃时，安装在缸体上的爆燃传感器内部平衡重因受振动的影响而产生加速度，平衡重将此加速惯性力转变为作用在压电晶体上的压力，压电晶体受到此加速度惯性压力后产生压电信号输出，输出电压由两个压电晶体的中央输出，经电路传输给 ECU。

在发动机爆燃发生时，由于这种传感器输出的电压不大，具有平缓的输出特性，如图 7-7 所示。因此，需要将反映发动机振动频率的输出电压信号送到识别爆燃的滤波器中，判别是否有爆燃产生的信号。

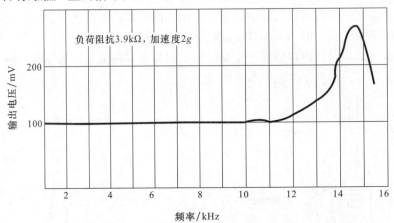

图 7-7 非共振型压电式爆燃传感器的输出电压与频率的关系

这种爆燃传感器的优点是检测频率范围宽，因此可设计成由零至数十千赫兹的可检测很宽频带的发动机振动频率传感器。用于不同发动机上时，只需调整滤波器的过滤频率即可使用，而不需要更换传感器。

**4. 火花塞金属垫型爆燃传感器**

火花塞金属垫型爆燃传感器是由压电元件制成的，又称为垫圈型压力传感器或压力检测式爆燃传感器，这种传感器安装在火花塞的垫圈与发动机缸体之间。它的结构较为简单，如图 7-8 所示。它能根据燃烧压力直接检测爆燃情况，并将燃烧压力转换成电压信号输出。这类爆燃传感器一般每缸火花塞都安装一个。

当发动机发生爆燃时，在燃烧期间传感器输出的电压信号波形的振幅将增大，输入 ECU 后，经过滤波处理，根据其值的大小可判定有无爆燃的产生。爆燃传感器的输出电压波形如图 7-9 所示。

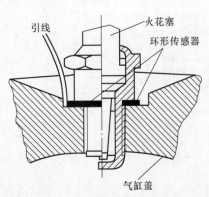 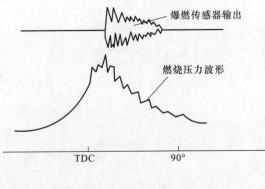

图 7-8 火花塞金属垫型爆燃传感器的结构　　图 7-9 火花塞金属垫型爆燃传感器的输出波形

### ▲ 实际操作

爆燃传感器的检测方法基本相似，这里以共振型磁致伸缩式爆燃传感器为例进行介绍。共振型磁致伸缩式爆燃传感器与 ECU 的连接电路如图 7-10 所示。爆燃传感器的检测方法如下：

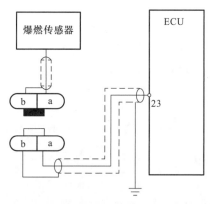

图 7-10　共振型磁致伸缩式爆燃传感器与 ECU 的连接电路

**1. 电阻检测法**

关闭点火开关，拔下爆燃传感器接线端 ECU 接线器。用万用表测量 ECU 爆燃传感器信号输入端与爆燃传感器信号输出端子 a 之间的连线是否导通。若不通，则应检查这段配线及接线器。若检查上述线路无问题，再检查传感器 b 端子与搭铁间是否导通。若不通，则说明接线不良。如果 b 端子搭铁良好，则可进一步脱开爆燃传感器接线器，单独测量其 a、b 两端子间的电阻，应接近于 0Ω。如果测量值不符合规定值，则说明该传感器已失效，应更换传感器。

**2. 示波器检测法**

检测时，将传感器的连接线断开，将示波器的信号测量线与传感器的信号线相连，敲击缸体以使传感器产生信号，观察示波器的波形变化，所测波形应与标准波形相符；若测得波形不对或无波形，或在缸体振动较大时，波形振幅基本不变，则可能是传感器失效，应更换传感器。

 ▲你学会了吗？

1. 爆燃传感器有什么作用？
2. 爆燃传感器安装在哪里？
3. 爆燃传感器主要有哪些类型？
4. 爆燃传感器由什么组成？
5. 爆燃传感器是怎样工作的？
6. 爆燃传感器怎样检测？

## 第48天 碰撞传感器

**学习目标**

1. 了解碰撞传感器的作用、安装位置和类型。
2. 掌握滚珠式碰撞传感器、滚轴式碰撞传感器、偏心锤式碰撞传感器、电阻应变计式碰撞传感器、压电效应式碰撞传感器、水银开关式碰撞传感器、阻尼弹簧式碰撞传感器、中央加速度传感器的结构与工作原理。
3. 掌握碰撞传感器的检测方法。

**基础知识**

### 一、作用

碰撞传感器一般用于安全气囊（SRS）系统中，是安全气囊系统中主要的信号输入装置，其作用是在汽车发生碰撞时，检测汽车碰撞强度的信号，并将信号输入安全气囊ECU，安全气囊ECU根据碰撞传感器传送的信号来判断是否引爆气体发生器使气囊充气。

### 二、安装位置

碰撞传感器一般安装在左、右挡泥板上方，或驾驶室内前下部的左、右两侧，或前保险杠附近，或 SRS ECU 内部，如图7-11所示。

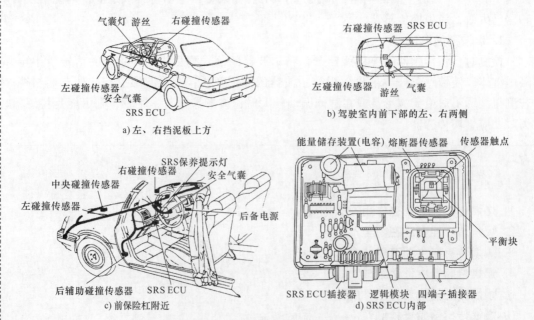

图7-11 碰撞传感器的安装位置

### 三、结构与工作原理

**1. 滚珠式碰撞传感器的结构与工作原理**

（1）结构  滚珠式碰撞传感器又称为偏压永磁铁式传感器,主要由铁质滚珠、永磁铁、导缸、固定触点和外壳组成,其结构如图7-12所示。两个触点分别与传感器的引线端子连接,滚珠在导缸内可移动或滚动,用来感测减速度的大小。传感器壳体上印制有箭头标记,方向与传感器结构有关,或规定指向汽车前方,或规定指向汽车后方,因此在安装传感器时要注意:箭头方向必须符合使用说明书的规定。

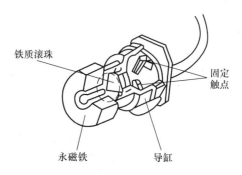

图7-12  滚珠式碰撞传感器的结构

（2）工作原理  滚珠式碰撞传感器的工作原理如图7-13所示。

当汽车没有发生碰撞时,即传感器处于静止状态时,在永磁铁的磁力作用下,导缸内的滚珠被吸向永磁铁,传感器内的两个触点与滚珠分离,传感器电路处于断开状态,如图7-13a所示。

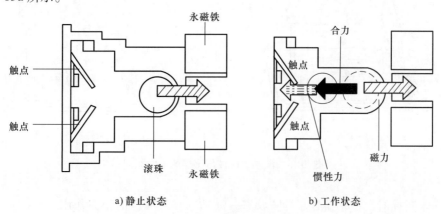

图7-13  滚珠式碰撞传感器的工作原理

当汽车遭受碰撞且减速度达到设定阈值时,滚珠产生的惯性力将大于永磁铁的磁性吸力,此时滚珠在惯性力作用下会克服磁力的作用沿导缸向两个固定触点运动并将固定触点接通,如图7-13b所示。当传感器用作碰撞信号传感器时,固定触点接通,将碰撞信号输入SRS ECU;当传感器用作碰撞防护传感器时,固定触点接通,将点火器电源电路接通。

**2. 滚轴式碰撞传感器的结构与工作原理**

（1）结构  滚轴式碰撞传感器主要由止动销、滚轴、滚动触点、固定触点、底座和片状弹簧组成,其结构如图7-14所示。片状弹簧一端固定在底座上,与传感器的一个引线端子连接,另一端绕在滚轴上,滚动触点固定在滚轴部分的片状弹簧上,并可随滚轴一起转动。固定触点与片状弹簧绝缘固定在底座上,并与传感器的另一个引线端子连接。

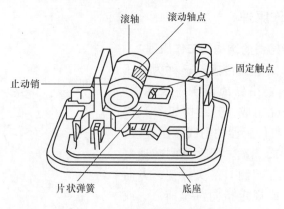

图 7-14 滚轴式碰撞传感器的结构

（2）工作原理　滚轴式碰撞传感器的工作原理如图 7-15 所示。

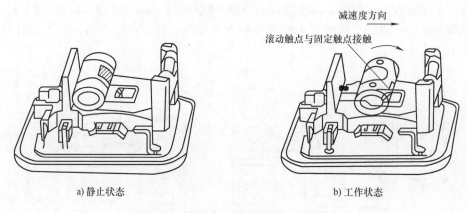

图 7-15 滚轴式碰撞传感器的工作原理

汽车未碰撞时，传感器处于静止状态，滚轴在片状弹簧的弹力作用下滚向止动销一侧，滚动触点与固定触点处于断开状态，如图 7-15a 所示，传感器电路断开。

当汽车遭受碰撞且减速度达到设定阈值时，滚轴产生的惯性力将大于片状弹簧的弹力。此时滚轴在惯性力作用下就会克服弹簧弹力向右滚动，使滚动触点与固定触点接触，如图 7-15b 所示。当传感器用作碰撞信号传感器时，滚动触点与固定触点接触后将碰撞信号输入 SRS ECU；当传感器用作碰撞防护传感器时，滚动触点与固定触点接触后将点火器电源电路接通。

**3. 偏心锤式碰撞传感器的结构与工作原理**

（1）结构　偏心锤式碰撞传感器又称为偏心转子式碰撞传感器，属于惯性开关式碰撞传感器。偏心锤式碰撞传感器由外壳、偏心转子、偏心重块、固定触点、旋转触点、游丝等部分组成，其结构如图 7-16 所示。

转子总成由偏心锤（或偏心重块）、转动触点臂及转动触点组成，安装在传感器轴上。转动臂两端固定有转动触点，转动触点随触点臂一起转动。两个固定触点绝缘固定在传感器壳体上，并用导线分别与传感器接线端子连接。在传感器外还固定有一个电阻，如图7-17所示。电阻的功用是对系统进行自检，即检测ECU与前气囊碰撞传感器之间的导线是否断路或短路。

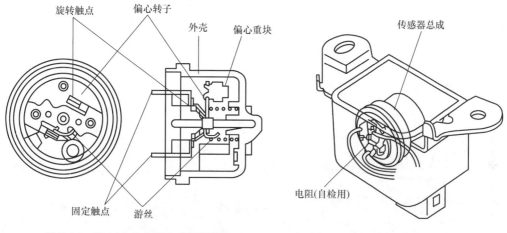

图7-16 偏心锤式碰撞传感器的结构　　图7-17 自检电阻

（2）工作原理　偏心锤式碰撞传感器的工作原理如图7-18所示。

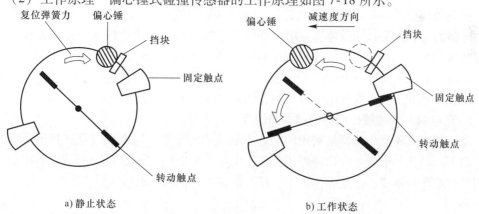

图7-18 偏心锤式碰撞传感器的工作原理

汽车未碰撞时，传感器处于静止状态，偏心锤和偏心锤臂在螺旋复位弹簧弹力的作用下，顶靠在与外壳相连的挡块上，偏心锤与挡块保持接触，此时转子总成处于静止状态，转动触点与固定触点处于断开状态，开关置于"OFF"位置，如图7-18a所示。

当汽车遭受碰撞且偏心锤的惯性力矩大于螺旋复位弹簧弹力作用时，惯性力矩就会克服弹簧力矩使转子总成转动，从而带动转动触点臂转动，如图7-18b所示。当碰撞强度达到设定值时，转子总成将转动到转动触点与固定触点接触闭合的位置，此时碰撞传感器接通SRS系统的搭铁回路，向ECU输入一个"ON"信号，进而引爆充气元件向气囊充气。

**4. 电阻应变计式碰撞传感器的结构与工作原理**

（1）结构　电阻应变计式碰撞传感器主要由电子电路、电阻应变计、振动块、缓冲介质和壳体组成，其结构如图 7-19a 所示。应变计的电阻 $R_1$、$R_2$、$R_3$、$R_4$ 制作在硅膜片上，如图 7-19b 所示。当硅膜片产生变形时，应变电阻的阻值就会发生变化。电子电路包括稳压与温度补偿电路 W、信号处理与放大电路 A，如图 7-19c 所示。应变电阻一般都连接成桥式电路，并设计有稳压和温度补偿电路，以提高传感器的检测精度。

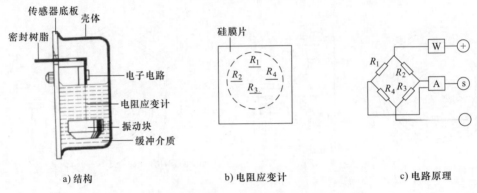

图 7-19　电阻应变计式碰撞传感器的结构与原理

（2）工作原理　当车辆遭受碰撞时，碰撞传感器的振动块振动，缓冲介质随之振动，进而使应变计的应变电阻产生变形，应变电阻阻值随之发生变化。由于应变电阻以电桥电路的方式连接，随着应变电阻的变化，电桥电路的输出电压也会发生变化，信号经过处理与放大后，传感器将变化的信号电压输入 SRS ECU。SRS ECU 根据传感器输入的电压信号的强弱便可判断碰撞的激烈程度。当信号电压超过设定值时，SRS ECU 就会立即向点火器发出点火指令引爆点火剂，进而向气囊充气，打开气囊。

**5. 压电效应式碰撞传感器的结构与原理**

压电效应式碰撞传感器是利用压电效应制成的传感器。压电效应是指压电晶体在压力作用下，晶体外形发生变化进而使其输出电压发生变化，如图 7-20 所示。压电晶体通常用石英或陶瓷制成，在压力作用下，压电晶体的外形和输出电压就会发生变化。

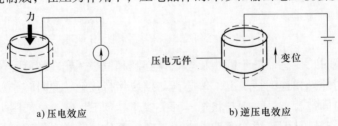

图 7-20　压电效应

当车辆遭受碰撞时，传感器内的压电晶体在碰撞产生的压力作用下，其电阻值发生变化，通过电路的连接后会使电路的输出电压发生变化。传感器将该电压信号输入 SRS ECU，SRS ECU 根据传感器输入的电压信号的强弱即可判断碰撞的激烈程度。如果电压信号超过设定值，SRS ECU 就会立即向点火器发出点火指令，引爆点火剂使气体发生器给气囊充气，从而使气囊膨胀开，达到保护驾驶人和乘员的目的。

**6. 水银开关式碰撞传感器的结构与原理**

（1）结构　水银开关式碰撞传感器是利用水银良好的导电特性制成的传感器，一般用作防护传感器（安全传感器）。它主要由水银、电极、密封圈、密封螺塞及壳体组成，如图 7-21 所示。

（2）工作原理　水银开关式碰撞传感器的工作原理如图 7-22 所示。

图 7-21　水银开关式碰撞传感器的结构

当车辆未碰撞时，水银处于静止状态，在其自身重力作用下处于图 7-22a 所示的位置，传感器的两个接线端子处于断开状态。

当车辆碰撞且减速度达到设定阈值时，如图 7-22b 所示，水银产生的惯性力及其运动方向的分力将克服其重力的分力使水银向传感器电极端移动，使传感器的两个电极接通。当传感器用作碰撞信号传感器时，两个电极接通，将碰撞信号输入 SRS ECU；当传感器用作碰撞防护传感器时，将点火器电源电路接通。

图 7-22　水银开关式碰撞传感器的工作原理

**7. 阻尼弹簧式碰撞传感器的结构与原理**

（1）结构　阻尼弹簧式碰撞传感器用于整体式安全气囊。它装在转向盘的气囊内，一旦汽车发生碰撞，它可使点火剂点燃，让充气装置的气体发生剂燃烧，使气囊充气膨胀。阻尼弹簧式传感器由球体、导向筒、点火针、触发杠杆、平衡弹簧、平衡针等组成，其结构如图 7-23 所示。

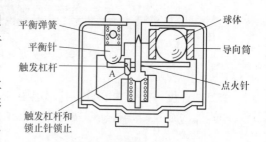

图 7-23　阻尼弹簧式碰撞传感器的结构

（2）工作原理　阻尼弹簧式碰撞传感器的工作原理如图 7-24 所示。

当汽车发生碰撞时，传感器受到一个向后的惯性力作用，传感器内球体在惯性力作用下沿导向筒向下移动（图 7-24 中所示方向），推动触发杠杆绕支点 $A$ 转动，触发杠杆左端压缩弹簧；当冲撞减速度达到一定值时，触发杠杆转动到触发杠杆上的锁止针失去作用的位置，此时引燃高速冲击点火剂而点燃气体发生剂。

这种方式是非电控方式的，其结构简单，只能作为气囊装置发挥作用，且没有可靠的补救功能和自我诊断功能。

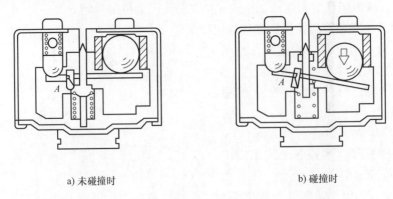

a) 未碰撞时　　　　　　　　b) 碰撞时

图 7-24　阻尼弹簧式碰撞传感器的工作原理

### 8. 中央加速度传感器

（1）结构　中央加速度传感器又称为防护传感器或中央安全气囊传感器，安装在 SRS ECU 内部，如图 7-25 所示。

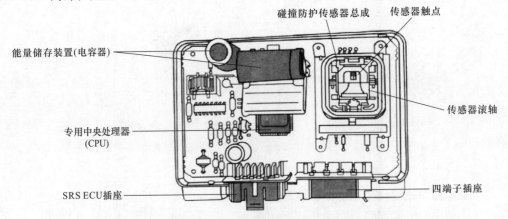

图 7-25　中央加速度传感器的安装位置

中央加速度传感器由悬臂、计示电阻及集成电路组成。计示电阻是一个半导体应变片，半导体应变片两端被悬臂架压住，其结构及电路如图 7-26 所示。

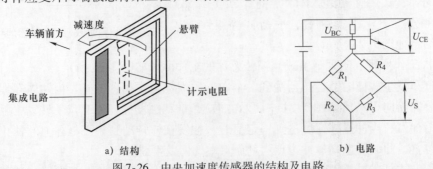

a) 结构　　　　　　　　b) 电路

图 7-26　中央加速度传感器的结构及电路

（2）工作原理　当车辆发生碰撞时，半导体应变片在悬臂架惯性力作用下发生弯曲应变，受压后的半导体应变片的电阻值产生变化，电阻的变化引起集成电路输出电压 $U_0$ 的变化。汽车的速度越大，碰撞后产生的减速度越大，传感器输出的电压越大。由于半导体压力传感器的输出特性受温度影响，因此常采用晶体管的基极—发射极间的电压变化来对温度进行修正。安全气囊 ECU 根据碰撞信号进行分析处理，若需要引爆安全气囊，安全气囊 ECU 便会接通点火电路，如果此时前方碰撞传感器的触点也同时闭合，则气体发生器的电路接通，安全气囊引爆。

中央加速度传感器信号处理电路如图 7-27 所示。从主放大器输出的电压与作用在夹板上的加速度成正比，具有对夹板折断或放大器电路有无异常做自我检查的功能。可在发动机起动前进行检验，点火开关接通，即能通过 ECU 的故障诊断电路来检验信号，将矩形波电压加于阻抗桥上，如果一切正常，则从主放大器输出微分波形。

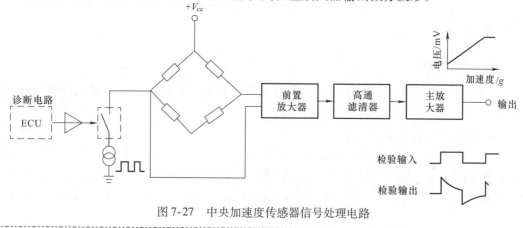

图 7-27　中央加速度传感器信号处理电路

### 实际操作

#### 一、检测注意事项

1）检查安全气囊系统时，即使只发生了轻微碰撞而安全气囊并未膨开，也应对碰撞传感器及其他部件进行检查。

2）安全气囊系统对零部件的工作可靠性要求极高，所有零件均为一次性使用部件，绝不要试图修复传感器和 SRS 部件，同时应更换左前和右前碰撞传感器。在更换碰撞传感器时，应使用新品，且不允许使用不同型号车辆上的零部件。

3）在检修汽车其他零部件时，如有可能对安全气囊系统的碰撞传感器产生冲击，则应在检修工作开始之前，先将碰撞传感器拆下，以防安全气囊误开。

4）安全气囊系统的碰撞防护传感器采用水银开关式碰撞传感器。由于水银蒸发有剧毒，因此该传感器更换之后，换下的旧传感器不能随意毁掉，应当作为有害废物处理。当车辆报废或更换 SRS ECU 时，应当拆下水银开关式碰撞传感器总成并作为有害废物处理。

5)当碰撞传感器摔碰之后或其壳体、支架、导线插接器有裂纹、凹陷时,应换用新件。

6)前碰撞传感器与安全气囊系统的重要组件不得暴晒或接近火源。

7)在安全气囊系统各个总成或零部件的表面上,均标有说明标牌或注意事项,使用与检修时必须遵照执行。

8)碰撞传感器的动作具有方向性,安装前碰撞传感器时,传感器壳体上的箭头必须指向规定方向。安装丰田车系前碰撞传感器时,则要求传感器壳体上的箭头必须指向汽车前方。

9)前碰撞传感器的定位螺栓和螺母必须经过防锈处理,拆卸或更换前碰撞传感器时,必须同时更换定位螺栓和螺母。

10)前碰撞传感器引出导线的插接器装有电路连接诊断机构。安装插接器时,插头与插座应当插牢。当插接器插头与插座未插牢时,自动诊断系统将会检测出故障并将故障码存入存储器中。

## 二、检测方法

现以丰田雷克萨斯 LS400 轿车的前碰撞传感器为例对碰撞传感器的检测方法进行介绍。

**1. 检查前碰撞传感器电路**

拔下 SRS ECU 线束插头,先检测线束插头上 +SR 与 -SR 端子、+SL 端子与 -SL 端子之间的电阻,如图 7-28 所示。正常阻值应为 755~885Ω。如果电阻值不正常,则说明端子 +SR 或 -SR、+SL 或 -SL 至前碰撞传感器之间的线束搭铁或前碰撞传感器电路有故障。

再检测 +SR、+SL 端子与车身(搭铁)之间的电阻,如图 7-29 所示。如果为无穷大,则说明线束良好,故障出在传感器,即前碰撞传感器需要更换;如果阻值不是无穷大,则说明端子 +SR 或 +SL 至前碰撞传感器之间的线束搭铁,需要修理或更换线束。

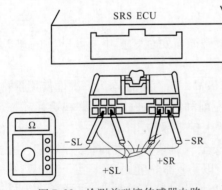

图 7-28 检测前碰撞传感器电路

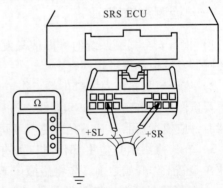

图 7-29 传感器线路搭铁的检测

**2. 检查前碰撞传感器**

拔下前碰撞传感器线束插接器插头,用万用表电阻档检测传感器插头各端子之间的电阻值,如图 7-30 所示。正常电阻值见表 7-1,如果不符,应当更换前碰撞传感器。

表 7-1 正常电阻

| 测量端子 | 正常阻值/Ω |
|---|---|
| +S 与 +A | 755~885 |
| +S 与 -S | ∞ |
| -S 与 -A | <1 |

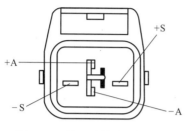

图 7-30 前碰撞传感器的检测

### 3. 检测前碰撞传感器 +SR、+SL 端子间的电压

接上蓄电池负极电缆端子,将点火开关转到"ON"位置,用万用表电压档在 SRS ECU 线束插头上检测 +SR、+SL 端子与车身(搭铁)之间的电压,如图 7-31 所示。正常电压应为 0V;若电压超过 0V,则说明端子 +SR 或 +SL 至前碰撞传感器之间的线路与电源线搭铁,需要修理或更换线束与插接器。

### 4. 检查 SRS ECU 至前碰撞传感器之间的线路

拔下 SRS ECU 线束插接器插头,分别用导线将插头上的 +SR 与 -SR、+SL 与 -SL 端子连接起来,用万用表电阻档检测传感器插头上 +SR 与 -SR、+SL 与 -SL 端子之间的阻值,如图 7-32 所示。正常电阻值应小于 1Ω;如果测量值不符,则说明前碰撞传感器至 SRS ECU 之间的线束断路或接触不良,应进行修理或更换。

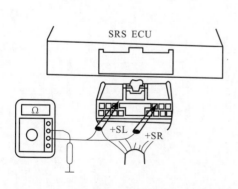

图 7-31 检测前碰撞传感器的线路电压

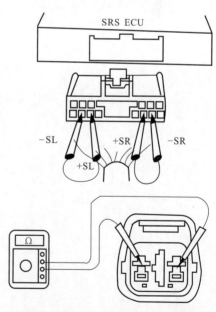

图 7-32 检测前碰撞传感器是否断路

**你学会了吗?**

1. 碰撞传感器有什么作用?
2. 碰撞传感器安装在哪里?
3. 碰撞传感器主要有哪几种?
4. 滚珠式碰撞传感器由什么组成,是怎样工作的?
5. 滚轴式碰撞传感器由什么组成,是怎样工作的?
6. 偏心锤式碰撞传感器由什么组成,是怎样工作的?
7. 电阻应变计式碰撞传感器由什么组成,是怎样工作的?
8. 压电效应式碰撞传感器由什么组成,是怎样工作的?
9. 水银开关式碰撞传感器由什么组成,是怎样工作的?
10. 阻尼弹簧式碰撞传感器由什么组成,是怎样工作的?
11. 中央加速度传感器由什么组成,是怎样工作的?
12. 碰撞传感器怎样检测?

# 第八章

# 气体浓度传感器

## 第49天 氧传感器

> **学习目标**
> 1. 了解氧传感器的作用、安装位置和类型。
> 2. 掌握二氧化锆氧传感器、二氧化钛氧传感器、宽域型氧传感器的结构、工作原理、连接电路和检测方法。

### 一、氧传感器的作用

氧传感器用于检测废气中的氧含量并获得混合气的空燃比浓稀信号,该信号输入发动机电子控制模块(ECM)后,ECM 根据该信号调整发动机的喷油量,实现闭环控制,使催化转化器更好地发挥净化作用。

### 二、氧传感器的安装位置

氧传感器安装在排气管上,如图 8-1 所示。

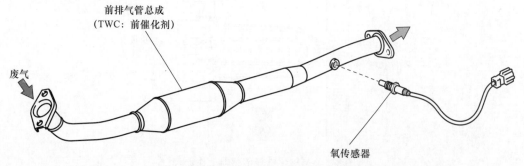

图 8-1 氧传感器安装位置

目前，汽车上主要运用的氧传感器有二氧化锆氧传感器、二氧化钛氧传感器及宽频带氧传感器三种。

### 三、二氧化锆氧传感器

#### 1. 结构

二氧化锆氧传感器的基本元件是二氧化锆陶瓷管（固体电解质），由陶瓷体制成管状，因此也称锆管。锆管固定在带有安装螺纹的固定套中，锆管内外表面都覆盖着一层多孔性的透气铂膜作为电极，氧传感器安装在排气管上，其内表面与大气接触，外表面与废气接触。为了防止废气中的杂质腐蚀铂膜，在锆管外表面的铂膜上覆盖着一层多孔的氧化铝保护层，并加装了一个防护套管，套管上开有通气槽。这样既可以防止废气烧蚀电极，又可保证废气渗进保护层和电极接触。氧传感器的接线端有一个金属护套，其上开有一孔，用于锆管内表面与大气相通，导线将锆管内表面铂极经绝缘套从传感器引出。二氧化锆氧传感器的结构如图 8-2 所示。

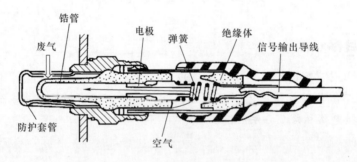

图 8-2 二氧化锆氧传感器的结构（单线）

#### 2. 工作原理

工作时，在高温废气冲刷下，氧气发生电离，由于锆管内侧氧离子浓度高，外侧氧离子浓度低，在氧浓度差作用下，氧离子从大气侧向排气侧扩散，从而形成了氧浓度差电池，如图 8-3 所示。

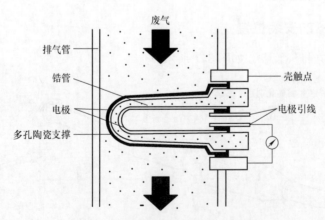

图 8-3 二氧化锆氧传感器工作原理

当混合气稀时，排气中含氧量高，锆管内外两侧浓度差小，产生的电动势小，大约为 100mV。

当混合气浓时，排气中含氧量低，浓度差大，产生的电动势高，大约为 900mV，电动势的高低以理论空燃比为界限发生突变，如图 8-4 所示。

氧传感器的输出特性与排气温度有关，当排气温度低于 300℃ 时，氧传感器的输出特性不稳定。发动机刚刚起动后，由于排气温度偏低，氧传感器不工作，发动机在开环状态下工作。只有排气温度升高后，氧传感器才工作。因此，氧传感器的安装位置应在排气温度较高处。有的车型上安装有排气温度传感器，当排气温度传感器的信号达到一定值后 ECU 才根据氧传感器的信号进行空燃比反馈修正——调整喷油量、控制混合气的浓度，即发动机开始进行闭环控制。

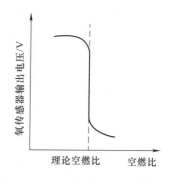

图 8-4　氧传感器输出特性曲线

**3. 检测**

以桑塔纳 2000GSi 为例，介绍二氧化锆氧传感器的检测。

桑塔纳 2000GSi 使用二氧化锆氧传感器 G39，其接线图和端子布置如图 8-5 所示，端子功能见表 8-1。

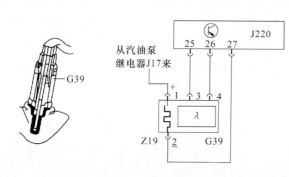

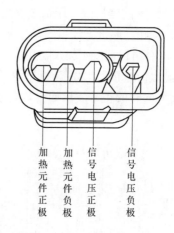

图 8-5　二氧化锆氧传感器 G39 接线图和端子布置

表 8-1　传感器端子功能

| 端子 | | 功能 |
|---|---|---|
| 加热元件 | 1 号 | 蓄电池供电电压 |
| | 2 号 | 搭铁 |
| 氧传感器 | 3 号 | 信号电压正极 |
| | 4 号 | 信号电压负极 |

当氧传感器或其连接线路出现故障时，可能会出现排放超标、回火、"放炮"、怠速熄火、发动机运转失准、油耗增大等故障，使发动机工况恶化。

（1）解码器检测氧传感器　氧传感器异常工作，都会在 ECU 中存储故障码。因此，通过专用或通用解码器，可以查出氧传感器（G39）无信号，或氧传感器（G39）对正极短路。读取数据流,如果氧传感器示数长时间停滞在一个数值不变或变化缓慢,则说明氧传感器有故障。

(2) 检测加热元件的电阻 在常温下,拔下氧传感器线束插头,用万用表电阻档测量插头 1 号端子与 2 号端子之间的电阻,在常温下阻值应为 1~5Ω。若常温下阻值为无穷大,则说明加热元件断路,应更换氧传感器。

(3) 检测加热元件的电源电压 检测加热元件的电压时,拔下氧传感器插头,起动发动机,检测插接器插座上的端子 1 与 2 之间的电压。电压值应不低于 11V。如果电压为零,则说明熔断器断路或燃油泵电路触点接触不良,分别检修即可。

(4) 检测传感器的信号电压 因为氧传感器正常的工作温度在 300℃ 以上,没有达到正常工作温度,则传感器无信号输出,所以应在二氧化锆氧传感器处于 300℃ 以上工作状态时测量其输出电压。

万用表检测二氧化锆氧传感器信号电压的具体方法:让发动机在转速 2500r/min 运行 90s 左右,插头与插座连接,将万用表连接到氧传感器 3 号端子与 4 号端子的导线上,当混合气体浓(即节气门全开)时,信号电压应为 0.7~1.0V;当混合气体稀(拔下空气流量传感器至发动机之间的真空管)时,信号电压应为 0.1~0.3V。否则说明氧传感器失效,应更换。

(5) 示波器检测 用示波器检测氧传感器输出的信号波形,可以很直观地说明氧传感器是否良好。测试方法:起动发动机,让传感器预热到 300℃ 以上,发动机处于闭环工作状态时,将探针连接到传感器插接器 3 号和 4 号信号端子上。从怠速开始增大转速,观察氧传感器输出信号波形,并与标准波形比较,判断传感器的好坏。氧传感器在怠速和转速为 2500r/min 时的正常波形如图 8-6 所示。

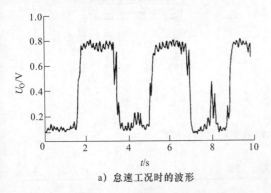
a) 怠速工况时的波形

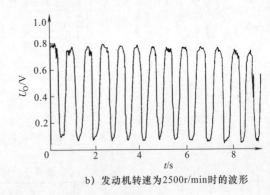
b) 发动机转速为 2500r/min 时的波形

图 8-6 氧传感器在怠速和转速为 2500r/min 时的正常波形

## 四、二氧化钛氧传感器

### 1. 结构

二氧化钛氧传感器是利用高纯度的半导体材料——二氧化钛（$TiO_2$）制成的,其结构如图 8-7 所示。二氧化钛在常温下电阻值很高,一旦周围氧气不足,其晶体

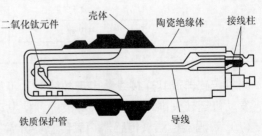

图 8-7 二氧化钛氧传感器的结构

内会产生很多电子，此时电阻值大大降低。二氧化钛氧传感器正是利用这一特征检测排气中的氧含量。

### 2. 工作原理

二氧化钛氧传感器利用气敏电阻的原理，通过氧气浓度引起的二氧化钛电阻值的改变来判定混合气状态，故又称为电阻型氧传感器。

二氧化钛氧传感器的工作原理：当排气中含氧量多时，氧浓度高，二氧化钛电阻值高；当排气中氧浓度低时，二氧化钛的电阻值降低。其电阻值的变化在理论空燃比附近发生突变。二氧化钛氧传感器的输出信号如图8-8所示。

二氧化钛氧传感器与二氧化锆氧传感器相比，其结构简单、体积小、成本低，但二氧化钛的电阻受温度影响大，应当增加温度修正电路，或者增加加热元件对它进行加热，使其输出特性稳定，以使其在高温下也能进行检测。图 8-8b 中的 $R_t$ 为起温度补偿作用的热敏电阻。

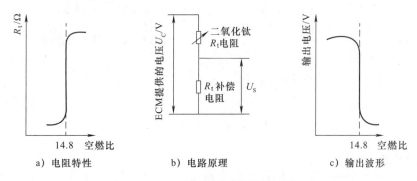

图 8-8 二氧化钛氧传感器的输出特性

### 3. 检测

二氧化钛氧传感器加热电阻的检测与二氧化锆氧传感器基本相同，在此不再赘述。这里主要介绍其不同于二氧化锆氧传感器的检测方法。

（1）检测电阻　万用表测阻法是利用二氧化钛氧传感器的电阻特性测量其在暖机状态和非暖机状态下的电阻值，以此来判断其是否损坏。正常氧传感器的电阻值：充分暖机状态时，电阻值在300kΩ左右（不同厂家此值不同）；拆下传感器并暴露在空气中，冷却后测量其电阻值，若阻值很大，说明传感器良好；反之，则说明传感器已失效，应更换。

（2）检测波形　对于采用1V参考电压的二氧化钛氧传感器，其测试方法、波形图等和二氧化锆氧传感器相同。对于采用5V参考电压的二氧化钛氧传感器，需要注意，良好的二氧化钛氧传感器输出端电压应以2.5V为中心上下波动。

## 五、宽域型氧传感器

### 1. 结构

在大众、奥迪发动机上使用的宽域型氧传感器，如图8-9所示。这种氧传感器的特点是在发动机转速范围内随时可接收氧传感器信号。通过这种宽频带氧传感器，可以调节排气再循环量并对烟雾排放进行校正。当过量空气系数 $\lambda$ 的测量值约为1.3或更高时，可将排气再循环率调节到烟雾排放极限值，从而提高排气再循环率（$\Phi_a$）。$\Phi_a$ 调节也用于检验空气流量计信号的可信性（M），空气流量采用一个计算模式根据 $\Phi_a$ 值计算出来并与空气流量计的值相比较。因此，可对发动机的排气再循环、燃油喷射和供油始点进行校正。

通常情况下，宽域型氧传感器只用于催化转化器之前，催化转化器之后必为一普通氧传感器。

宽域型氧传感器由一个氧气单元泵、普通窄范围浓度差电压型二氧化锆氧传感器、加热线圈、传感器控制器及扩散小孔、测量室等构成，如图 8-9 所示。

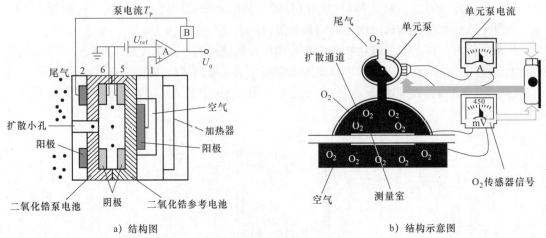

图 8-9 宽域型氧传感器的结构

## 2. 工作原理

（1）二氧化锆泵电池　如果 $ZrO_2$ 元件两端的试气浓度不均，就会导致 $ZrO_2$ 两端产生微小电压，反过来，当在 $ZrO_2$ 元件两端施加电压时，就会使氧气扩散。在宽域型氧传感器中，泵单元是将尾气中的氧气通过扩散栅渗透到电源负极，氧气分子在负极得到 4 个电子变成氧离子，氧离子在电离作用下在 $ZrO_2$ 电解质中运动到正极，在正极中和掉 4 个电子，又还原成氧气，这就是泵单元的泵氧原理，如图 8-10 所示。

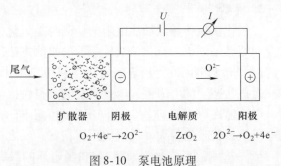

图 8-10 泵电池原理

（2）二氧化锆参考电池　二氧化锆参考电池工作原理与常规 $ZrO_2$ 一样，是普通窄范围浓度差电压型二氧化锆传感器，其功能为采集混合气氧含量。二氧化锆氧传感器产生的信号，是宽域型氧传感器施加泵电流的依据信号。

（3）加热线圈　加热线圈是配合上述的普通窄范围浓度差电压型二氧化锆传感器快速进入工作温度的加热装置，但又稍有差别：宽域型氧传感器的加热速度远比普通氧传感器快，这使得发动机从开环到闭环的时间缩短。

（4）测量室　尾气中的氧气和氧气泵产生的氧气汇集于测量室，二氧化锆氧传感器在此测量二者浓度值和与外部空气的浓度差，并产生与普通窄范围浓度差电压型二氧化锆氧传感器一样的用于分辨氧浓度的电压值。

(5) 传感器控制器　传感器控制器在接收到二氧化锆氧传感器的反馈电压信号后,将产生一个泵电流流经宽域型氧传感器氧气泵单元。氧气泵单元泵入或泵出氧离子,并使氧浓度达到 $\lambda=1$,以使其电压值控制在 0.45V 附近。发动机 ECU 根据氧气泵单元泵电流的大小和方向,判断气缸内混合气浓稀程度,从而控制喷油脉宽。

(6) 宽域型氧传感器的工作原理

1) 混合气过稀时。当混合气过稀时,通过扩散通道进入测量室中的发动机尾气中氧含量较多,二氧化锆参考电池信号电压值下降,富氧的稀混合气产生低于参考电压 $U_{ref}$ 的电压值,传感器控制器就会产生泵电流,自动减小或反向提供单元泵的工作电流 $I_p$(使泵入测量室的氧量减少),使二氧化锆参考电池信号尽快恢复到 0.45V 的电压值。ECU 接收到单元泵的工作电流(控制单元将其折算成电压值信号),根据减少的泵电流,推算出空燃比,加大喷油量,如图 8-11a 所示。

2) 混合气过浓时。氧气泵的泵氧量与通过扩散通道进入测量室的氧量叠加后,测量室中氧的含量较少,二氧化锆参考电池信号电压值上升,浓混合气产生高于参考电压 $U_{ref}$ 的电压值,传感器控制器就会产生泵电流,自动增加单元泵的工作电流 $I_p$(使泵入测量室的氧量增加),使二氧化锆参考电池信号尽快恢复到 0.45V 的电压值。ECU 接收到单元泵的工作电流(控制单元将其折算成电压值信号),根据增加的泵电流,推算出空燃比,减小喷油量,如图 8-11b 所示。

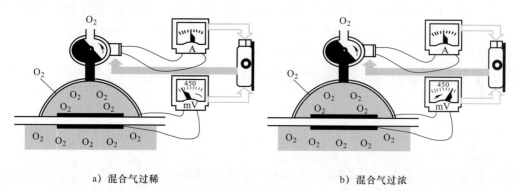

a) 混合气过稀　　　　　　　　　b) 混合气过浓

图 8-11　宽域型氧传感器的工作原理

**3. 与 ECU 的连接电路**

图 8-12 所示的电路图是宝来轿车的宽域型氧传感器与 ECU 的连接电路。

**4. 检测**

以宝来轿车为例,介绍宽域型氧传感器的检查过程,电路图如图 8-12 所示。

宽域型氧传感器的基本检测方法有三种:一是观察氧传感器外观的颜色;二是检测氧传感器加热电阻;三是检测氧传感器输出信号电压。

(1) 外观颜色检查　通过观察传感器顶部的颜色,可以判断故障的原因。氧传感器顶部的正常颜色为淡灰色,如果发现氧传感器顶部颜色发生变化,则预示着氧传感器存在故障或故障隐患。氧传感器顶部呈黑色,是由于积炭污染造成的,可拆下氧传感器后清除积炭。氧传感器顶部呈红棕色,说明氧传感器受铅污染。

(2) 氧传感器加热器电阻检测

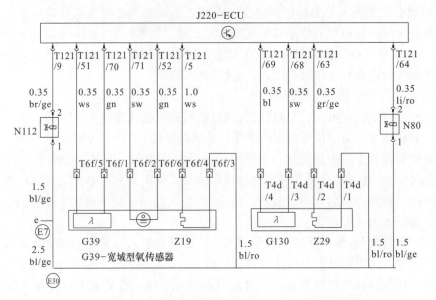

图 8-12 宝来轿车的宽域型氧传感器与 ECU 的连接电路

1) 氧传感器加热器电阻检测。起动发动机，待发动机温度达到正常后，拔下氧传感器插接器，用万用表电阻档检测传感器加热器端子之间的电阻值。前氧传感器加热器电阻（3号与4号端子间的电阻）应为 $2.5 \sim 10\Omega$，后氧传感器加热器电阻（1号与2号端子间的电阻）应为 $6.4 \sim 47.5\Omega$。如果检测不符合规定值，则应更换氧传感器。

2) 单元泵电阻检测。用万用表电阻档检测前氧传感器单元泵2号与6号端子间的电阻，电阻值应为 $77.5\Omega$。

(3) 检测氧传感器输出信号电压

1) 检测二氧化锆参考电池输出电压。用万用表直流电压档检测1号与5号端子间的电压，电压值应保持在 $0.4 \sim 0.5V$ 附近。

2) 检测宽域型氧传感器输出电压。宽域型氧传感器输出电压不能用万用表直接测量，而应通过专用解码器读取数据流。发动机控制单元将宽域型氧传感器的电流信号转化为电压值显示出来，发动机运转时宽域型氧传感器的输出电压应在 $1.0 \sim 2.0V$ 之间波动。电压值大于 $1.5V$ 时表示混合气过稀；电压值小于 $1.5V$ 时，说明混合气过浓。当电压值为 $0V$、$1.5V$、$4.9V$ 的恒定值时，说明氧传感器本身或其线路有故障，应做进一步的检测以排除故障。

 **你学会了吗？**

1. 氧传感器有什么作用？
2. 氧传感器安装在哪里？
3. 氧传感器主要有哪些类型？
4. 二氧化锆氧传感器由什么组成，是怎样工作的，怎样检测？
5. 二氧化钛氧传感器由什么组成，是怎样工作的，怎样检测？
6. 宽域型氧传感器由什么组成，是怎样工作的，与ECU的电路如何连接，怎样检测？

# 第50天 $NO_x$ 传感器

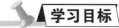

**学习目标**

1. 了解 $NO_x$ 传感器的作用。
2. 了解 $NO_x$ 传感器的安装位置。
3. 掌握 $NO_x$ 传感器的结构、工作原理。

$NO_x$ 是可燃混合气在高温、高压下燃烧后的产物,是 O 和 $NO_2$ 等的总称。$NO_x$ 主要是在高温富氧的条件下生成的,当空气过量时,$N_2$ 与 $O_2$ 在电火花的作用下,产生了 NO,而 NO 被空气中的 $O_2$ 氧化为 $NO_2$。燃烧过程中排放的氮氧化物,95% 以上可能是 NO,其余的是 $NO_2$。尾气中氮氧化物的排放量取决于燃烧温度、时间和空燃比等因素。

## 一、作用

$NO_x$ 传感器确定废气中氮氧化物和氧气的残留量并把此信号传给氮氧化物控制单元。其主要功能如下:

1)用来识别和检查催化转化器的功能是否正常。
2)用来识别和检查催化转化器前端宽域氧传感器调节点是否正常或是否需要修正。
3)检测 $NO_x$ 的浓度。传感器产生的信号被传送至氮氧化物传感器控制单元。
4)当 $NO_x$ 传感器感测到氮氧化物存储式催化转化器的存储空间达到饱和时,就会启动一个氮氧化物再生周期,即提供给 ECU 信号,使发动机在短时间内生成更浓的混合气体,使排气温度升高,转化器钡涂层便开始释放氮氧化物,氮氧化物会随之被转化为无害氮气。
5)信号失灵时的影响:如果 $NO_x$ 传感器的信号发生故障,则发动机仅能在均质充气模式中运行。

## 二、安装位置

$NO_x$ 传感器一般安装在排气管的催化转化器之后。

## 三、结构

$NO_x$ 传感器包含两个腔室、两个泵室、四个电极和一个加热器,如图 8-13 所示。传感器元件是用二氧化锆制成的。此材料的典型特点是:如果对它施加电压,它就能使负的氧离子从负电极迁移到正电极,相当于气泵将氧气从一侧泵入另一侧,因此,习惯上也被称为氧气泵。

## 四、工作原理

$NO_x$ 传感器的检测原理也是以氧气测量为基础,并且可以从一个宽带 λ 探针上检测到

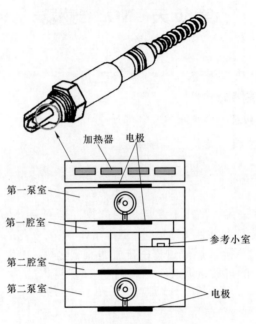

图 8-13 NO$_x$ 传感器工作原理

氧气含量。

NO$_x$ 传感器工作过程可以分为两个阶段。

**1. 确定第一腔室中的 λ 数值**（图 8-14）

一部分废气流入第一腔室中。由于废气中的氧气残留量与参考小室中的氧气残留量不同,就能在电极上测量出一个电压,氮氧化物传感器控制单元将此电压设定为恒定的 0.45V,这相当于空气/燃油比 λ=1。如果偏离此数值,则氧气被泵出或者泵入,使 0.45V 的电压保持恒定。

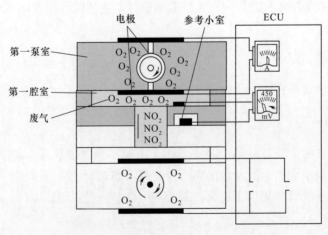

图 8-14 确定第一腔室中的 λ 数值

**2. 确定第二腔室中的氮氧化物残留量**（图 8-15）

不含氧气的废气从第一腔室进入第二腔室，废气中的氮氧化物分子被一个特殊的电极分裂成氮气和氧气。因为第二腔室内部电极和外部电极上电压被调整至恒定的 0.45V，所以氧气泵必须通入电流，使氧离子从内部电极迁移到外部电极。在此过程中，氧气泵流动的电流表征的是第二腔室中的氧气残留量。因为氧气泵的电流大小与废气中的氮氧化物成正比，为此就能够确定氮氧化物的残留量。

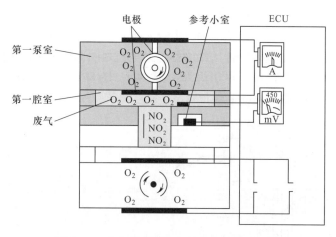

图 8-15　确定第二腔室中的氮氧化物残留量

**你学会了吗？**

1. $NO_x$ 传感器有什么作用？
2. $NO_x$ 传感器安装在哪里？
3. $NO_x$ 传感器由什么组成，是怎样工作的？

## 第 51 天　柴油机烟度传感器

**学习目标**

1. 了解柴油机烟度传感器的作用。
2. 掌握柴油机烟度传感器的结构和工作原理。

### 一、作用

柴油机烟度传感器用来检测发动机排放气体中形成的炭烟和未燃烧的炭粒，并把表示炭烟存在的电信号输入 ECU，ECU 根据炭烟信号调节空气和柴油的供给量，以达到完全燃烧减少炭烟。

## 二、结构

柴油机烟度传感器的感应头装在金属体中,通过中间体同接线盒连接,金属体下端的螺纹便于传感器安装在排气管上。传感器感应头用 $Al_2O_3$ 做成陶瓷体,暴露在烟气中的电极用金属铂或铂合金制成。柴油机烟度传感器的结构如图 8-16 所示。

## 三、工作原理

柴油机烟度传感器的感应头由绝缘体、电极和催化剂组成,其工作原理如图 8-17 所示。绝缘体中埋有两个电极,电极下端伸出绝缘体,两电极之间保持很小的缝隙,并涂有绝缘强催化剂,电极上端连接直流电源,电压为 12V 或 24V。图 8-17 中 A 为电流表,表盘上标有对应的烟度值,在电子控制系统中,$A_1$、$A_2$ 与 ECU 相连。

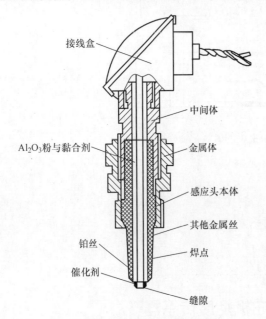

图 8-16 柴油机烟度传感器的结构

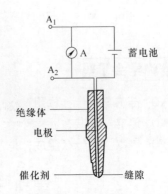

图 8-17 柴油机烟度传感器的工作原理

当感应头连接到电路中时,由于电极之间的电阻很大,电流表 A 无电流指示或指示很微小的电流,当感应头插入烟气中时,缝隙中充满了炭粒,形成炭桥,电极之间的电阻就会发生变化,炭烟少电阻大,炭烟多电阻小,电流表的读数随炭烟的多少相应变化。因此,在系统中,输入 ECU 的电信号也随炭烟的多少做相应变化。

 你学会了吗?

1. 柴油机烟度传感器有什么作用?
2. 柴油机烟度传感器由什么组成,是怎样工作的?

## 第 52 天　稀薄混合气传感器

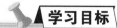

1. 了解稀薄混合气传感器的作用和安装位置。
2. 掌握稀薄混合气传感器的结构和工作原理。

### 一、作用

稀薄混合气传感器应用在发动机稀薄燃烧空燃比反馈控制系统中，与氧化传感器一样，使用二氧化锆元件测定排气中的氧浓度，从而来测定空燃比。它是在超稀薄燃烧领域进行空燃比的反馈控制，与氧化催化剂结合，达到降低燃料消耗的目的。

### 二、安装位置

稀薄混合气传感器一般安装在排气歧管上，如图 8-18 所示。

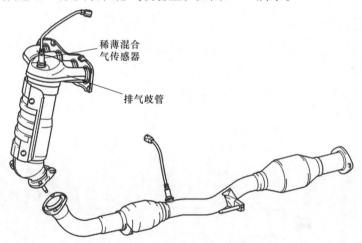

图 8-18　稀薄混合气传感器的安装位置

### 三、结构

稀薄混合气传感器主要由氧化铝陶瓷元件和加热器构成，其结构如图 8-19 所示。

### 四、工作原理

**1. 传感器工作原理**

半导体压敏电阻式进气压力传感器是利用半导体的压阻效应原理制成的，

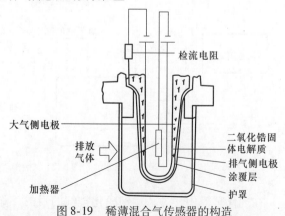

图 8-19　稀薄混合气传感器的构造

主要由硅膜片、真空室、硅杯、底座、真空管接头和引线电极组成。

二氧化锆传感器是在二氧化锆元件的两端有锆电极，并以锆电极产生的电位差作为输出电压信号，又利用在理论空燃比附近输出电压急剧变化的特性，而只检测出理论空燃比附近状态。对于稀薄混合比传感器，在电极两端施加一定电压时，将产生与排气中氧浓度成正比的电流，这样就可以在稀薄燃烧领域连续检测出空燃比变化。稀薄混合气传感器的输出特性曲线如图 8-20 所示。

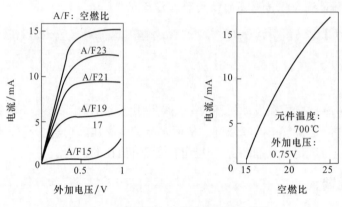

图 8-20　稀薄混合气传感器的输出特性

**2. 稀薄燃烧系统控制原理**

稀薄燃烧系统采用了稀薄混合气传感器，用于对稀薄混合气状态下的空燃比进行反馈控制，如图 8-21 所示。

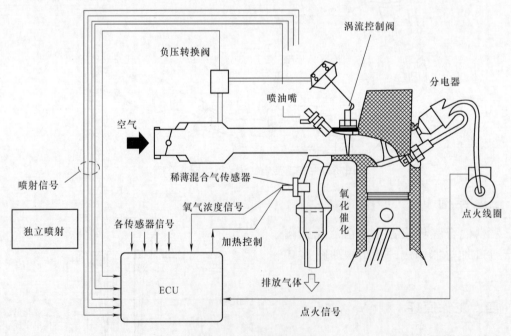

图 8-21　稀薄燃烧系统

在现代车辆中，为了达到净化排气的目的，除采用三元催化转化方式净化排气外，也可采用稀薄燃烧控制技术。这一技术有效降低了排气中的 $NO_x$ 含量。

如果单采用三元催化技术降低 $NO_x$ 含量，空燃比只能限制在 15~16 之间，若把空燃比进一步提高到 19 后，发动机的转矩变化增大，会影响发动机的动力性。如果在三元催化技术的基础上再采用稀薄燃烧技术，则可以有效提高空燃比的范围。这样空燃比提高到 23 时，发动机才开始出现转矩变化增大的现象，因此可以在转矩变化的容许范围内，选择较高空燃比以使废气中的 $NO_x$ 含量符合限制值。如此，在稀薄混合气范围的燃烧得到了改善的同时，耗油率也可降低 10%~15%。

在稀薄燃烧系统中，由电控单元 ECU 对燃油喷射量与点火时刻进行控制，采用了进气歧管压力、发动机转速、冷却液温度、进气温度、节气门位置等传感器信号，并以稀薄混合气传感器代替氧传感器，实现了稀薄燃烧状态下的空燃比反馈控制。

  **你学会了吗？**

1. 稀薄混合气传感器有什么作用？
2. 稀薄混合气传感器安装在哪里？
3. 稀薄混合气传感器由什么组成？
4. 稀薄混合气传感器是怎样工作的？

## 第53天　空气品质传感器

 **学习目标**

1. 了解空气品质传感器的作用和安装位置。
2. 掌握空气品质传感器的结构与工作原理。

### 一、作用

空气品质传感器主要用于不断检测风扇进口范围内的空气质量，特别是检测废气中的有害气体 CO（主要是由汽油机产生）和 $NO_x$（主要是由柴油机产生）。另一作用是防止风窗玻璃蒙上雾气，因此空气品质传感器还要检测空气中水蒸气的含量。

### 二、安装位置

空气品质传感器连同新鲜空气进气道温度传感器一起安装在通风室的新鲜空气进气区域。

### 三、结构与工作原理

空气品质传感器是由氧化锡的厚层电阻组成，其结构如图 8-22 所示。只要有 CO、$NO_x$ 气体停在其上面，电阻就会突然改变，阻值的变化范围为 1~100kΩ，且这种特性是可逆的。这些电阻放在公共的陶瓷基质上。陶瓷基质背面被 1 个热体加热到约 330℃ 的工作温度，基质由于高温一端伸长而接触。

CO 探针测量 CO 的浓度，测量范围为 $(10\sim100)\times10^{-6}\,\text{mg/m}^3$。$NO_x$ 探针测量 $NO_x$ 的浓度，测量范围为 $(0.5\sim5)\times10^{-6}\,\text{mg/m}^3$。如果 CO、$NO_x$ 浓度太大，有时要比清洁空气中的 CO、$NO_x$ 浓度高 100 倍，则空气品质控制单元关闭空气入口的节气门，以防驾驶人等吸入这些有害气，并导致过早的驾驶疲劳。

透气的金属盖作保护用。盖的下面作为两个传感器室的聚四氟乙烯膜片可透过测量气体

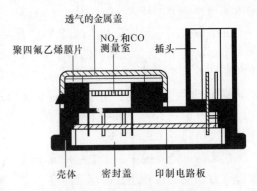

图 8-22 空气品质传感器的结构

CO、$NO_x$ 和蒸汽状的湿气，但不能透过液态湿气。虽然测量气体要通过膜片扩散，但气体品质传感器的反应时间常数只是毫秒级范围。

新的空气品质传感器还有一个湿度计，其结构如图 8-23 所示。它的信号除由 NTC 温度计测得的车内温度外，还用以计算空气的露点，会影响汽车风窗玻璃上的雾气。

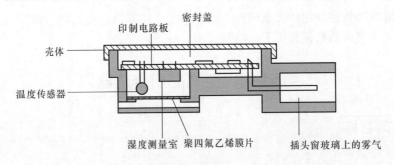

图 8-23 湿度计

 **你学会了吗?**

1. 空气品质传感器有什么作用?
2. 空气品质传感器安装在哪里?
3. 空气品质传感器由什么组成，是怎样工作的?

## 第 54 天　烟雾浓度传感器

 **学习目标**

1. 了解烟雾浓度传感器的作用和安装位置。
2. 掌握光电式转角传感器的结构、工作原理、与 ECU 的连接电路和检测方法。

## 一、作用

烟雾浓度传感器用于检测烟雾,当烟雾浓度传感器从车室内检测出烟雾后,可自动地使空气净化器运转;没有烟雾时,空气净化器自动停止运转,从而保持车室内空气总是处于净化状态。

## 二、安装位置

烟雾浓度传感器安装在车室顶篷上室顶灯的旁边。

## 三、结构

烟雾浓度传感器的外观如图 8-24 所示,它由本体和盖板组成。烟雾浓度传感器本体上设置有许多可以使烟雾自由进入的细缝,当检测出有烟雾时,烟雾浓度传感器使空气净化器的鼓风机自动运转。在一般情况下,当烟雾浓度达到 $0.3\%/m^3$,即抽 $1\sim2$ 根香烟时,就可使烟雾浓度传感器动作。在烟雾浓度传感器的本体上还设有感测灵敏度调整旋钮(灵敏度用电位器),转动旋钮,即可调整传感器的灵敏度。

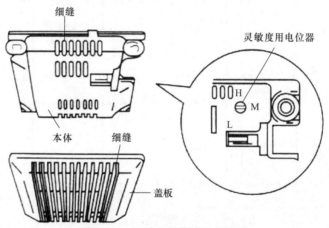

图 8-24 烟雾浓度传感器的外观

烟雾浓度传感器是由发光元件、光敏元件及信号处理电路组成的,其结构如图 8-25 所示。

烟雾浓度传感器的内部电路是由电子电路构成的,如图 8-26 所示。

## 四、工作原理

当空气进入烟雾浓度传感器壳体的窄缝光敏元件后,可以自由地流动,发光元件(发光二极管)间歇地发出肉眼不可见的红外光,在空气中没有烟雾的情况下,这种红外光射不到光敏元件上,电路不工作;但当烟雾等进入烟雾浓度传感器的壳体内时,烟雾粒子对间歇的红外光进行漫反射,使部分红外光照射到光敏元件上,这时传感器判断出车内有烟雾存在,就会使空气净化器系统的鼓风机旋转。烟雾浓度传感器的工作原理如图 8-27 所示。

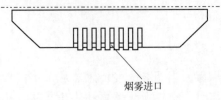

图 8-25　烟雾浓度传感器的结构

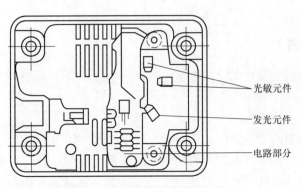

图 8-26　烟雾浓度传感器的电子电路

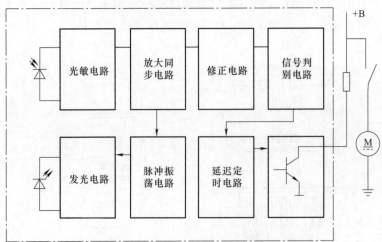

图 8-27　烟雾浓度传感器的工作原理

### 实际操作

#### 一、与空调放大器的连接电路

丰田皇冠轿车在空调系统中使用了光电式的烟雾浓度传感器,其与空调放大器的线路连接如图 8-28 所示。

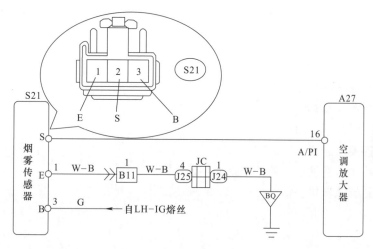

图 8-28 烟雾浓度传感器与空调放大器的线路连接

#### 二、检测

这里以丰田皇冠轿车空调系统中的烟雾传感器为例,介绍其检测方法。

**1. 搭铁端子电阻的检测**

关闭点火开关,从烟雾传感器上断开插接器,用万用表电阻档测量烟雾传感器线束端 S21-1(E 端)与车身搭铁间的电阻,其值应小于 1Ω。

**2. 传感器电源的检测**

关闭点火开关,拆开烟雾传感器插接器,打开点火开关,用万用表电压档测量烟雾传感器线束端 S21-3(B 端)与车身搭铁间的电压,其值应在 4~10V 之间。

**3. 传感器信号的检测**

关闭点火开关,拆下烟雾传感器,将蓄电池正极(+)导线连接到端子 S21-1,负极(-)导线连接到端子 S21-3,点燃香烟置于传感器旁边(图 8-29),各条件下电压值应符合规定值,见表 8-2。

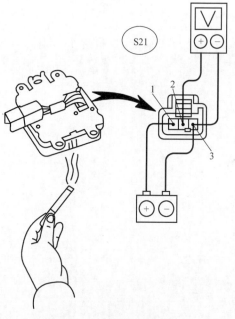

图 8-29 烟雾传感器信号检测

表 8-2 烟雾传感器信号标准值

| 用万用表电压档时表笔连接端子 | 测试条件 | 信号输出电压标准值/V |
| --- | --- | --- |
| S21-2 与 S21-3 | 无烟雾 | <1 |
| S21-2 与 S21-3 | 有烟雾 | >4 |

### 你学会了吗?

1. 烟雾传感器有什么作用?
2. 烟雾传感器安装在哪里?
3. 烟雾传感器由什么组成?
4. 烟雾传感器是怎样工作的?
5. 烟雾传感器与空调放大器的电路如何连接?
6. 烟雾传感器怎样检测?

# 第九章

# 其他传感器

## 第55天 光线与雨量传感器

> **学习目标**
> 1. 说出光线与雨量传感器的作用和安装位置。
> 2. 描述光线与雨量传感器的基本结构和工作原理。
> 3. 分析光线与雨量传感器的连接电路。

### 一、光线与雨量传感器安装位置

在车辆上，光线与雨量传感器安装在两个刮水器摆臂交叠区域中间尽可能较高的位置，如图9-1所示。

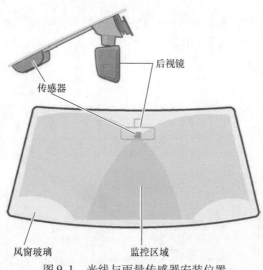

图9-1 光线与雨量传感器安装位置

## 二、光线与雨量传感器的作用

只有为了进行雨量识别，刮水器拨杆位于"间歇刮水"位置（图 9-2），且为了进行光线识别，车灯开关位于"辅助行车灯"位置时，光线与雨量传感器才能以自动模式工作。光线与雨量传感器的任务是，在识别到车窗玻璃上有雨水时根据雨量从零到最大刮水器循环次数控制刮水器，或者在较暗的情况下接通前照灯。

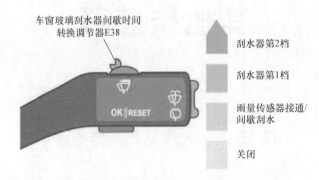

图 9-2　刮水器拨杆位于"间歇刮水"位置

光线与雨量传感器自动适应风窗玻璃的明暗变化。

刮水器拨杆位于第 1 档时（在未探测到下雨的情况下，刮水器以 42 次/min 循环工作），如果探测到下雨，就会根据雨量自动将刮水速度提高到最多 60 次/min 循环工作。

在未探测到下雨的情况下，这个数值相当于刮水器运行时的第 2 档。在第 2 档时，雨量识别对刮水速度没有影响，刮水器始终以 60 次/min 循环工作。

雨量识别的灵敏度可以利用车窗玻璃刮水器间歇时间转换调节器单独进行调节。在不带雨量识别功能的车辆上使用间歇时间调节器。

## 三、光线与雨量传感器的结构

光线与雨量传感器由光敏传感器元件和发光二极管组合而成，如图 9-3 所示。所有部件都位于传感器壳体内的一个印刷电路板上。

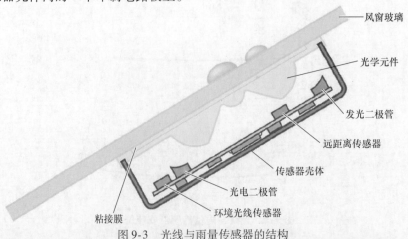

图 9-3　光线与雨量传感器的结构

有一个光学元件将传感器壳体与风窗玻璃隔开。该光学元件的任务是,聚集和校准射出和射入的光线。整个传感器利用粘接膜固定在风窗玻璃上,传感面积为 300mm$^2$。

发光二极管和光电二极管用于雨量识别,进行光线识别时使用环境光线传感器和远距离传感器。

### 四、光线与雨量传感器的工作原理

**1. 雨量识别**

传感器的核心部件是一个发光二极管和一个光电二极管,如图 9-4 所示。传感器的工作原理是,从发光二极管射出的光线中有一部分由车窗玻璃表面反射回来,通过光学元件聚集后照射到光电二极管上。

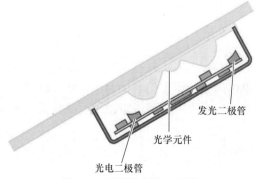

图 9-4 雨量识别核心部件

如果车窗玻璃上有水滴或水层,二极管光线的反射程度和照射到光电二极管上的光通量就会发生变化,如图 9-5 所示。玻璃越湿,因光线折射作用而反射的光线越少。因此可以利用光电二极管的输出信号计算雨量。

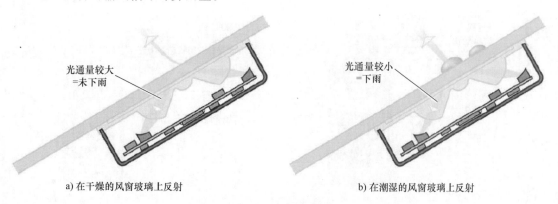

图 9-5 雨量识别原理

雨量识别的响应时间,即识别到下雨直至将输出信号发送给刮水器的时间不超过 20ms。

**2. 光线识别**

为区分各种光线情况,光线与雨量传感器内安装了不同的光线传感器。一个环境光线传感器探测车辆周围环境的光线情况,一个远距离传感器探测行驶方向 3 个车长内的光线情况,如图 9-6 所示。

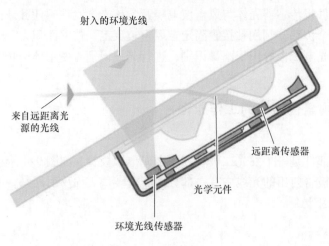

图 9-6 光线识别原理

该系统识别总体亮度的降低和提高，并在辅助行车灯功能已启用的情况下接通或关闭行车灯。例如，该系统可以根据两个传感器信号的差值确定车辆驶入隧道，并最迟在驶入隧道时接通行车灯，如图 9-7 所示。系统内部的逻辑连接可确保只有光线与雨量传感器识别到亮度值足够时才关闭行车灯，如图 9-8 所示。

如果除了光线识别功能外还启用了雨量识别功能，那么当雨量达到一定程度时也会接通行车灯。

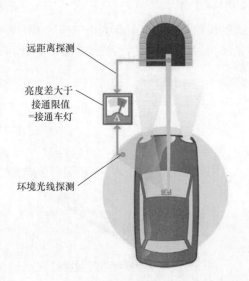
图 9-7 车灯打开状态

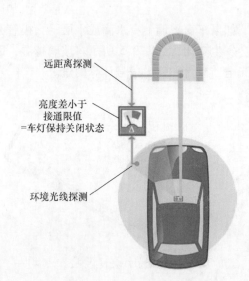
图 9-8 车灯关闭状态

### 五、光线与雨量传感器的连接电路

光线与雨量传感器的连接电路如图 9-9 所示。

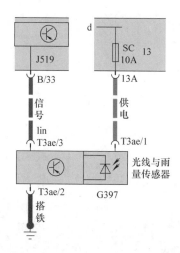

图 9-9　光线与雨量传感器的连接电路

你学会了吗?

1. 光线与雨量传感器有什么作用?
2. 光线与雨量传感器安装在哪里?
3. 光线与雨量传感器由什么组成?
4. 光线与雨量传感器是怎样工作的?
5. 光线与雨量传感器与空调放大器的电路如何连接?

## 第 56 天　视觉传感器

学习目标

1. 掌握视觉传感器的作用及分类。
2. 掌握视觉传感器的基本结构和工作原理。
3. 掌握视觉传感器在汽车上的具体应用。

视觉传感器又称为成像装置或摄像装置（如图 9-10 所示），是智能汽车路径识别模块中摄像头的重要组成部分，可以检测可见光、紫外线、X 射线、近红外光等，实现视觉功能的信息采集、转换和扩展，提供可视化、真实、多级、多内容的视觉图像信息。

### 一、视觉传感器的类型

**1. 按安装位置分**

视觉传感器按安装位置分，有前视、后视和环视（图 9-11）三种。

图 9-10 视觉传感器

图 9-11 环视摄像头

**2. 按镜头类型分**

视觉传感器按镜头类型可以分为长焦和鱼眼两种。

**3. 按传感器的原理分**

视觉传感器按传感器的原理分,有单目摄像头、双目摄像头、三目摄像头以及红外摄像头等多种类型。

(1) 单目摄像头

单目摄像头(图9-12)可识别 40~120m 的范围,未来将达到 200m 或更远。单目摄像头的视角越宽，可以实现的精确检测距离越近；视角越窄，可以检测到的精确距离越远。

单目摄像头是自动驾驶车辆系统中最重要的传感器之一，通过车道线检测和车辆检测，可以实现车道保持和自适应巡航功能。它具有成本低、帧速率高、信息丰富、检测距离远等优点，但易受光照、气候等环境影响，缺乏目标距离等深度信息，对目标速度的测量也有一定影响。

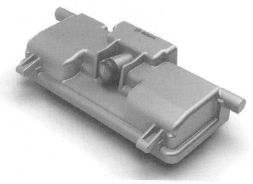

图 9-12　单目摄像头

（2）双目摄像头

双目摄像头（图 9-13）在 20m 范围内具有明显的测距优势，在 20m 以外，很难缩小视差的范围。采用高像素摄像头和较好的算法可以提高测距性能，双目摄像头间距越小，测距镜头之间的距离越近，探测距离越大。

图 9-13　双目摄像头

（3）三目摄像头

三目摄像头（图 9-14）可划分为 25°视场、50°视场和 150°视场。25°视场用于检测前车道线、交通灯，50°视场负责一般的道路状况监测，150°视场用于检测平行车道、行人和非机动车行驶的状况。

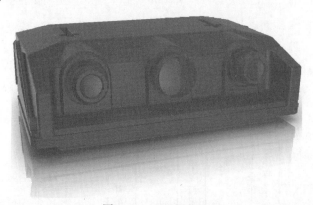

图 9-14　三目摄像头

（4）红外摄像头

红外摄像头（图 9-15）采用红外线技术，驾驶人在夜晚可以像白天一样透过灯光显示系统看到道路的行驶条件。当两辆车相遇时，可以大大减少对车前驾驶人的视力刺激，也可以提高驾驶人在雾中辨别道路的能力。

图 9-15　红外摄像头

## 二、视觉传感器的基本结构与工作原理

视觉传感器主要由光源、镜头、图像传感器、模数转换器、图像处理器和图像存储器等组成，如图 9-16 所示。其主要功能是获取足够的机器视觉系统要处理的原始图像。把光、摄像机、图像处理器、标准的控制与通信接口等集成一体的视觉传感器常称为一个智能图像采集与处理单元。

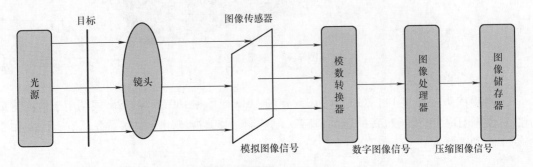

图 9-16　视觉传感器的结构

视觉传感器环境感知原理，一般包括图像采集、图像预处理、图像特征提取、图像模式识别、结果传输等，根据具体识别对象和采用的识别方法不同，视觉感知原理也会有所不同，如图 9-17 所示。

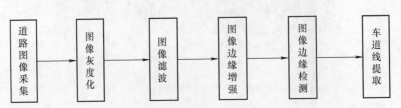

图 9-17　视觉传感器的工作原理

## 三、视觉传感器在汽车上的应用

智能驾驶汽车的视觉传感器可实现车道偏离警告、前向碰撞预警、红外夜视、交通标志识别、盲区监测、驾驶人监控、全景环视、电子后视镜、自动泊车辅助和车道保持辅助等功能。

视觉传感器在汽车上的具体应用见表 9-1。

表 9-1 视觉传感器在汽车上的具体应用

| 高级驾驶辅助系统 | 使用摄像头 | 功能应用 |
| --- | --- | --- |
| 车道偏离警告系统 | 前视 | 检测车辆即将偏离车道线时预警 |
| 盲区监测系统 | 侧视 | 将后视盲区的影像显示在后视镜或驾驶舱内 |
| 自动泊车辅助系统 | 后视 | 将车尾影像显示在驾驶舱内 |
| 全景环视系统 | 前视、侧视、后视 | 将摄像头采集的影像组成周边全景图 |
| 驾驶人监控系统 | 内置 | 检测驾驶人是否疲劳、闭眼等发出警报 |
| 红外夜视系统 | 红外夜视摄像头 | 夜间行车过程中环境的感知,并对可能出现的危险进行预警 |
| 车道保持辅助系统 | 前视 | 检测到即将偏离车道线时,发出警报并纠正 |
| 交通标志识别系统 | 前视、后视 | 识别前方和道路两侧的交通标志 |
| 前向碰撞预警系统 | 前视 | 检测到与前车距离小于安全距离并预警 |
| 电子后视镜 | 侧视 | 将后视盲区的影像显示在驾驶舱内 |

**1. 车道偏离警告系统**

车道偏离警告系统是一种通过及时警告来辅助驾驶人减少因为车道偏离引起交通事故的系统,主要通过摄像头作为环境感知传感器。

当车道偏离系统打开时,摄像头将持续检测环境,在各种气候、光照条件下通过图像处理识别车道线(图 9-18),感知道路几何形状并获得当前车道中的车辆位置参数,结合车辆状态传感器获得车速、转向灯状态、转向盘转角等车辆动态参数,通过车道偏离评估算法评估车道偏离的可能性(根据转向盘的方向、车辆的速度、车辆与车道的角度来估算偏离时间),必要时通过声音、仪表显示、转向盘/座椅振动等人机交互方式提醒驾驶人。如果驾驶人打开转向灯并正常改变车道,车道偏离警告系统将不会给出任何提示。当车辆异常偏离车道时,传感器将及时收集车辆数据和驾驶人的操作状态,然后由控制器发出警报信号,为驾驶人提供更多的反应时间。

图 9-18 车道偏离控制

**2. 前向碰撞预警系统**

前向碰撞系统主要用于协助驾驶人避免追尾、与行人/非机动车等交通参与者碰撞、与道路上其他障碍物碰撞等交通事故。汽车防碰撞系统基于摄像头/雷达或多种传感器组合方式，检测前方障碍物并评估碰撞风险，根据风险等级进行各级预警，直至主动制动等方式提醒驾驶人或者主动控制车辆，避免碰撞事故发生。

如图 9-19 所示，防碰撞系统使用雷达和摄像头探测汽车前方的车辆。如果汽车接近前车，风窗玻璃上首先会亮起红色警告灯，同时鸣响警报声提醒驾驶人。

图 9-19　前向碰撞预警系统

如果碰撞危险进一步增加，则辅助紧急制动系统开始起作用，减小制动衬块与制动盘之间的距离以缩短制动时间，同时还会增加制动液压，即使驾驶人没有用力踩制动踏板也能进行最有效的制动。如果车辆仍未制动，而系统认为即将发生碰撞，则汽车会进行自动制动，最大限度地降低车速，进而避免事故或减少事故带来的伤害。

**3. 交通标志识别系统**

车辆安全系统的交通标志识别系统利用前置摄像头组合模式通过特征识别算法，识别道路上的交通标志，发出预警信号或自动调整车辆运行状态，从而提高车辆的安全性和合规性。此功能可以辅助驾驶人及时发现交通标志，如图 9-20 所示。

图 9-20　交通标志识别系统

交通标志识别功能可以帮助驾驶人及时发现并识别各类交通标志，避免了因没有及时发现交通指示而违法交通规则等情况，提高了车辆行驶的安全，是智能交通系统和先进辅助驾驶系统的重要组成部分。

**4. 盲区监测系统**

盲区监测系统的主要功能是扫除后视镜盲区，主要通过侧方摄像头、后视摄像头或雷达检测盲区内影响车辆换道的交通参与者，并通过仪表、后视镜指示灯等方式提示驾驶人，避免因为驾驶人视觉盲区导致的换道/转向过程中发生事故，如图9-21所示。

图 9-21 换道辅助系统

由于车辆后视镜中有一个视觉盲区，因此在换道或转向过程中，可能无法及时估计或者看到盲区中的车辆，如果盲区内有车辆，则会发生车道碰撞；另外，在大雨、雾天、夜间光线暗淡的情况下，更难看到后面的车辆，换道或者转向发生交通事故的风险也会增加。盲区监测系统可以解决后视镜盲点问题，摄像头或者雷达用于探测车辆两侧后视镜盲点内的超车车辆，提醒驾驶人在变道过程中避免后视镜盲点，避免事故的发生。

当在盲区检测到对换道或转向有影响的车辆时，安装在后视镜的指示灯闪烁。如果驾驶人没有注意到指示灯的闪烁并准备变换车道，在发生碰撞的危险前，系统会及时发出声音警报，再次提醒驾驶人不应变换车道。未来，随着感知手段的丰富以及感知能力的不断提升，系统会在危险即将发生时主动控制车辆，进一步防止因为驾驶人误操作导致的事故。在换道辅助系统的辅助下，驾驶过程中不间断地检测和提醒，可以有效防止因恶劣天气、驾驶人疏忽、后视镜盲点、新手上路等驾驶过程中的潜在危险造成交通事故。

**5. 车道保持辅助系统**

车道保持辅助系统基于车道偏离警告系统，在驾驶人未能及时响应预警或者驾驶人将转向任务完全交给自动驾驶系统控制时，控制转向等底盘执行机构，使车辆保持在车道内安全行驶，如图9-22所示。

**6. 驾驶人监控系统**

驾驶人监控系统包括疲劳监控、驾驶行为监控、注意力监控等，如图9-23所示。它不断检测驾驶人的驾驶状态，使驾驶人保持安全驾驶所需的注意力，以及在自动驾驶和人工驾驶切换过程中，保证驾驶人有足够时间接管车辆。

驾驶人监控可以分为两种类型：一种是间接式监控，即通过驾驶人对车辆的操纵，判断驾驶人是否处于正常驾驶状态；另一种是直接式监控，即通过摄像头对驾驶人的视线、面部

图 9-22 车道保持辅助系统

图 9-23 驾驶人监控系统

状态等进行跟踪,判断驾驶人状态是否满足安全驾驶需求。

**7. 自动泊车辅助系统**

自动泊车辅助系统是用于泊车或倒车的安全辅助装置。

自动泊车辅助系统实现过程包括车位检测、泊车路径规划、自动泊车控制等。其中车位检测可以通过超声波雷达或者视觉检测车位线/泊车空间实现,而泊车路径规划则由自动泊车辅助系统完成。自动泊车控制过程中,自动泊车辅助系统根据车辆与车位的相对位置,对驱动、制动、转向甚至换档和驻车制动系统进行控制。

在自动泊车辅助系统应用的初级阶段,有时系统只能实现侧向车位/垂直车位的检测与路径规划,控制过程中有时需要驾驶人在车上辅助换档或者保持车速在 5~10km/h。由于技术的限制,有些自动泊车辅助系统虽然允许驾驶人在车外,但是需要随时监控车辆周围环境,例如通过一直按住手机 App 上的按钮方式实现自动泊车,一旦松手,系统就会终止并停车。

随着智能网联汽车感知手段的不断发展,自动泊车辅助系统的智能化水平会不断提升,驾乘人员可以在离停车场更远的地方离开车辆,由车辆自主完成泊车,且车辆能够响应人的召唤从停车场驶出。另外,自主泊车可以适应的泊车位(甚至无明确泊车标志的泊车空间)的种类会越来越复杂,这样自动泊车辅助系统就能够提供更舒适的驾乘体验。

**8. 红外夜视系统**

红外夜视系统采用红外夜视技术实现对夜间行车过程中环境的感知。夜间行车对驾驶人来说是最危险的,因为驾驶人在夜间的能见度很差,而且灯光的范围和亮度有限。在红外夜视系统的辅助下,驾驶人可以不受光照影响了解道路的行驶条件,尤其在检测行人等有明显红外辐射的物体中,红外夜视系统具有明显的优势,如图9-24所示。

图9-24 红外夜视系统

**9. 全景环视系统**

全景环视系统包括多个安装在汽车周围的摄像头(图9-25)、图像采集组件、视频合成/处理组件、数字图像处理组件和车辆显示器。

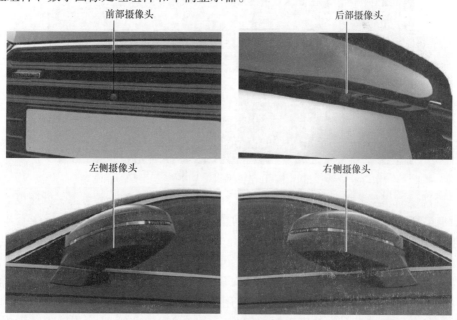

图9-25 全景环视系统摄像头的位置

这些装置可以同时采集车辆周围的图像,对图像处理单元进行变形恢复→视图转换→图像拼接→图像增强,最终形成车辆360°全景视图,如图9-26所示。

通过更复杂的空间图像拼接算法,可以消除传统俯视图拼接带来的近距离畸变,提供一种立体环视的效果,能够更好地辅助驾驶人理解车辆周围环境。

图 9-26　360°全景视图

**10. 电子后视镜**

电子后视镜通过摄像头成像,并将后视图像投影到车内的显示屏上,取代传统的镜片式后视镜,如图 9-27 所示。这种技术能够有效地降低风阻,提供更加全面灵活的视野,减小后视盲区。

图 9-27　电子后视镜

电子后视镜对摄像头的各方面要求更高,在高像素、无畸变、宽动态、低照度、高可靠性方面都有着极高的要求。另外,由于技术问题,目前电子后视镜在大部分国家还不能在汽车市场上使用。

但是,由于电子后视镜的诸多优点,一些国家已经开始为电子后视镜的应用放开了相关法规。为鼓励汽车产业发展,日本在 2016 年通过了一项新法规,允许无后视镜汽车上路。而且据称在 2023 年前,日本 29% 的汽车将使用摄像头代替后视镜,且 12% 的汽车将不再有侧镜。特斯拉、通用、大众等车厂也向美国国家公路交通安全管理局(NHTSA)申请用摄像头代替后视镜,奥迪也在与各国相关专家接洽,争取使电子后视镜早日合法化,并能够普及开来。

1. 视觉传感器的类型有哪些,有什么作用?

2. 视觉传感器由什么组成，是怎样工作的？
3. 视觉传感器在汽车上的应用有哪些？

# 第 57 天　湿度传感器

**学习目标**

1. 掌握热敏电阻式湿度传感器的作用、结构与工作原理。
2. 掌握结露传感器的作用、结构与工作原理。
3. 掌握空气湿度传感器的作用、安装位置、结构与工作原理。

## 一、热敏电阻式湿度传感器

**1. 作用**

热敏电阻式湿度传感器用于汽车风窗玻璃的防霜和车内相对湿度的检测。

**2. 结构与工作原理**

热敏电阻式湿度传感器装有由金属氧化物系列陶瓷材料制成的多孔烧结体，传感器利用烧结体表面对水分的吸附作用来工作。当烧结体吸附了水分子时，其电阻值就会发生变化。据此就可以检测出车内湿度的变化，其结构与特性曲线如图 9-28 所示。从曲线图中可以看出，当湿度增加时，传感器的电阻值减少，当相对湿度从 0% 变化到 100% 时，传感器的电阻值有数千倍的变化。因为这种传感器的电阻值随温度变化而变化，所以给湿度传感器再配以温度补偿热电阻后，才能提高测试精度。

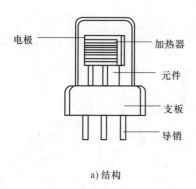
a) 结构

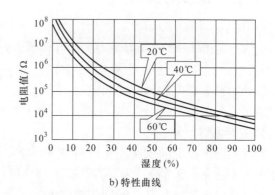
b) 特性曲线

图 9-28　湿度传感器的结构与特性曲线

**3. 检测**

可用欧姆表来测量湿度传感器的电阻值大小。当湿度变化时，电阻值应当改变，相对湿度越大，电阻值越小；相反，其电阻值越大。否则，应更换湿度传感器。

## 二、结露传感器

**1. 作用**

结露传感器用于检测车窗结露,当处于结露状态时,传感器使汽车空调以除霜方式工作,从而保持车内乘员的良好视野。

**2. 结构与工作原理**

在接近结露状态的湿度区域,厚膜状陶瓷半导体的电阻值将急剧变化,结露传感器就是利用这一原理制成的。

结露传感器内部由电极、感湿膜、热敏电阻及铝基板组成,其结构与特性曲线如图9-29所示。在高湿度情况下,传感器把湿度转换成电阻值的变化并对湿度进行测定,测试精度高,响应特性好。

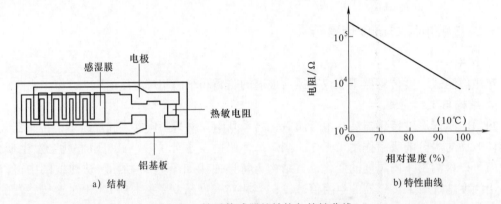

a) 结构　　　　　　　　　　b) 特性曲线

图9-29　结露传感器的结构与特性曲线

## 三、空气湿度传感器

**1. 作用**

空气湿度传感器的所有功能都集中在传感器壳体中。为了能够进行自动除霜功能的自适应控制,空气湿度传感器检测空气湿度、传感器处的相关温度和风窗玻璃温度三个测量值。

**2. 安装位置**

在外界温度很低的情况下,风窗玻璃上部的1/3会变得非常冷,因而容易起雾。为了能测量到该区域,空气湿度传感器安装在后视镜的根部,如图9-30所示。

**3. 结构与工作原理**

(1) 测量空气湿度　测量空气湿度,就是确定座舱内气态水(水蒸气)所占的比例。空气吸收水蒸气的能力取决于空气

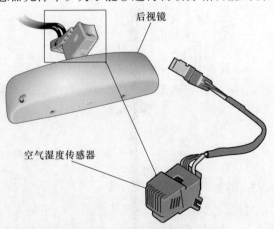

图9-30　空气湿度传感器的安装位置

温度。这就是为什么在测量湿度等级时必须确定相关的空气温度。空气越热,吸收的水蒸气就越多。若富含水蒸气的空气冷却下来后,水分就会冷凝。形成细小水滴并附着在风窗玻璃上。

湿度是通过薄层电容传感器测量的。空气湿度传感器的工作模式等同于平行极板电容器。电容器的电容,即存储电能的容量,取决于电容极板的表面积、间隔以及两极板之间填充材料的特性,此材料叫作电介质,其基本结构如图9-31所示。空气湿度测量的基本原理如图9-32所示。这种特殊的电容器可以吸收水蒸气。吸收的水分改变了电介质的电气特性,从而改变了电容器的电容量,因此测得的电容值就表示了空气湿度。传感器电子装置将所测的电容值转换成电压信号。

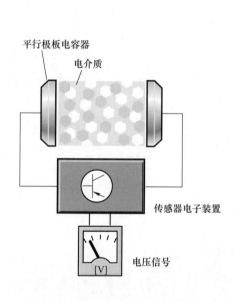

图9-31 空气湿度传感器的基本结构

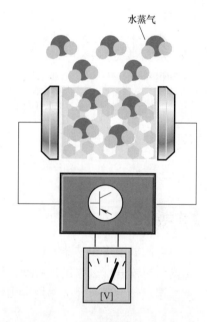

图9-32 空气湿度测量的基本原理

(2)测量传感器处的相关温度  为了确定空气湿度,测量位置附近的温度也必须确定。此温度是很重要的,因为空气湿度非常依赖空气的温度。若湿度测量点距温度测量点太远,则该空气湿度可能不准确,因为温度的差异会导致湿度的不同。

(3)测量风窗玻璃温度  测量一个物体(这里指风窗玻璃)的红外线辐射,是用一个高灵敏度的红外线辐射传感器进行的。如果风窗玻璃的温度发生变化,在平垫圈发出的热辐射中,其红外部分也会变化。该传感器检测这种变化,并且传感器电子装置将其转换成电压信号。风窗玻璃温度测量原理如图9-33所示。

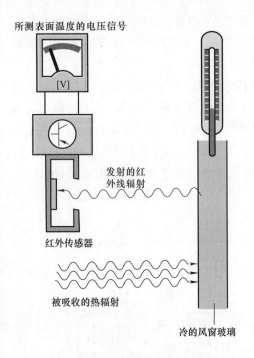
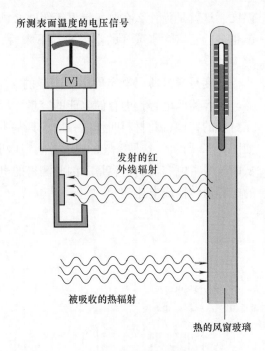

a) 冷风窗玻璃的测量　　　　　　　　　　b) 热风窗玻璃的测量

图 9-33　风窗玻璃温度测量原理

 **你学会了吗?**

1. 热敏电阻式湿度传感器有什么作用，由什么组成，是怎样工作的?
2. 结露传感器有什么作用，由什么组成，是怎样工作的?
3. 空气湿度传感器有什么作用，由什么组成，是怎样工作的?

## 第58天　电流传感器

 **学习目标**

1. 掌握晶体管式电流传感器的连接电路、工作原理。
2. 掌握集成电路式灯泡断丝检测传感器的作用、连接电路、工作原理。
3. 掌握舌簧开关式电流传感器的作用、连接电路、工作原理。
4. 掌握电阻－集成电路式电流传感器的作用、连接电路、工作原理。
5. 掌握HV蓄电池组电流传感器的作用、安装位置、连接电路、工作原理。

## 一、晶体管式电流传感器

晶体管式电流传感器电路如图9-34所示,它内部设有检测电流用电阻。使负荷电流通过该电阻,并运用运算放大器(OP比较电路)将其电压降值与基准电压进行比较,当电流检测电阻的电压降低于基准电压时,比较器的输出电流点亮警告灯。

图9-35所示是晶体管式电流传感器检测制动灯灯丝断开的工作原理。在车上使用2~4个灯的电路中,当有1个或1个以上灯丝断线或总功率不足时,可以使警告灯点亮。

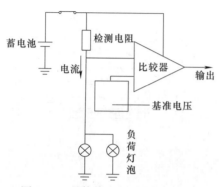

图9-34 晶体管式电流传感器电路

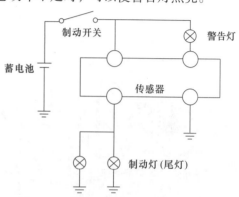

图9-35 制动灯灯丝断开检测系统电路

晶体管式电流传感器具有适应灯泡电流的电压补偿特性,其特性曲线如图9-36所示。

## 二、集成电路式灯泡断丝检测传感器

集成电路式灯泡断丝检测传感器用于检测前照灯、尾灯、制动灯、牌照灯的灯丝状况,它可以检测出灯泡全部点亮时的电流与1个灯泡灯丝断开时的电流变化量。然后,将断丝或功率不足的信息通过点亮警告灯的方式向驾驶人报警,该报警系统电路如图9-37所示。

集成电路式(IC)灯泡断丝检测传感器是利用IC比较器进行检测的,其特性如图9-38

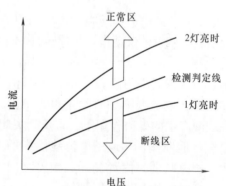

图9-36 晶体管式电流传感器的特性曲线

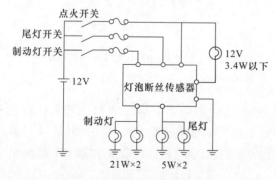

图9-37 灯泡断丝检测系统电路

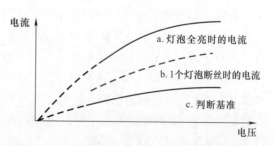

图9-38 集成电路式灯泡断丝检测传感器的特性

所示。在图中，c 设定在灯泡全亮时的电流特性 a 与 1 个灯泡断丝时的电流特性 b 的变化范围之间，由此可以检测出灯泡有无断丝。

### 三、舌簧开关式电流传感器

舌簧开关式电流传感器广泛用在汽车照明系统中，主要用于检测制动灯、尾灯、牌照灯及制动灯的灯丝是否有断开。如果有 1 个或 1 个以上的灯泡断丝时，警告灯点亮。它的外形与结构如图 9-39 所示。

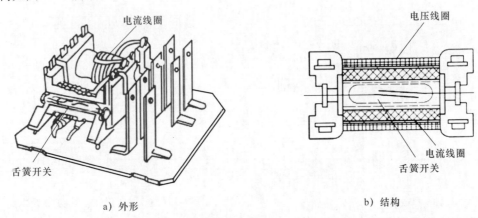

图 9-39 舌簧开关式电流传感器的外形与结构

舌簧开关式电流传感器在其电流线圈的外面绕有电压补偿线圈，它的作用是防止电压的变化引起传感器的误动作。在骨架的中间设置有舌簧开关。

舌簧开关式电流传感器的电路如图 9-40 所示，当灯泡控制开关闭合时，若灯泡全部工作正常，电流线圈中有额定电流流过，这时在线圈产生的磁力作用下，舌簧开关闭合。如果有灯泡断丝，相应的电流线圈中的电流减少，磁力减弱，使舌簧开关断开，同时警告灯点亮对驾驶人发出警报提醒。

### 四、电阻-集成电路式电流传感器

电阻-集成电路式电流传感器用于检测尾灯、牌照灯、制动灯及前照灯是否断丝。当出现断丝时，传感器接通电路，点亮报警灯通知驾驶人。

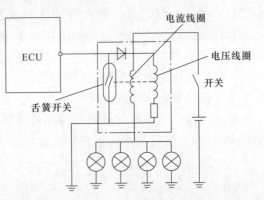

图 9-40 舌簧开关式电流传感器的电路

电阻-集成电路式电流传感器检测灯泡断丝的电路如图 9-41 所示。电路内部有比较放大器 IC1，这是专门用于检测断丝的集成电路，C 点处有基准电压形成。在正常情况下，电流检测电阻 $R_1$ 上的电流要大于基准电流，A 点电压低于基准电压，比较放大器 IC1 的输出为 0，晶体管截止，警告灯不亮。

当有灯泡出现断丝时，电阻 $R_1$ 上的电流减少，A 点电位升高并高于基准电压，这时，比较放大器 IC1 的输出为 1，晶体管 T 的基极中有电流通过，晶体管导通，警告灯点亮，向驾驶人发出故障警告。

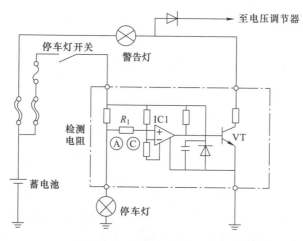

图 9-41　灯泡断丝检测电路

### 五、HV 蓄电池组电流传感器

HV 蓄电池组电流传感器安装在 HV 蓄电池正极电缆侧，如图 9-42 所示。它用于检测流入和流出 HV 蓄电池的电流值。

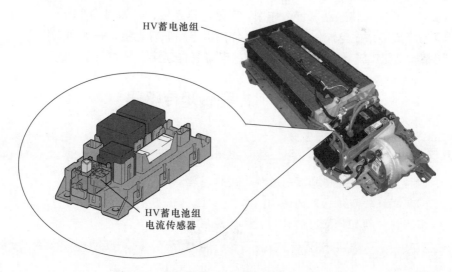

图 9-42　HV 蓄电池组电流传感器的安装位置

HV 蓄电池组电流传感器与蓄电池智能单元的连接电路如图 9-43 所示。蓄电池智能单元接收 0~5V 之间的电压，此电压与电缆的电流流量成比例，电流传感器输出特性曲线如图 9-44 所示。该电压从蓄电池电流传感器进入端子 IB。蓄电池电流传感器输出电压低于 2.5V 表示 HV 蓄电池正在放电，电压高于 2.5V 表示 HV 蓄电池正在充电。

根据从蓄电池电流传感器输入蓄电池智能单元端子 IB 的信号，混合动力车辆控制 ECU 确定由 HV 蓄电池接收的充电量或放电量的电流。根据累计的电流值，混合动力车辆控制 ECU 也计算 HV 蓄电池的 SOC（荷电状态）。

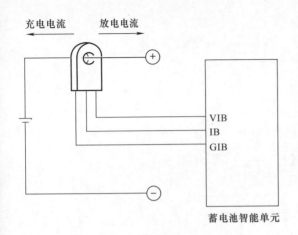

图9-43　HV蓄电池组电流传感器与蓄电池智能单元的连接电路

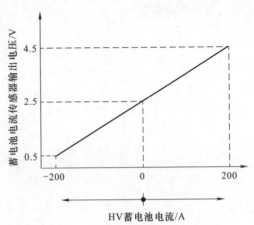

图9-44　电流传感器输出特性曲线

 **你学会了吗？**

1. 晶体管式电流传感器的电路怎样连接，是如何工作的？
2. 集成电路式灯泡断丝检测传感器有什么作用，电路怎样连接，是如何工作的？
3. 舌簧开关式电流传感器有什么作用，电路怎样连接，是如何工作的？
4. 电阻-集成电路式电流传感器有什么作用，电路怎样连接，是如何工作的？
5. HV蓄电池组电流传感器有什么作用，电路怎样连接，是如何工作的？

## 第59天　力和转矩传感器

 **学习目标**

1. 掌握光电式转矩传感器的结构、工作原理。
2. 掌握磁性转矩传感器的结构、工作原理。
3. 掌握扭杆转矩传感器的结构、工作原理。

### 一、光电式转矩传感器

光电式转矩传感器是利用光电转换原理制成的，它具有很高的精确度和可靠性，其工作原理示意图如图9-45所示。光线从光源S沿平行轴线方向射出，通过横置于当中的一对挡片槽缝，到达光电转换器D。由此可见，光电转换器D所接收到的光线强度是由槽缝重叠的程度所决定的。两槽缝挡片之间用弹性连接，当施以扭力时，挡片1与挡片2重叠，转矩越小，重叠越少，从槽缝通过的光线越多，而光电转换器输出的电压越高，反之，则电压越低。当电压输入ECU后，就可实现对转矩的自动控制。

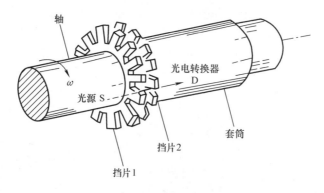

图 9-45 光电式转矩传感器的工作原理

## 二、磁性转矩传感器

磁致伸缩特性是指当材料承受负荷引起机械应力时,铁磁体的磁导率会发生变化。磁性转矩传感器就是利用铁磁体的磁致伸缩特性制成的。磁性转矩传感器通过电路的连接转化为电压信号输出,通过测量磁导率的变化,即可求得转矩。当发动机曲轴受到扭应力时,会引起传感器中铁磁体的磁导率的变化,利用这一变化可实现对其转矩的测量,如图 9-46 所示。

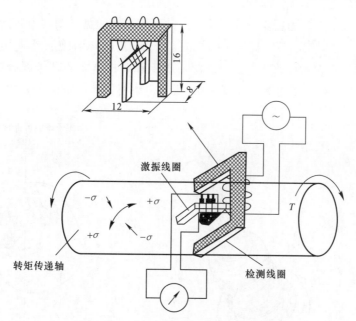

图 9-46 磁性转矩传感器的结构原理

## 三、扭杆转矩传感器

### 1. 扭杆转矩传感器的结构

扭杆转矩传感器由主轴(输入轴)、扭杆、2 个解析器和小齿轮轴(输出轴)组成,其结构如图 9-47 所示。传感器的 2 个解析器分别安装在主轴(输入轴)和小齿轮轴(输出轴）上，而主轴和小齿轮轴与扭杆耦合在一起。该结构产生相对角度差异（等于扭杆的扭转量）。驾驶人转动转向盘时，会产生主轴（输入轴）传输至解析器1（输入侧）的角度与小齿轮轴（输出轴）传输到解析器2（输出侧）的角度之间的差异。

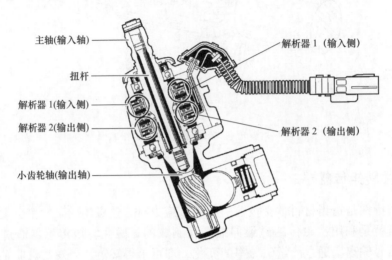

图9-47 扭杆转矩传感器的结构

**2. 扭杆转矩传感器的工作原理**

（1）直行时　如果车辆直线行驶且驾驶人没有转动转向盘，则动力转向ECU总成判定此时输出规定电压，以指示转向盘位于中间位置。因此，无电流施加至动力转向电动机。

（2）转向时　驾驶人转动转向盘时，解析器1和解析器2的转子部分之间产生相对角度差异，仅与扭杆的扭转量相等，如图9-48所示。解析器1和解析器2的定子部分以电信

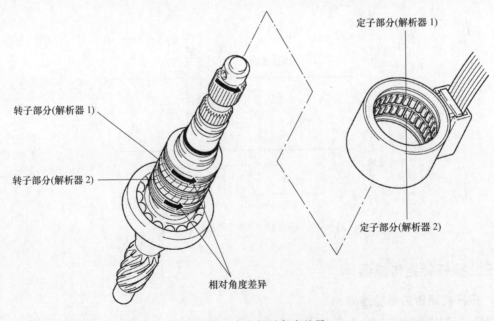

图9-48 产生相对角度差异

号形式接收转子角度并将其输出至动力转向 ECU 总成，扭杆转矩传感器输出图像如图 9-49 所示。根据这些输入信号，动力转向 ECU 总成计算 2 个解析器检测到的角度之间的相对差异。动力转向 ECU 总成根据此差异来计算转矩值。然后，动力转向 ECU 总成根据计算的转矩值和车速来计算辅助电流。根据从转角传感器获得的信息，动力转向 ECU 总成以预定电流驱动动力转向电动机。

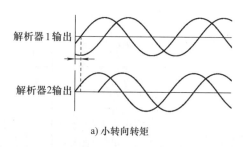
a) 小转向转矩

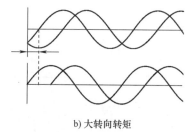
b) 大转向转矩

图 9-49　扭杆转矩传感器输出图像

### 你学会了吗？

1. 光电式转矩传感器由什么组成，是怎样工作的？
2. 磁性转矩传感器由什么组成，是怎样工作的？
3. 扭杆转矩传感器由什么组成，是怎样工作的？

## 第 60 天　ION 传感器

### 学习目标

1. 了解 ION 传感器的作用和结构。
2. 掌握 ION 传感器的工作原理和离子产生原理。

### 一、作用

ION 传感器通过检测燃烧室内的离子生成来检测预点火。通过向火花塞施加偏压，可以以电流形式检测燃油燃烧产生的离子，该电流在点火线圈内部电路中放大后被输入发动机控制模块（PCM）。

### 二、位置与结构

ION 传感器内置在点火线圈内，如图 9-50 所示。

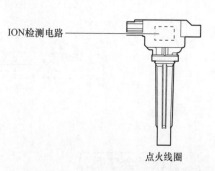

图 9-50　ION 传感器位置与结构

### 三、工作原理

ION 传感器的工作原理，如图 9-51 所示。聚集偏压电容器中点火线圈的二次电流并通过向火花塞施加偏电压来检测离子电流。将经电流放大电路放大的电流导入从 PCM 引出的点火线圈。PCM 测量/转换发送到点火线圈和监控器的电流。

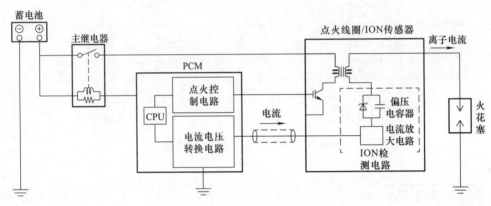

图 9-51　ION 传感器的工作原理

### 四、离子产生原理

离子产生来源：燃油燃烧＝化学反应/电离作用。其所产生的负离子移动到施加了偏电压的火花塞中央电极，正离子移动到搭铁的发动机壁面，于是电流从火花塞流向点火线圈，如图 9-52 所示。

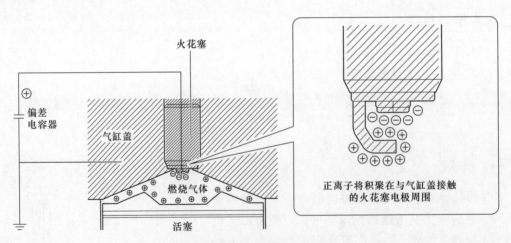

图 9-52　离子产生

1. ION 传感器有什么作用？

2. ION 传感器是怎样工作的？
3. ION 传感器的离子是如何产生的？

## 第61天　侵入传感器

1. 了解侵入传感器的作用和安装位置。
2. 掌握侵入传感器的工作原理。

### 一、作用

侵入传感器通过超声波检测车辆内的运动，并将检测到的信号发送到后车身控制模块（RBCM），以便检测是否有驾驶室侵入。

### 二、安装位置

侵入传感器位于车顶的中前部，如图 9-53 所示。

### 三、工作原理

在装备防盗系统的车辆中，侵入传感器向客厢输出超声波，如图 9-54 所示。侵入传感器检测从目标物体输出或反射回来的超声波（反射波）相位差。在由于车内移动（入侵者）而出现反射波相位差时，CPU 计算了这种相位差的级别。若相位差符合特定准则，侵入传感器后车身控制模块（RBCM）发送一个检测信号。

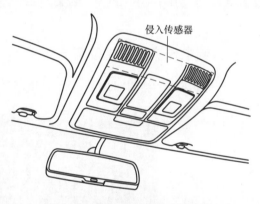

图 9-53　侵入传感器的安装位置

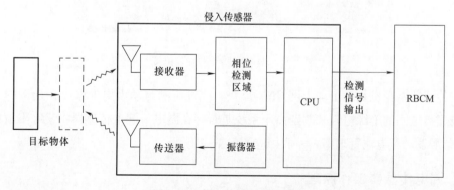

图 9-54　侵入传感器工作原理

**你学会了吗?**

1. 侵入传感器的作用是什么?
2. 侵入传感器安装在哪里?
3. 侵入传感器是怎样工作的?

## 第62天　漏电传感器

1. 了解漏电传感器的安装位置与作用。
2. 了解漏电传感器的工作原理。
3. 了解漏电传感器的连接电路。
4. 了解漏电传感器故障诊断与维修方法。

### 一、漏电传感器安装位置与作用

比亚迪新能源车辆上的高压电控总成内部装配有漏电传感器（LS），如图9-55所示。

图9-55　漏电传感器的安装位置

漏电传感器本身也是一个动力网CAN模块，通过监测与动力电池输出相连接的正极母线与车身底盘之间的绝缘电阻来判定高压系统是否存在漏电。漏电传感器将绝缘阻值信息通过CAN信号发送给电池管理器，采取相应的保护措施。

### 二、漏电传感器工作原理

比亚迪e5车型的绝缘阻值标准见表9-2。

表 9-2　比亚迪 e5 车型的绝缘阻值标准

| $R$：高压回路正极或负极对车身地等效绝缘阻值 | 漏电状态 | 措施 | |
|---|---|---|---|
| $R > 500\Omega/V$ | 正常 | 无 | |
| $100\Omega/V < R < 500\Omega/V$ | 一般漏电报警 | 记录保存故障码 | |
| $R \leq 100\Omega/V$ | 严重漏电报警 | 行车中 | 仪表灯亮，断开主接触器、分压接触器、电池包内接触器和负极接触器 |
| | | 停车中 | 1. 禁止上电<br>2. 仪表灯亮，报动力系统故障 |
| | | 充电中 | 1. 断开交流充电接触器、分压接触器、电池包内接触器和负极接触器<br>2. 仪表灯亮，报动力系统故障 |

漏电传感器如果检测到绝缘阻值小于设定值时，它通过 CAN 线和硬线同时将漏电信号发给电池管理系统（BMS），BMS 进行漏电相关报警和保护控制。漏电的信号是一种拉低信号，即当 LS 检测到漏电时，BMS 的漏电信号端子是低电平，由 LS 拉低。漏电传感器工作原理系统框图如图 9-56 所示。

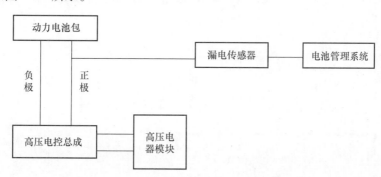

图 9-56　漏电传感器工作原理系统框图

漏电传感器具体工作原理如下：

**1. 不漏电时：$I_+ = I_-$**

漏电传感器通过霍尔磁式平衡原理检测负载电路中的电流变化，如图 9-57 所示。从电池包流出的电流 $I_+$ 流经直流全部负载后，返回负极直流电路 $I_-$，当支路没有接地电路时，$I_+ = I_-$，漏电传感器霍尔线圈中产生一固定频率、固定波形的交变电流进行激励，使磁心往复磁化达到饱和。漏电传感器不输入漏电信号给电池管理器，电池组正常工作。

**2. 漏电时：$I_+ = I_- + I_K$**

当漏电时，负载输出电流 $I_K$，此时 $I_+ = I_- + I_K$，漏电传感器检测电路中的电流变化，漏电传感器中电路控制器注入低频电压信号，如图 9-58 所示。

漏电传感器得到直流输出信号，经过放大、滤波和 A/D 转换得到漏电情况，根据情况将漏电信号传递给电池管理器，如图 9-59 所示。电池管理器根据信号判断车辆是否安全，

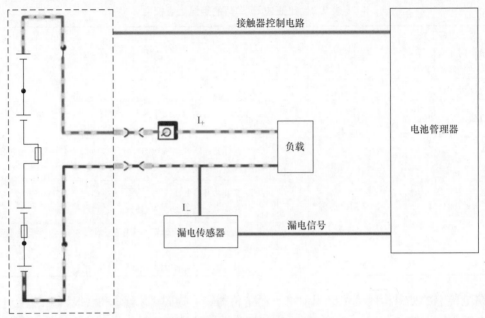

图 9-57　漏电传感器监测到无漏电

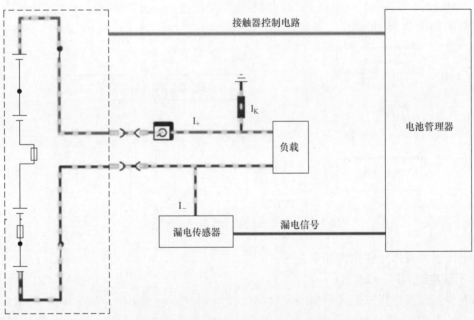

图 9-58　漏电传感器检测电路中电流变化

若漏电超过人体安全电流 10mA，将关闭电池组中接触器开关，车辆停止工作。

另外，漏电传感器的工作电源也是双路电，因为无论是上电还是充电过程，都需要监测高压系统的绝缘情况。

## 三、漏电传感器的连接电路

漏电传感器的连接电路和电气端口如图 9-60 和图 9-61 所示。

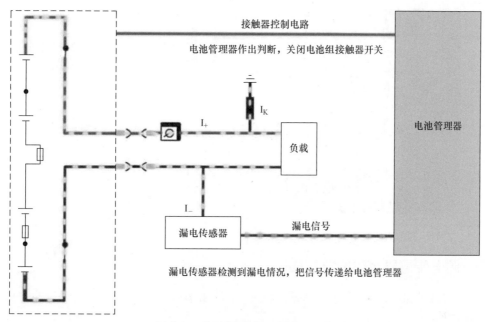

图 9-59 漏电传感器监测漏电电流

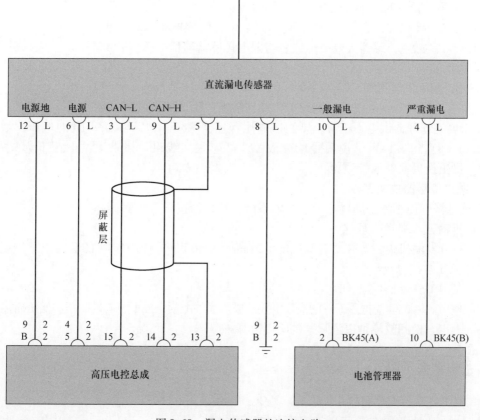

图 9-60 漏电传感器的连接电路

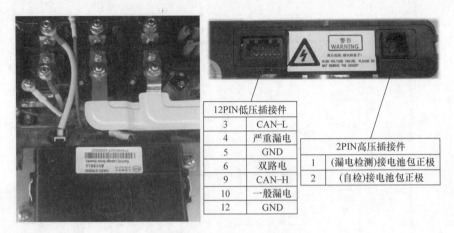

图 9-61 漏电传感器的电气端口

### 四、漏电传感器故障诊断与维修

这里以比亚迪秦为例介绍漏电传感器故障诊断与维修。

**1. 故障诊断**

1) 车辆进入维修车间。

2) 检查蓄电池电压及整车低压线束供电电压，标准电压为 12~14V。如果电压值低于 12V，则在进行下一步之前请充电或更换蓄电池或检查整车低压线束。

3) 对接好插接件，整车上 ON 档电，进入电池管理器故障码诊断。

4) 读取到漏电传感器失效故障或者与漏电传感器通信故障。

① 拔下漏电传感器低压。

② 用万用表测量 K56 - 04 和 K56 - 05 引脚对地电压是否为 ±9V 到 ±16V。

如果电池管理器供电正常，则漏电传感器故障，确认测试结果，更换漏电传感器。

如果电池管理器供电不正常，则测试电池管理器 K64 - 19 和 K64 - 10 的电压，如果测试电压为 ±9V 到 ±16V，说明是线束故障，则应更换线束。如果测试电压不为 ±9V 到 ±16V，则更换更换电池管理器。

**2. 漏电传感器更换流程**

若确认漏电传感器有问题，导致车辆不能运行，请按以下步骤拆卸。

1) 车辆进入维修车间。

2) 打开发动机盖，拔掉所有高压电控的高低压插接件，使用 M14 的套筒拆下控制器的 6 个螺栓高压电控总成。

3) 把故障件返回厂家返修，返修好后再装车。

4) 使用 M14 的套筒把返修好的高压电控总成紧固件上紧，插上所有的高压和低压插接件。

5) 上电，检测故障是否消除，消除则故障排除。

 **你学会了吗?**

1. 漏电传感器安装在哪里?
2. 比亚迪 e5 车型的漏电状态有哪几种?
3. 漏电传感器如何工作?

## 参 考 文 献

[1] 康拉德·莱夫. BOSCH 汽车电气与电子 [M]. 2 版. 孙泽昌,等译. 北京:北京理工大学出版社,2014.
[2] 姜立标. 汽车传感器及其应用 [M]. 北京:电子工业出版社,2010.
[3] 郭彬. 汽车传感器与检测技术 [M]. 北京:北京大学出版社,2010.
[4] 何金戈. 汽车传感器原理与检修 [M]. 北京:化学工业出版社,2009.
[5] 宋年秀,刘超,杜燕蕊. 怎样检测汽车传感器 [M]. 北京:机械工业出版社,2007.
[6] 鲁植雄,等. 汽车传感器检测图解 [M]. 南京:江苏科学技术出版社,2007.
[7] 吴文琳,李美生. 汽车传感器识别与检修精华 [M]. 北京:机械工业出版社,2005.
[8] 贺建波,贺展开. 汽车传感器的检测 [M]. 北京:机械工业出版社,2005.
[9] 德国 BOSCH 公司. 汽车电气与电子 [M]. 魏春源,等译. 北京:北京理工大学出版社,2004.
[10] 宋福昌,等. 汽车传感器识别与检测图解 [M]. 北京:电子工业出版社,2003.

图 4-143 驻车辅助超声波雷达的探测范围

图 4-145 驻车辅助超声波雷达的探测范围

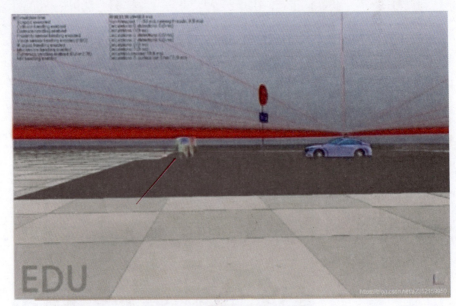

图 4-178　单线束激光雷达扫描

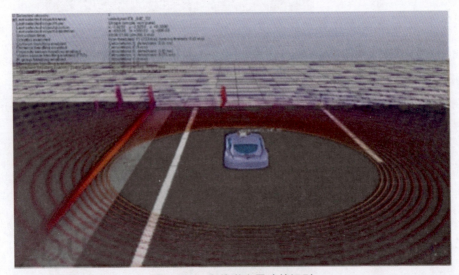

图 4-180　多线激光雷达的识别

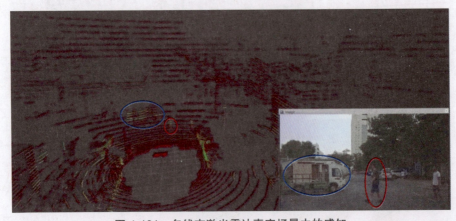

图 4-181　多线束激光雷达真实场景中的感知